Zu diesem Buch

Adolf Eichmann, der an seinem Schreibtisch den Genozid an den europäischen Juden organisierte, erweist sich in Heinar Kipphardts Bühnenstück als eine Figur von beunruhigender Aktualität. «Das Monster, es scheint, ist der gewöhnliche funktionale Mensch, der jede Maschine ölt und stark im Zunehmen begriffen ist», läßt Kipphardt den israelischen Polizeihauptmann Chass sagen, der Eichmann im Gefängnis verhört. In einmontierten Analogie-Szenen werden Beispiele der «Eichmann-Haltung» aus unserer Gegenwart vorgeführt. Es sind Dokumente einer erschreckenden Bereitschaft, im Rahmen einer gegebenen Ordnung unter Ausschluß moralischer Erwägungen zu funktionieren – und dabei andere Menschen auszugrenzen, wenn nötig auch gewaltsam.

Heinar Kipphardt, geboren am 8. März 1922 in Heidersdorf (Schlesien), gestorben am 18. November 1982 in München, Dr. med., Fachrichtung Psychiatrie, übersiedelte 1949 von Krefeld nach Ost-Berlin, wurde Arzt an der Charité und später Chefdramaturg am Deutschen Theater. Seit 1961 lebte er in der Nähe von München. 1970/71 war er Chefdramaturg der Münchner Kammerspiele. Er wurde vor allem als Dramatiker bekannt; sein Stück «In der Sache J. Robert Oppenheimer» (rororo Nr. 2111) gehört zu den Klassikern des modernen Theaters. Überdies verfaßte er Erzählungen (ein Sammelband unter dem Titel «Der Mann des Tages» erschien als rororo Nr. 4803), Gedichte («Angelsbrucker Notizen», rororo Nr. 5605), Fernsehspiele, «Traumprotokolle» (rororo Nr. 5818) und den Roman «März» (rororo Nr. 5877). Heinar Kipphardt erhielt u. a. den Nationalpreis der DDR, den Schiller-Gedächtnispreis, den Gerhart-Hauptmann-Preis und den Adolf-Grimme-Preis.

Mit «Bruder Eichmann» wird eine umfangreiche Werkausgabe Heinar Kipphardts im Rowohlt Taschenbuch Verlag eröffnet. Der vorliegende Band enthält im Anhang unbekannte Notate, Szenen und Entwürfe aus dem Nachlaß des Schriftstellers, ein Nachwort des Herausgebers und eine Bibliographie.

Heinar Kipphardt
Bruder Eichmann

Schauspiel und Materialien

Rowohlt

Gesammelte Werke in Einzelausgaben
Herausgegeben von Uwe Naumann
Unter Mitarbeit von Pia Kipphardt

16.–18. Tausend Juni 1990

Veröffentlicht im Rowohlt Taschenbuch Verlag GmbH,
Reinbek bei Hamburg, September 1986
Copyright © 1983 by Pia-Maria Kipphardt
Die Aufführungsrechte liegen beim
Ute Nyssen & J. Bansemer Theaterverlag,
5000 Köln 1, Merowingerstr. 21
Umschlagentwurf Klaus Detjen
(Foto von Eva Titus aus der Uraufführung
von «Bruder Eichmann»: Hans-Michael Rehberg
in der Inszenierung von Dieter Giesing,
Residenztheater München)
Satz Garamond (Linotron 202)
Gesamtherstellung Clausen & Bosse, Leck
Printed in Germany
880-ISBN 3 499 15716 0

Inhalt

Bruder Eichmann. Schauspiel

Materialien

A. Entwürfe und Arbeitsnotate (1965–68)   157
B. Nicht verwendete Analogie-Szenen (1967–68)   168
C. Aus Briefen (1965–67)   182
D. Interviews (1967)   187
E. Aus Briefen (1978–82)   197
F. Entwürfe und Arbeitsnotate (1981–82)   203
G. Nicht verwendete Analogie-Entwürfe (1981–82)   207
H. Beitrag zum Haager Treffen (1982)   210

Nachwort des Herausgebers   213

Auswahlbibliographie   228

> Niemals tut man so vollständig
> und so gut das Böse, als wenn man
> es mit gutem Gewissen tut.
>
> PASCAL

PERSONEN

ADOLF EICHMANN
OFER, Gefängnisdirektor
LEO CHASS, Hauptmann im Polizeibüro 06
FRIEDA SCHILCH, Psychiaterin
SERVATIUS, Verteidiger Eichmanns
HULL, Pfarrer
FRAU HULL
FRAU EICHMANN
GEFÄNGNISARZT

Für die verschiedenen Rollen in den Analogie-Szenen werden etwa acht Schauspielerinnen und Schauspieler benötigt.
Die Darsteller Servatius, Hull, Frau Hull, Frau Schilch und Frau Eichmann können auch mit Rollen in den Analogiekomplexen besetzt werden.

Erster Teil

Die örtlichen Umstände

Um Eichmann in Israel sicher zu verwahren, wurde ein abseits gelegenes Untersuchungsgefängnis so verändert, daß es den Sicherheitsbedürfnissen entsprach. Die einsitzenden sechs Untersuchungsgefangenen wurden verlegt, das Wachpersonal ausgewechselt. Das Untersuchungsgefängnis bekam einen neuen Namen «Mahane Iyar», Iyar heißt hebräisch Mai, der Monat von Eichmanns Kidnapping. Man konnte in das Untersuchungsgefängnis nur durch zwei hintereinander gelegene Tore gelangen. Erst auf das Losungswort des Postens am äußeren Tor wurde das innere Tor geöffnet. Zu dem Trakt, wo Eichmann gefangengehalten wurde, konnte man nur durch einen Gang kommen, der durch doppelten Stacheldraht und einen zusätzlichen Maschendraht gesichert war. Dieser Gang war in regelmäßigen Abständen durch Eisentore unterbrochen. Jedes Tor mußte verriegelt sein, ehe das nächste geöffnet werden konnte.

Eichmanns Zelle war ein größerer Raum, 3,65 Meter mal 3 Meter und 3,65 hoch. Eine mannshohe Mauer teilte einen Waschraum ab und ein Klosett. Die Wände waren weiß gekalkt. In einer Wand befand sich hoch oben ein großes vergittertes Fenster, auch vom Waschraum ging ein vergittertes Fenster in einen Innenhof. Im Grundriß glich die Zelle einem großen L.

Die Einrichtung bestand aus einer eisernen Bettstelle mit Matratze, einem Stuhl und einem kleinen Tisch zum Schreiben. Die Bettstelle konnte an die Wand geklappt werden. In einer Ecke stand ein Stuhl für die Wache. In dem geräumigen Waschraum gab es eine Dusche und ein tiefes Waschbecken mit fließendem Wasser. Hier wusch Eichmann seine Kleidungsstücke und seine Wäsche. Er hängte sie über die Außengitter des Waschraumfensters oder die Mauer zur Zelle hin zum

Trocknen auf. Im gleichen Trakt befanden sich ein Vernehmungszimmer, ein Besucherzimmer mit Trennscheibe und ein Untersuchungsraum.
Eichmann wurde ständig von vier Leuten bewacht, die alle vier Stunden abgelöst wurden. Die Wachen waren unbewaffnet, aber sportlich trainiert und befähigt, Eichmann auch unbewaffnet zu überwältigen. Eine der Wachen war immer in Eichmanns Nähe, sie saß in seiner Zelle und begleitete ihn, wohin er auch ging. Die Wachen hatten die Anweisung, niemals mit Eichmann zu sprechen.
Der Posten in Eichmanns Zelle wurde mit ihm eingeschlossen, ohne einen Schlüssel zu besitzen. Durch eine vergitterte Tür beobachtete ein zweiter Posten Eichmann und die erste Wache. Eine dritte Wache war an der vergitterten Tür zum Innenhof postiert und beobachtete die zweite Wache. Der vierte Posten bewegte sich auf dem flachen Dach des Gefängnisgebäudes. Er konnte den zweiten und dritten Posten sehen und von einer bestimmten Stelle aus auch die Tür in Eichmanns Zelle beobachten.
Um einen Überfall von außen abzuwehren, hielten schwerbewaffnete Fallschirmjäger das Gebäude umstellt.
Um die Möglichkeit einer Vergiftung auszuschalten, erhielt Eichmann das gleiche Essen wie seine Wachen. Zur Essenszeit wurden fünf Schüsseln mit Essen aus der Küche in Eichmanns Trakt gebracht. Der wachhabende Offizier wählte eine Schüssel für Eichmann aus. Eichmann nahm seine Mahlzeiten im Beisein dieses Offiziers ein. Zu jeder Wache gehörte ein Schreiber, der über Eichmanns Tagesablauf Buch führte.
Die Freistunde verbrachte Eichmann auf dem Flachdach des Gefängnisgebäudes, das durch hohe Matten und Maschendraht gesichert war. Die persönliche Wache ging neben ihm. Die Wache war durch zwei weitere unbewaffnete Leute verstärkt, bestand also aus sechs Mann.

1. Szene

Die Zelle. Morgens.
Eichmann wischt die Zelle. Aufwischbesen, Aufwischlappen, Putzeimer. Er hat eine weite, dunkle Hose an, dunklen Pullover, dunkles Hemd, karierte Pantoffeln.
Die gewöhnliche Anordnung der Überwachung. Persönliche Wache in der Zelle, Wache an der Zellentür mit dem Gitterfenster. Diese Wache sitzt auf einer Klappleiter, sie notiert auch Eichmanns Tagesablauf. Die dritte Wache beobachtet durch die vergitterte Tür vom Innenhof her die zweite Wache und wird ihrerseits von der Wache auf dem Dach gesehen. Eichmann arbeitet sorgfältig und spricht dabei leise mit sich, eine Art innerer Monolog, dem man nicht immer folgen kann, von langen Pausen unterbrochen, in denen er stumm arbeitet.

EICHMANN: Gehen, gehen, zählen, gehen, gehen, zählen, Onkel Josef, Schrittezähler am Bein, versuchte beim Morgenspaziergang mit zweitausend Schritten auszukommen, zählen, vergleichen, zählen, Knöchelsülze, der Vater aß immer sehr gern Knöchelsülze, Zahlenbestandsaufnahme, Argentinien – *auf Wischbewegungen bezogen* – fünf, vier, drei, zwo, eins, nicht auf die Striche treten, Steinplatten, auch wir waren in einem totalen Krieg, in Linz, Kinderzeiten, gehen im Gras, Pilzesuchen, «wie scharf die jungen Leute doch sehen können», Olga, Großtante Olga, Waschkörbe Wiesenchampignons, die modernen Kriege werden noch totaler werden, sprechen, sprechen, sprechen, ich habe einmal sechs Monate nicht gesprochen – *wringt den Wischlappen aus* – Freund und Feind persönlich korrekt behandelt, Rädchen im Getriebe.

Er geht an den zur Seite geschobenen Tisch, um sich eine Notiz zu machen, fährt in der Putzarbeit fort, wendet sich an die Wache.

Wissen Sie, wann mich der Arzt heute untersuchen wollte?
Die in der Zelle befindliche Wache sieht zu ihm hin, reagiert aber nicht.

– Heute oder morgen? Ist heute Dienstag? Wie spät ist es? Wie spät?
Keine Reaktion.
Verstehen Sie mich nicht, oder ist es Ihnen verboten, mit mir zu sprechen? – *Folgt spanische Entschuldigung.*
Keine Reaktion.
Verstehn mich glaublich ganz fabelhaft, meine athletischen Ölgötzen. Hören, ohne gehört zu werden, sehen und nicht gesehen werden, kennt man, kennt man, ich habe weder Krieg noch Deportationen befohlen, konnte auch beides nicht stoppen, weder ich noch meine Männer haben je getötet. «Momentissimo», dieses idiotische Momentissimo, als sie mich kidnappten, Momento, Momentissimo.
Eichmann amüsiert sich in der Erinnerung über das falsche Spanisch. Er beendet das Aufwischen der Zelle, verschwindet mit Eimer und Gerät hinter der mannshohen Mauerblende, die Waschraum und Toilette von der übrigen Zelle abteilen. Die Wache begleitet Eichmann, beobachtet dessen Tätigkeiten im Waschraum und sagt neuhebräisch, was Eichmann dort tut. Die Wache an der vergitterten Zellentür notiert das wie alle bisherigen Tätigkeiten Eichmanns.
1. WACHE *neuhebräisch*: Er schüttet den Eimer aus. Er uriniert. Er wäscht sich die Hände. Er reinigt seine Zahnprothese.
Der Gefängnisdirektor Ofer in Begleitung eines Beamten, der Eichmanns Frühstück bringt. Auch sie absolvieren pedantisch die Sicherheitsmaßnahmen, Schleusen, Türen etc. Ofer ist ein Offizier, der sich sehr englisch gibt, er trägt auch gerne das Offiziersstöckchen zu seiner Uniform und stottert gelegentlich leicht.
OFER: Wir bringen Ihnen das Frühstück, Herr Eichmann.
Eichmann kommt aus dem Waschraum und nimmt Haltung an.
EICHMANN: Jawohl.
OFER: Es ist eine beliebige Portion unseres Mannschaftsfrühstücks und von dem Lebensmittelchemiker freigegeben.

Eichmann: Jawohl.
Der Gefängnisbeamte stellt das Frühstück auf den Zellentisch.
Ofer: Ich habe Ihnen zwei Brillen zu übergeben, die unseren Sicherheitsvorschriften entsprechen, eine Fernbrille und eine Lesebrille mit Kunststoffgläsern.
Eichmann probiert die Brillen.
Haben Sie Wünsche, Herr Eichmann?
Eichmann: Wenn es sich einrichten ließ, daß ich gelegentlich mit irgend jemandem sprechen kann. Mit Ihnen oder einer anderen amtlichen Persönlichkeit.
Ofer: Worüber sprechen?
Eichmann: Über alles, was mich betrifft. Ich möchte mir über alles klarwerden, mich erinnern und offen darlegen, welche Rolle ich tatsächlich gespielt habe.
Ofer: Ich gebe das an das Polizeibüro 06 weiter, an Oberst Hofstädter, der Sie identifiziert hat. 06 ist da zuständig.
Eichmann: Jawohl.

2. Szene

Verhörraum im Lager Iyar. Die Hinterwand Betonlamellen, die auf einen Umgang führen, helles Außenlicht von dort. Eine Wache geht in Abständen an den Lamellen vorbei, eine andere Wache ist im Raum an der verschlossenen Tür.
Der Gefängnisdirektor Ofer und Hauptmann Leo Chass. Eichmann wird von Wachen in Ketten vorgeführt, nachdem er die Sicherheitsschleusen passiert hat. Auf eine hebräische Anweisung von Ofer werden Eichmann die Ketten abgenommen.

Ofer: Ich mache Sie mit Hauptmann Chass bekannt, den Oberst Hofstädter von unserem Polizeibüro 06 beauftragt hat, mit Ihnen Gespräche zu führen.

Eichmann: Jawohl. Ist Polizeibüro 06 die Geheimpolizei?

Ofer: Die politische Polizei.

Eichmann: Jawohl.

Chass: Es wurde mir mitgeteilt, Herr Eichmann, daß Sie daran interessiert seien, uns Ihre Version Ihrer Rolle im sogenannten Dritten Reich darzulegen. Ist das richtig?

Eichmann: Das ist richtig, ja.

Chass: Ich möchte dabei klarstellen, es handelt sich um kein Verhör, zu dem wir Sie etwa zwingen, es kann von Zwang keine Rede sein, und Sie können die Gespräche jederzeit einstellen.

Eichmann: Jawohl.

Chass: Wir werden das auf Tonband nehmen und danach abschreiben lassen. Um Mißverständnisse auszuschalten, haben Sie Gelegenheit, die Abschrift durchzusehen, und Sie können dabei korrigieren, was Sie zu korrigieren wünschen.

Eichmann: Ich bin einverstanden, benötige aber natürlich, um präzise zu sein, die wichtigsten Dokumente, die Ihnen bestimmt zur Verfügung sind.

Chass: Sicher. Sie werden alle Dokumente bekommen, die ich Ihnen vorlege, und alle, die Sie wünschen.

Ofer: Wenn Sie während Ihrer Aussage eine Liste aufstellen,

was Sie haben wollen, werden wir das so schnell wie möglich beschaffen.
Eichmann: Gracias.
Chass: Es ist klar, daß Ihre Aussagen in einem künftigen Prozeß gegen Sie verwendet werden können.
Ofer: Ich lasse Sie dann allein, Sie können gleich anfangen.
Ofer verläßt den Raum. Der Schlüssel wird von außen durch eine Klappe in die Zelle gereicht.
Chass *stellt sich privat vor:* Chass, Leo Chass.
Eichmann: Adolf Eichmann. Angenehm.
Er setzt sich, von Chass dazu aufgefordert.
Chass: Wollen Sie eine Zigarette rauchen, Herr Eichmann?
Eichmann: Wenn ich bitten darf.
Die Wache bringt Eichmann Feuer.
Chass schaltet das Tonbandgerät ein.
Chass: Es ist heute der 29. Mai 1960, 16 Uhr 55. Es wäre vielleicht angebracht, Ihre Erklärung mit ein paar Lebensdaten zu beginnen, Ihrem vollen Namen, Geburtsort, Geburtstag, Namen der Eltern und Geschwister usw. Sie kennen das ja.
Eichmann *lächelt*: Ich wurde am 19. März 1906 zu Solingen im Rheinland geboren. Mein Vater leitete dort die Buchhaltung der Straßenbahn-Elektrizitätsgesellschaft.
Chass: Der Name Ihres Vaters?
Eichmann: Adolf Karl Eichmann, meine Mutter: Maria Eichmann, geborene Schefferling.
Chass: Wieviel Geschwister haben Sie?
Eichmann: Mein Vater war zweimal verheiratet, die erste Mutter starb 1916, aus dieser Ehe sind fünf Kinder hervorgegangen, ich als ältester, aus der zweiten Ehe drei.
Chass: Der Name der zweiten Frau?
Eichmann: Fräulein Maria Zarrzel aus Wien, die Hochzeit 1916 in Gallneukirchen bei Linz. Mein Vater war 1913 nach Linz versetzt worden und war als kaufmännischer Direktor der Linzer Straßenbahn- und Elektrizitätsgesellschaft dort tätig bis 1924. War eine sehr streng religiöse Protestantin gewesen, meine zweite Mutter, auch mein Vater, er war ehrenamtlich Presbyter der evangelischen Kirchengemeinde.

Chass: Politisch?
Eichmann: Unpolitisch.
Chass: Ihr Elternhaus war unpolitisch?
Eichmann: Völlig unpolitisch, völlig unpolitisch, wurde nie von Politik gesprochen, der Vater nicht und die Mutter auch nicht.
Chass: Welche Zeitung wurde zu Hause gelesen?
Eichmann: Die «Linzer Tagespost», haben wir eh und je gehabt, bürgerlich orientiert, christlich und bürgerlich. Lokales vorwiegend – ob eine andere Zeitung? – Kirchliche Schriften, sicherlich. Ein Abreißkalender, erinnere ich mich noch, mit einer Bibellese. Morgens vor dem Frühstück riß meine Stiefmutter das betreffende Blatt ab und las uns die Stelle vor. Wir mußten auch in die Sonntagsschule, und ich gehörte dem Christlichen Verein Junger Männer an, ebenfalls unpolitisch.
Chass: Wie kamen Sie zur SS?
Eichmann: Das war Ende 1931 oder Anfang 32, ich hatte die Mitgliedsnummer 45326.
Chass: Ja. Wie kamen Sie dazu?
Eichmann: Vorwiegend gesellschaftlich, glaube ich.
Chass: Wie, gesellschaftlich?
Eichmann: Ich baute damals dieses Benzinpumpennetz auf, Sphinx-Benzin, als Vertreter der Vacuum Oil in Oberösterreich, im oberen Mühlviertel, ich kniete mich mächtig in diesen neuen Artikel rein, wohnte aber noch zu Hause, kam über das Wochenende heim. Ich hatte damals ein Motorrad, verdiente glaublich 250 oder 300 Schilling als Lediger, ganz schön damals, und suchte gesellschaftlichen Anschluß, Geselligkeit.
Chass: Bei der SS?
Eichmann: Zuerst war ich einer anderen Vereinigung beigetreten. Dem sogenannten Jungfrontkämpfer-Verband, eine Jugendabteilung der Deutschösterreichischen Frontkämpfervereinigung, die unter Oberst Hiltl in Österreich tätig war und deren Wahlspruch lautete: «Gemeinnutz geht vor Eigennutz».
Chass: Was waren das für Leute?

Eichmann: In der Majorität monarchistisch eingestellt, monarchistisch und christlich.
Chass: In erster Linie österreichisch eingestellt?
Eichmann: Nur, nur, nur österreichisch orientiert, mit einer Verbindung allerdings, wie ich dann später sah, zum Stahlhelm in Deutschland, was uns als Jugendgruppe nicht tangierte.
Chass: Was interessierte Sie daran?
Eichmann: Daß man dazugehörte. Aufmärsche, allerdings sehr selten. Denkmalseinweihungen, Kameradschaftstreffen. Der Spiritus rector in Linz war ein sehr netter alter Herr, ein Generalmajor Dorotka von Ehrenwal. Kommandierender einer Division, hauptsächlich am Isonzo, also gegen Italien eingesetzt gewesen, und dieser Generalmajor Dorotka von Ehrenwal war es auch, der mir als erster mal einen Karabiner in die Hand drückte zum Scharfschießen, dessen entsinne ich mich wie heute.
Chass: Wie alt waren Sie damals?
Eichmann: Dieser Anfang muß, was ich mich politisch irgendwie entsinne, etwa im Jahre 1929, 1929 gelegen sein, wobei, bitte sehr, ich ein Jahr vor oder zurück nicht mehr genau weiß, ich war 23 Jahre also. Es war glaublich 1931, muß 1931 gewesen sein, da starb der Oberst Hiltl, und es kamen stärker monarchistisch-nationalistische Stimmen auf in der Deutschösterreichischen Frontkämpfervereinigung. Inzwischen marschierten auch SA-Verbände durch die Straßen, die SS versuchte aus den Reihen Leute herauszuwerben, denn wir hatten gewissermaßen eine wenn auch sehr spärliche Erziehung genossen, und sicherlich war das der SS nicht unangenehm gewesen.
Chass: Auf diese Weise kamen Sie zur SS?
Eichmann: Nein, nein, nein, nein, nein, da war ich erst einer anderen Vereinigung beigetreten, der sogenannten Schlaraffia, ebenfalls gesellschaftlich.
Chass: Was war das, Schlaraffia?
Eichmann: Schlaraffia ist eine Vereinigung von Kaufleuten, Ärzten, Schauspielern, Beamten undsoweiter. Mittelständ-

ler also, die sich zusammentaten zur Fröhlichkeit, zur Heiterkeit, auch zur gegenseitigen Unterstützung sicherlich, Hilfsbereitschaft, die der Allmutter Praga als Zentrum angeschlossen war, in ihrer Spitze eine zum mindesten lockere Verbindung zur Freimaurerei hatte, wie ich das später bei meiner Arbeit im Freimaurermuseum feststellen konnte. Ähnlich wie der Rotary Club, möchte ich mal sagen, nur hier schaltete der Humor, hatte der Humor nicht jene hundertprozentige Dominanz wie bei der Schlaraffia, sondern hier sinds wohl die Wirtschaftsthemen und die ernste Lebensarbeit, die im Vordergrund stehen.

CHASS: Vollkommen unpolitisch eingestellt?

EICHMANN: Vollkommen unpolitisch eingestellt, vollkommen. Der Ritus war, daß beim Eintreten jeder den ausgestopften Vogel Uhu mit gekreuzten Armen begrüßen mußte, mit einer Verneigung, und jeder mußte alle Zeit lang einen Vortrag halten, dessen Tenor Humor, feinen Humor beinhalten mußte, und bekam einen mehr oder minder hohen Orden an seine Narrenkappe.

CHASS: Sie hielten solche Vorträge?

EICHMANN: Jawohl. Ich hatte natürlich keine Ahnung bezüglich Freimaurerei, sagte mir nichts, bis ich einmal zufällig Kaltenbrunner davon erzählte –

CHASS: Ernst Kaltenbrunner?

EICHMANN: Ernst Kaltenbrunner, jawohl, den ich von der Straße her kannte, der alte Vater Kaltenbrunner, der in Linz Rechtsanwalt war, spielte etwas Syndikatartiges bei der Linzer Straßenbahn- und Elektrizitätsgesellschaft bei den Bilanzen mit, wo mein Vater war, die beiden alten Herren waren Freunde, und wenn sie ins Café Traxlmayer kamen, so setzten sie sich zusammen, und so war ich jedenfalls auch mit dem Sohn bekannt, und der sich gleich entrüstete «Freimaurerei» undsoweiter undsoweiter und verlangte, daß ich da auszuscheiden habe. Ich fragte noch, was das sei, Freimaurer, und er sagte, «Freimaurer sind Freimaurer». Durch einen Zufall flog ich aber sowieso von selber raus, das heißt, ich wurde nicht mehr eingeladen.

CHASS: Wie kam denn das?
EICHMANN: Es war an einem Abend mit dem Linzer respektive oberösterreichischen Heimathumoristen Franz Resl, der auch mehrere Bücher herausgegeben hat, oberösterreichischen Humor, auch Mitglied der Schlaraffia, und wir gingen im Anschluß an diese sogenannte Sitzung auf einen kleinen Schoppen in das sogenannte Rosenstüberl in Linz, und, weiß der Teufel, mich jungen Dachs ritt damals etwas, daß ich – ich wurde sicherlich nachher rot bis über beide Ohren vor Scham – daß ich, entgegen meiner Erziehung, nämlich versuchte, die Tischgesellschaft zu einem Wein einzuladen und das als Jüngster. Da hatte ich mir natürlich mein Grab gegraben und brauchte die Kaltenbrunnersche Aufforderung erst gar nicht selbst in die Tat zu verwirklichen. Wie ich Kaltenbrunner von meinem Fauxpas erzählte, es war im Märzenkeller, ein großes Bierlokal, nach einer Versammlung, es sprach der damalige Gauleiter Bollek, entsinne ich mich noch, da sagte also Kaltenbrunner zu mir: Du kommst zu uns, forderte er mich also kategorisch auf, ich habe zu kommen undsoweiter, wie das eben damals ging, burschikos, da wurde nicht viel herum undsoweiter, ich sagte dann «Ja, gut», so kam ich zur SS.

Dunkel.
Aus dem Dunkel eine sehr ernste, sehr verführerische Sequenz einer Hitlerrede, die Weltwirtschaftskrise betreffend.

3. SZENE

Verhörraum.
Chass und Eichmann. Übliche Bewachung.

CHASS: Wie war's denn mit der Schule gegangen?
EICHMANN: Die ersten zwei oder drei Schulklassen machte ich noch in Solingen, ab 1914 dann Linz an der Donau.
CHASS: Wie lange haben Sie das Gymnasium besucht?
EICHMANN: Vier Jahre.
CHASS: Das war die Untertertia?
EICHMANN: Das abgeschlossene vierte Jahr.
CHASS: Warum sind Sie abgegangen?
EICHMANN: Ich war nicht der fleißigste Schüler zur großen Enttäuschung meines Vaters, es war ein ewiger Kampf, lernen, lernen, lernen, in dieser Pubertätszeit, ich wollte nicht, war irgendwie widersetzlich, ohne daß ich das gewollt hätte. Da hieß es gleich, kommt runter, geht auf die Staatsgewerbeschule, «Höhere Staatsgewerbeschule für Elektrotechnik und Maschinenbau», da habe ich zwei Jahre, vier Semester habe ich dort gemacht und danach praktisch gearbeitet. Zuerst «Untersberger Bergbaugesellschaft» und nach einer Volontärzeit bei der oberösterreichischen Elektrobau.
CHASS: In Linz?
EICHMANN: In Linz.
CHASS: In welcher Abteilung?
EICHMANN: Verkauf, mein Vater wollte, daß ich in den Verkauf hineinkomme. Es war die Radiozeit, und ich kniete mich in den neuen Artikel hinein, bis ich die Gelegenheit bekam, wie ich schon sagen durfte, bei Vacuum Oil.
Soll ich die Spezifizierung der Lebensdaten, die Chronologie hier, auch hineinsprechen?
CHASS: Die können Sie einfach mir geben.
EICHMANN: Jawohl.
CHASS: Wollen Sie eine Zigarette rauchen?
EICHMANN: Wenn ich darum bitten dürfte.
Die Wache zündet Eichmann die Zigarette an.

Chass: Wie lange waren Sie bei der Vacuum Oil Companie?
Eichmann: Fünfeinhalb Jahre als sogenannter Reisebeamter, es gab Gehalt und Reisespesen.
Chass: War das ein großer Bezirk, den Sie zu bereisen hatten?
Eichmann: Doch, es war halb Oberösterreich. Ich hatte hauptsächlich mit der Aufstellung des Benzinpumpennetzes zu tun, Pumpenverträge abzuschließen, Konsignationslager zu errichten, um den Service dieser großen Kartellfirma à jour zu bringen in dieser Zeit des zunehmenden Automobilverkehrs. Ich hatte dazu die Petroleumlieferung für das Mühlviertel. Mich interessierte das am meisten, weil ich hier in ein Gebiet kam, das abseits war von dem Modernen und Schnellebigen. Mir sagte das zu, die schöne Natur, teils Mischwald, teils Laub-, teils Tannen- und Fichtenwälder. Auch die Romantik dieses Gebiets, die alten Burgen, besser gesagt Ruinen, ich habe auf meinen geschäftlichen Fahrten die Ruinen der verschiedenen Adelsgeschlechter jeweils besucht. Wenn ich einem Kaufmann zum erstenmal Garg Oil oder Mobil Oil verkaufte, so bekam ich für sämtliche Ölnachforderungen ein Viertel oder sogar ein halbes Prozent Provision. Sonst war die Tätigkeit keine provisionsmäßig eingestufte.
Chass: Machten Sie Dienst in der SS?
Eichmann: Jawohl, in Linz, da ich zu Hause wohnte, über das Wochenende auch nach Hause kam, im sogenannten Braunen Haus, indem ich dort auf einem Strohsack schlief und Nachtwache hatte, jeden Freitag abend. Nachdem ich einer der wenigen war, die Arbeit hatten, war mein Antreten der Wache immer gern gesehen, denn ich habe jedesmal Bier und Zigaretten freigebig bestellt für die Leute und haben sie eben getrunken und geraucht. Wir wurden auch ein-, zweimal nach Freilassing gefahren, nach Deutschland, sonntags, zum Schleifen, wie man das nannte, bis uns die Zunge trocken war.
Chass: Das war Ihr Sonntagsvergnügen?
Eichmann: Nun ja – Vergnügen, Herr Hauptmann? Man dachte ja als junger Dachs nicht viel darüber nach. Was mir

gerade einfällt, daß einer der Instrukteure abseits stand wie auf einem Feldherrnhügel und hatte weiße Zwirnhandschuhe an, das wurmte mich.

CHASS: Haben Sie sich damals mit dem Nationalsozialismus beschäftigt?

EICHMANN: Beschäftigt ist zuviel.

CHASS: Haben Sie Hitlers «Mein Kampf» gelesen?

EICHMANN: Damals nicht. Ich habe es, glaublich nie gelesen, nie ganz und nie gründlich.

CHASS: «Mythus des 20. Jahrhunderts» von Rosenberg?

EICHMANN: Nein – das habe ich nicht gelesen.

CHASS: Welche anderen Bücher haben Sie über nationalsozialistische Ideologie gelesen?

EICHMANN: Eigentlich gar keine. Das einzige, dessen ich mich genau entsinne, das ich gelesen habe, war von Hinkel «Einer unter Hunderttausend» – und zwar deswegen, weil Hinkel mir das Buch schenkte, mit einer Widmung von Hinkel, und wir zum erstenmal die Fangschnüre trugen zur Uniform. Bevor ich zum SD kam, gehörte ich zu dieser Menschenkategorie, die außer Zeitungen gar nichts las, sehr zum Kummer meines Vaters, der eine ausgezeichnete Bibliothek zusammengetragen hatte mit sämtlichen Klassikern und sonst schöngeistiger Literatur. Beim SD dann, da habe ich wiederum nur die Fachliteratur gelesen, spezifisch jüdische Bücher und Bücher über Freimaurerei. Ich las auch nie Kriminalgeschichten oder Liebesromane – bis heute nicht.

CHASS: Haben Sie das NSDAP-Programm gelesen?

EICHMANN: Die zwölf Punkte? Sicherlich. Aber ich könnte nicht mehr sagen, wie sie heißen. Es wurde auch in Kameradschaftskreisen nie darüber diskutiert über diese Detailangelegenheiten.

CHASS: Sie waren aber ein überzeugter Nationalsozialist?

EICHMANN: Jedenfalls. Ich muß wahrheitsgemäß sagen, daß ich damals begeistert war. Ich hörte den 30. Januar 33, die Machtergreifung, in einem Tiroler Dorf, auf einer Geschäftsreise, wo der Führer, ich komme immer noch in die alte Tour, also Hitler sprach, zum erstenmal sicherlich im

Radio übertragen wurde. Er wetterte gegen die Knechtschaft von Versailles, die Arbeitslosigkeit, die Pfändung deutscher Bauernhöfe – den Bolschewismus, das internationale Finanzkapital, um nur einiges zu nennen – und daß nun alles anders werden würde in dieser nationalen Einigung. Das sagte mir vom nationalen Standpunkt zu damals. Es war ja mehr das Nationale als die politischen Detailsachen, was die Menschen begeisterte. Ich hatte mir darüber überhaupt gar keine Gedanken gemacht.

CHASS: Und Sie meinen, das ging vielen so?

EICHMANN: Ich habe es ja später gesehen, Herr Hauptmann, sogar in der höheren Führerschaft, da hieß es das Reich, der Führer – da wurde nicht viel von Politik gesprochen.

CHASS: Warum wurden Sie von der Vacuum Oil entlassen?

EICHMANN: Weil Personal eingespart werden mußte und weil ich der einzige Ledige war von den Reisebeamten, so hat es mich getroffen.

CHASS: Sie schreiben in Ihrem Lebenslauf, Dokument Nr. 2, daß Ihnen im Juni 1933 wegen Ihrer Zugehörigkeit zur SS gekündigt wurde.

EICHMANN: Das war die Version des deutschen Konsulats in Linz, das mir ein Empfehlungsschreiben mit nach Deutschland gegeben hatte, sie hatten das irgendwie festgestellt, und die ich in der Folgezeit dann übernahm.

CHASS: Welche der beiden Versionen ist korrekt?

EICHMANN: Als ich den Lebenslauf schrieb, nahm ich die zweite als die richtigere an, denn der Konsul schrieb in dem Brief, «wie mir von dritter kompetenter Seite versichert wurde», wer nun die dritte kompetente Seite war? – Es ist ja so, Herr Hauptmann, außerdem, daß einem im Zweifel meist die günstigere Version auch als die richtigere erscheint.

CHASS: Sie meinen, wenn Sie diesen Lebenslauf für die Bewerbung bei einer anderen Ölfirma geschrieben hätten –

EICHMANN: Hätte ich anders geschrieben – hätte glaube ich jeder – ohne aber das Gefühl zu haben, hier oder hier nun direkt zu lügen. Ich dachte ja zuerst daran, bei der Vacuum

Oil in Deutschland oder bei Shell unterzukommen, daß mir die Partei hilft vielleicht, hatte ein sehr gutes Zeugnis für die fünfeinhalb Jahre bekommen, ja, ach ja, ich sagte dem Gauleiter Bollek noch, als ich mich bei ihm in Passau meldete, bat ich ihn noch, ob er einen Weg zur bayrischen Vacuum Oil wisse. Da meinte er, daß es für mich besser wäre, erst mal ein bißchen Soldat zu spielen, höchste Zeit, daß ich mal gehen lernte. So war ich in der Österreichischen Legion, Edelweiß am Spiegel –

CHASS: Eine SS-Einheit?

EICHMANN: SS-Leute und auch SA, SA war damals noch bedeutend mehr gewesen als später, wir wurden im wesentlichen im Straßenkampf ausgebildet, stoßtruppmäßig, im Kloster Lechfeld. Wir marschierten dann alle nach Dachau, wo wir ein Bataillon vom Regiment «Deutschland» bildeten, das nur aus Österreichern bestand.

CHASS: Im Konzentrationslager Dachau?

EICHMANN: Nein, nein, nein, außerhalb. Im Konzentrationslager waren die bayrischen SS-Angehörigen gewesen, wir nannten sie Totenkopfler, weil sie an ihrem Kragenspiegel den Totenkopf hatten, wir hatten SS-Runen mit der arabischen 1, trugen auch Seitengewehr, die Totenkopfler Pistole. Ich hatte es dienstgradmäßig inzwischen bis zum Scharführer gebracht, also ein Stern, aber die Ausbildung war rekrutenmäßig, rein militärisches Exerzieren, wir schliefen drei Stück übereinander.

CHASS: Wie war Ihre Einstellung zu den Häftlingen? Hat das nicht Ihre Ideale gestört?

EICHMANN: Wir hatten ja nichts damit zu tun. Man sah sie mal ausrücken zur Arbeit oder einrücken. Es hieß «Reichsfeinde», «Schutzhäftlinge», muß sein, müssen erzogen werden. Es wurde ja in Dachau nicht getötet, soviel ich weiß.

CHASS: Es wurde geprügelt, gefoltert, auf der Flucht erschossen. Haben Sie nie davon gehört damals?

EICHMANN: Habe ich nicht, Herr Hauptmann. Wir hatten zu den Totenkopflern ein ziemlich gespanntes Verhältnis, weil jede Einheit wieder ihren Stolz hat, unsere Chefs waren in

SS-Uniform gesteckte Offiziere der preußischen Landespolizei und zogen beritten an der Spitze ihrer Einheit. Ich gehörte damals zu den Menschen, die sich zufriedengeben, wenn etwas angeordnet war. Habe ich nicht weiter nachgedacht. Der Dienst war drillmäßig sehr hart und eintönig, fiel man danach aufs Bett. Ach ja, ich hab mal ein Eßpaket über die Mauer geworfen, auch andere von uns. Das wurde dann streng verboten.

CHASS: Was hat Sie überhaupt zu dem Entschluß gebracht, nach Deutschland zu gehen. Ihre Familie war in Österreich, Ihre Freunde –?

EICHMANN: Mir schwebte erst vor nach der Kündigung, daß ich einen eigenen Schmierölhandel anfange, von einer Außenseiterfirma, einer rumänischen, keine Kartellfirma. Ich hatte verhandelt, wollte ein Konsignationslager übernehmen und Autoöle auf eigene Rechnung verkaufen. Kunden hatte ich ja genügend, besonders in Oberösterreich, als ich aber alles vorbereitet hatte und schon losgefahren war, den ersten großen Kunden zu besuchen, in Eferding, entschloß ich mich plötzlich anders, brach abrupt die Reise ab und sagte meinen Eltern, daß ich nach Deutschland wolle, bekam auch ihren Segen.

CHASS: Wie erklären Sie sich diesen Sinneswandel?

EICHMANN: Ich glaube, ich hatte plötzlich Angst gekriegt, ob es das finanzielle Risiko war, daß ich allein auf eigenen Füßen –? Ich war ja ein relativ junger Mensch gewesen und war es gewöhnt, im mindesten geleitet zu werden, auch im Geschäftlichen. Es ist mein ganzes Leben dann ja so gegangen, wie verhext.

Dunkel.

Bischof Gföllner aus Linz verliest 1933 seinen Hirtenbrief:
Das entartete Judentum im Bunde mit der Weltfreimaurerei ist auch vorwiegend Träger des mammonistischen Kapitalismus und vorwiegend Begründer und Apostel des Sozialismus und Kommunismus, der Vorboten und Schrittmacher

des Bolschewismus. Diesen schädlichen Einfluß des Judentums zu bekämpfen und zu brechen ist nicht nur gutes Recht, sondern strenge Gewissenspflicht eines jeden Christen.

4. Szene

Verhörraum.
Chass und Eichmann. Übliche Bewachung.

CHASS: Im September 1934 haben Sie sich dann von Dachau aus zum SD, zum Sicherheitsdienst, gemeldet. Warum?
EICHMANN: Das war nun wieder eines der Versehen oder Irrtümer wie sie sich in meinem Leben so reich ereigneten, Herr Hauptmann, ob ich das nun Zufall nennen soll oder die Schicksalsnorne wiederum in meine Fäden griff –
CHASS: Sie kamen aus Versehen zum SD?
EICHMANN: Es war das tötende Einerlei des Dienstes gewesen, jeden Tag immer wieder dasselbe, immer wieder dasselbe, was mich zuerst veranlaßte zu überlegen, wie kommst du von hier weg? Da hörte ich eben, daß der Sicherheitsdienst des Reichsführers hier Leute aufnimmt. Da dachte ich mir, wie ich es auch in der «Münchner Illustrierten» gesehen hatte, Schutz hoher Parteiführer, Begleitkommando, dachte ich mir in meinem Sinn, das ist eine sehr ordentliche Angelegenheit, erstens kommst du rund, fährst, sitzt im Wagen drin, siehst allerhand, heute hier, morgen da, das ist schon wieder ein anderes Leben als wie immer in derselben Falle liegen und immer das gleiche.
CHASS: Wo haben Sie sich gemeldet?
EICHMANN: In München, erbat Urlaub nach München, Grund: Meldung beim Sicherheitsdienst des Reichsführers mit der Bitte um Aufnahme.
CHASS: Hat man Sie da nicht auf Ihre Eignung geprüft?
EICHMANN: Ich mußte einen Fragebogen ausfüllen und wurde wieder nach Dachau geschickt. Hörte lange Zeit nichts, dachte schon, daß nichts daraus geworden wäre, da wurde ich eines Tages zur Adjutantur befohlen und wurde mir dort mitgeteilt, daß ich zum Sicherheitsdienst kommandiert sei, abzurüsten habe, Sachen übergeben, letzte Löhnung in Empfang nehmen, es waren 10 Mark, Marschbefehl Berlin, Wilhelmstraße 102. Das war die Zentrale des Sicherheits-

dienstes des Reichsführers SS, wie es offiziell hieß damals. Ich erwähne das, weil jetzt bei mir die damalige große Enttäuschung kommt, denn ich verwechselte das Ganze. Was ich mir ja erhofft hatte, war Begleitkommando, hohe Persönlichkeiten begleiten, daß kein Attentat passiert, und diese Sachen stellte ich mir vor. Jetzt war ich beim SD und wurde wieder hier wie ein Rekrut behandelt, zwölf Mann auf einer Stube. Alles «geheim, geheim, geheim», in einem riesigen Saal dieses Palais, es war ein Hohenzollernpalais, da wurde dann feinsortiert.

CHASS: Was wurde feinsortiert?

EICHMANN: Die Freimaurerei, denn ich kam zuerst ins Freimaurermuseum und mußte mit vier oder sechs Leuten die Freimaurerkartei feinordnen, daß die Buchstaben genau nacheinander kamen. Wir saßen hinter unseren Karteitrögen, ich hatte Anfangsbuchstabe C, und das Ganze nannte sich «Amt I» im Amt «Information», Gegnerbekämpfung, Freimaurer. Ich hatte von der Freimaurerei noch nichts gehört bis dahin. Außer bezüglich Schlaraffia, wo mir Kaltenbrunner sagte Freimaurer sind Freimaurer. So konnte ich mir das alles nicht erklären, das sehr geheimnisvolle Gehabe. Als ich durch die Säle ging zuerst mit meinen plumpen Stiefeln, immer acht gebend, daß ich nicht ausrutschte auf dem Parkett, ging ich an einem Sarg vorbei, da lag ein Gerippe drin, das habe ich mir gemerkt, weil ich mir nichts zusammenreimen konnte. Das also war das Freimaurermuseum, damals noch im Aufbau befindlich.

CHASS: Was war der Zweck dieses Museums?

EICHMANN: Aufklärung, Aufklärung über die Freimaurerei. Besichtigungen, Hoheitsträger der Partei, Wehrmachtsstäbe, SA-Führer, Hitlerjugend und BdM wechselten einander ab. Auch der Reichsminister für Volksaufklärung und Propaganda Dr. Goebbels kam zur Besichtigung, geführt von unserem wissenschaftlichen Leiter Professor Schwarz-Bostunitsch, Sturmbannführer, zaristischer Emigrant, der früher am Appellationsgericht in Kiew tätig war und sich mit Freimaurerei beschäftigt hatte. Er trug einen

Spitzbart, er hörte nichts, so daß man ihm alles auf einen Wischblock schreiben mußte. Der nun mit seinem gewaltigen, urigen Baß Aufklärung über die Freimaurerei gab.

CHASS: Und Goebbels?

EICHMANN: Ich weiß nur, daß er dauernd mit dem Kopf schüttelte. Auch an einen anderen prominenten Besuch entsinne ich mich noch, es war der Reichsmarschall Göring, geführt von Himmler oder Heydrich. Ich saß mit meinen Münzen und Siegeln damals im sogenannten Johannissaal, III. Grad der Johannisfreimaurerei, Baldachin, Tisch, zwei Säulen, das Ganze mit Seidenstricken abgegrenzt. Auf dem Tisch lagen Hammer und Winkel, dekorationshalber noch ein Freimaurerschurz und ein Totenschädel. Der Reichsmarschall, jovial, saß erst mit einer Gesäßhälfte auf einem Eck meines Arbeitstisches, sodann legte er seine Zigarre in meinen Aschenbecher, begab sich in den Stuhl hinter dem Tisch, nahm den Hammer und schlug einige Male laut und mächtig damit auf den Tisch. Er war fröhlicher Laune, und seine hohe Umgebung strahlte ebenfalls nur Freude und Sonnenschein aus.

CHASS: Ja. Wen haben Sie da noch gesehen? Hat Hitler besichtigt?

EICHMANN: Hitler nicht, glaublich nicht, würde ich mich erinnern natürlich, ob später – ob nach meiner Zeit –? Hätten die Historiker irgendwie beschrieben jedenfalls. An was ich mich entsinne, eines Abends kam Julius Streicher, der Frankenführer, zur Besichtigung, von Heydrich geführt, in großer Begleitung. Im Karteisaal meinte er wohl gelaunt zu einem der begleitenden Herren: «Na, da wollen wir doch mal sehen, ob Sie Freimaurer waren.» Ein Name fiel und irgend jemand zog eine Karteikarte. Er war Freimaurer. Die Besichtigung war zu Ende, und wir gingen wie gewöhnlich in einen Bierkeller in der Anhalter Straße, wo der Teller Erbsensuppe 35 Pfennig, die dazu verzehrten Brötchen nichts und jeder halbe Liter Bier 45 Pfennig kostete.

CHASS: Wie lange haben Sie dort gearbeitet?

EICHMANN: Bis Anfang 35, zirka ein halbes Jahr. Da kam eines

Tages der Untersturmführer von Mildenstein zu mir, in Begleitung eines Zivilisten, mußte wohl von mir gehört haben, daß ich fleißig sei, strebsam sei, ließ sich von mir über den Aufbau des Museums berichten, fragte dies und jenes, kurz und gut, sagte mir plötzlich, daß er im SD-Hauptamt ein neues Referat aufgezogen habe und ob ich nicht Lust hätte, zu ihm als Sachbearbeiter zu kommen. Es war das Referat II, 112, Judentum. Ich sagte sofort zu, denn von Mildenstein war ein leiser, sympathischer Mann, im Zivilberuf Diplom-Ingenieur, und ich war froh, der ewigen Münzen- und Siegelsortiererei zu entrinnen.

5. Szene

Eichmanns Zelle.
Eichmann und die Psychiaterin Frieda Schilch. Bewachung wie beschrieben.
Frieda Schilch ist eine schöne Frau, offen, an Menschen außerordentlich interessiert. Es ist auch ihre Technik, etwas von Menschen zu erfahren, indem sie offen und interessiert scheint, auch wenn sie es nicht ist.

EICHMANN: Von der Kinderstube angefangen, war bei mir der Gehorsam etwas Unumstößliches, etwas nicht aus-der-Welt-zu-Schaffendes.
SCHILCH: Warum?
EICHMANN: Aus meiner Erziehung, strenge Erziehung, Frau Doktor, von meinem seligen Vater. Trotz liebevollster Zuneigung und Freude an mir, war er sehr streng gewesen, gab es keine Widerworte, mußte gehorcht werden.
SCHILCH: Erinnern Sie sich an bestimmte Sachen?
EICHMANN: Bei den Mahlzeiten, zum Beispiel, Tischgebet, Reichen der Speisen, hieß es von Anfang an, was auf den Tisch kam, mußte gegessen werden. Wer etwas nicht aß, bekam es bei der nächsten Mahlzeit wieder, bis er es aufgegessen hatte. So lernten wir Genügsamkeit.
SCHILCH: Konnten Sie Wünsche äußern, was Sie gern aßen?
EICHMANN: Nein. Wir waren ja acht Kinder, sieben Söhne, eine Tochter. Es war den Kindern nicht erlaubt, während des Essens zu sprechen, nur wenn ein Kind direkt etwas gefragt wurde, durfte es antworten. Wegen schlechter Haltung, um die Arme anzulegen, aß ich eine Zeit mit Kochlöffeln zwischen den Armen und dem Oberkörper.
Schilch probiert das und amüsiert sich.
SCHILCH: Akzeptierte das die Mutter, war sie ein Schutz?
EICHMANN: Schutz? Ich weiß nicht, ob Schutz? Die erste Mutter starb ja früh, 1916, an Lungentuberkulose, da war ich zehn Jahre. Sie war wie alle sagten, eine schöne Frau.
SCHILCH: War ihr Tod ein tiefer Eindruck für Sie?

EICHMANN: Tiefer Schock, tiefer Verlust, tiefe Trauer.
SCHILCH: Wie äußerte sich die?
EICHMANN: Wir Kinder trugen alle Trauerkleidung.
SCHILCH: Viel geweint?
EICHMANN: Wir waren so erzogen, daß man sich beherrscht, daß auch Weinen nicht gezeigt wird.
SCHILCH: Erinnern Sie sich an die Beerdigung?
EICHMANN: – Nein. Sie starb in einem Sanatorium, ich war nicht auf der Beerdigung.
SCHILCH: Wann ist Ihr Vater gestorben?
EICHMANN: In diesem Jahr, im März, ich habe ihn mehr als achtzehn Jahre nicht gesehen, wohl es immer blieb in meinem Kopf: «Was sagt der Vater dazu?»
Eichmann unterdrückt seine Rührung.
Er ist 82 Jahre alt geworden, starb Gott sei Dank vor meinem – Kidnapping.
SCHILCH: Es weiß ja niemand hier von einem Kidnapping, Herr Eichmann. Bisher.
EICHMANN: Ist nicht bekannt geworden von dem Herrn Präsidenten –?
SCHILCH: Daß Sie gefunden wurden, aber nicht gekidnappt. Wie war die zweite Frau? War das schwierig?
EICHMANN: Nein. Es war auch wie die erste eine gute Ehe. Es spielte vielleicht das Geistliche eine noch größere Rolle, meine zweite Mutter war eine sehr strenge Protestantin, und Sie müssen denken, die Protestanten waren in einer Diaspora, Linz ist ganz und gar katholisch.
SCHILCH: Wie definieren Sie das «Ehe»?
EICHMANN: – Eine Verbindung verschiedener Geschlechter zur Fortpflanzung ihrer Art.
SCHILCH: «Apfel»?
EICHMANN: Eine Genußfrucht zur Hebung der Gesundheit.
SCHILCH: «Kriechen»?
EICHMANN: Eine Vorwärtsbewegung des Menschen und des Tiers. Der Vater war immer die bestimmende Figur gewesen, auch in der zweiten Ehe, und stets von großem Ansehen begleitet. Sehr prinzipienfest und willensstark.

Schilch: War es für Sie schwer, seinen Erwartungen zu genügen?

Eichmann: Wie ich noch ganz klein war, hatte ich eine Kinderlähmung, Polio, und ich mußte neu gehen lernen. Einmal in der Woche prüfte er meine Fortschritte. Ich war sehr bedrückt, wenn er fand, daß ich nicht genug geübt hatte. Das ist meine erste Erinnerung, ziemlich meine erste. Auch in der Schule, lernen, lernen, hat es mich oft gequält, daß ich ihm nicht entspreche, als einziger der Söhne, die Matura nicht erreichte, das Abitur.

Schilch: Was für Strafen gab es?

Eichmann: Schuhputzen, Strafarbeiten, Ausgangssperre, Taschengeldentzug, Stubenarrest –. Das Schlimme für mich war nicht, wenn er schimpfte, sondern von seiner Enttäuschung sprach.

Schilch: Gab es demütigende Situationen?

Eichmann: Direkt demütigend weiß ich nicht. Was mir nicht gepaßt hat, erinnere ich, ich wurde eines Tages zu einem Missionspfarrer mitgenommen, der sexuelle Aufklärung betrieb über das Laster der Onanie und diese Sachen. Und das in Gegenwart meines Vaters. Das hat mich empört, da hab ich innerlich gegen meinen Vater revoltiert.

Schilch: Hat er das bemerkt?

Eichmann: Wie meinen?

Schilch: Sie haben doch wahrscheinlich onaniert?

Eichmann: Ich werde darüber nicht sprechen, nicht darüber und nicht die ganzen Sachen, die meine Privatsache sind!

Schilch: Über Sexualität meinen Sie?

Keine Antwort.

Über erotische Fragen?

Keine Antwort.

Warum wollen Sie nicht darüber sprechen, Herr Eichmann?

Eichmann: Weil das meine Privatsache ist und immer war! Was ich hier sage, das können Sie morgen in «Life» oder «stern» lesen, klebrig zurechtgemacht und andere hineinziehend. Es hat in meinem Leben die Erotik nie diese Dominanz gehabt! Und nicht in unserem ganzen Elternhause!

SCHILCH: – Wurden Sie strenger als Ihre Geschwister erzogen?
EICHMANN: Strenger. Obwohl ich kein schwer erziehbares Kind gewesen sein soll, sondern das gerade Gegenteil davon, leicht lenkbar und folgsam. Weil ich der Älteste war vielleicht, der Vornamensträger, Adolf oder – ist mir nicht klar warum.
SCHILCH: Fanden Sie das ungerecht?
EICHMANN: Glaub ich nicht. Ich anerkannte meinen Vater als absolute Autorität wie ich später auch meine Lehrer und Vorgesetzten als Autorität anerkannte. Als ich zur Truppe kam, schien mir das Gehorchen keinen Deut schwerer als das Gehorchen der Kinderstube. Auch in der Schule, auch in den Berufsjahren auch da.
SCHILCH: Wenn Sie sich von jemandem ungerecht behandelt fühlten, wie haben Sie da reagiert?
EICHMANN: Ich möchte als ein Beispiel erwähnen, was ich später oft den mir unterstellten Offizieren und Unteroffizieren erzählte. Das war in Kloster Lechfeld gewesen, Truppenübungsplatz damals, da war irgendein Vorkommnis gewesen in der Kompanie, das Bataillon wollte es herauskriegen und fing mit Strafexerzieren an, mit Strafexerzieren und, wie das so üblich war, war es das Robben.
SCHILCH: Robben?
EICHMANN: Robben.
SCHILCH: Von der Robbe?
EICHMANN: Robben, das später verboten wurde.
Er macht es vor.
Vorwärtsbewegung nur auf den Ellbogen, in diesem harten, schilfähnlichen Gewächs dort, Kieselsteine, nur Kieselsteine, eine ehemalige Moräne gewesen scheint's, und schon nach den ersten Übungen hatten sich die ersten Leute zum Revier gemeldet, sich d.u. schreiben lassen.
SCHILCH: Was ist d.u.?
EICHMANN: Dienstunfähig, dienstunfähig, schon nach ein, zwei Stunden, war sehr hart gewesen. Ich hatte damals vor Ingrimm und Zorn – weil ich glaubte, es geschähe uns Unrecht – habe ich verbissen weitergerobbt, gleichgültig, ob ich

der letzte war, denn der letzte mußte immer wieder noch mal ran, und so hatte ich mir meine Ellbogen durchgerobbt, hatte auf Verbinden verzichtet und mich nach der Mittagspause habe ich mich wieder gemeldet, nachmittags wieder Strafexerzieren. Kaum hatten wir die ersten Robbereien gemacht, waren meine notdürftigen Pflästerchen, die ich drauf hatte, wieder weggerobbt, und die beiden Ellbogen waren frei von Haut, lief das Blut heraus. Kurz und gut, ich blieb hier stur und robbte in meinem Zorn weiter, und so wars, da fiel man auf, und da avancierte ich dann nachher.

SCHILCH: Wenn ich Sie recht verstehe, Sie wehrten sich gegen ein Unrecht, indem Sie rücksichtslos gehorchten?

EICHMANN: Es wäre denkbar gewesen, daß das berühmte Kamel durch das Nadelöhr geht, aber undenkbar, daß ich mir gegebenen Befehlen nicht gehorcht hätte, damals.

SCHILCH: Sie sagen aber, Sie taten das aus Wut, um gegen ein Unrecht zu protestieren, verstehe ich.

EICHMANN: Weil ich mir ja nicht anders helfen konnte, Frau Doktor.

SCHILCH: Hätten Sie sich nicht ins Krankenrevier melden können?

EICHMANN: Da hätte ich irgendwie klein beigegeben, daß man mich fertiggemacht hat.

SCHILCH: Gaben Sie denn so nicht klein bei?

EICHMANN: Nein, denn ich machte ja immer weiter.

SCHILCH: Sie protestierten, indem Sie verbissen und ohne Rücksicht auf sich selbst gehorchten.

EICHMANN: Als eine Form der Bewährung auch vielleicht.

SCHILCH: Bewährung?

EICHMANN: Ich wurde in dieser Zeit Unterscharführer, bekam ein Sternchen, Unteroffizier also.

SCHILCH: Wollten Sie das damit erreichen?

EICHMANN: Nein, nein, nein, ich hatte einen solchen Zorn –

SCHILCH: Wenn ich Ihre Haltung einmal zu klären versuche, da war erstens, daß Sie, trotz aller Wut, gehorchten, das heißt, Sie zeigten der Autorität, daß Sie sie anerkennen – so sehr, daß Sie ihr sogar gehorchen, wenn sie im Unrecht ist, selbst wenn das Sie vernichten würde. Sie signalisierten mit Ihrer rückhaltlosen Unterwerfung gleichzeitig, daß Sie einen Anspruch darauf hätten, von ihr erhoben zu werden, zu avancieren, ein Teil der Autorität zu werden. Kann man das so sagen?

EICHMANN: Ich bin da nicht der nötige Fachmann, Frau Doktor, der diese Sachen erklären kann. Ich habe damals stur meinen Befehlen eben Gehorsam geleistet, und darin habe ich – meine Erfüllung gefunden.

SCHILCH: Auch wenn Ihnen ein Befehl ganz falsch schien oder Sie in Gewissenskonflikte brachte?

EICHMANN: Hatte ich ihn nicht zu deuten, hatte ich ihn auszuführen, denn die Verantwortung, das Gewissen, muß ja der Befehlsgeber haben, letztlich also die Staatsspitze. Wenn man mir um jene Zeit, in diesem, wie es hieß, Schicksalskampf des deutschen Volkes gesagt hätte: Dein Vater ist ein Verräter, also mein eigener Vater ist ein Verräter, und ich hätte ihn zu töten, hätte ich das auch getan.

SCHILCH: Hätten Sie da nicht Beweise verlangt?

EICHMANN: Hätte man zu dieser Zeit nicht gelten lassen, Frau Doktor, glaube ich nicht. Es war ja sogar verboten, einen Befehl zu begründen, selbst das war verboten.

SCHILCH: Sie meinen wirklich, Sie hätten auf Befehl Ihren Vater ebenso erschossen, wie Sie auf Befehl Juden nach Auschwitz transportieren ließen?

EICHMANN: Ich weiß das natürlich nicht hundertprozentig, Frau Doktor, hätte ich?, hätte ich nicht? – vielleicht hätte ich mir eine Kugel durch den Kopf geschossen –, das ist wahrscheinlich meine Schuld, daß ich das nicht getan habe. Aber diese Schuld konnte ich bis zum 8. Mai 1945 nicht erkennen. Ich weiß natürlich heute, daß ein solches Leben, eingespannt in Gehorsam, Befehle, Weisungen, ein sehr bequemes Leben ist.

SCHILCH: Bequem? War Ihr Leben bequem?

EICHMANN: Nicht im Sinne von faul, aber ich wußte, was mir erlaubt und was mir verboten ist, in diesen Grenzen konnte ich frei leben, nach diesen ganz klaren Richtlinien. Darüber wachte die SS- und Polizeigerichtsbarkeit.

SCHILCH: Wie haben Sie das Kriegsende aufgenommen?

EICHMANN: Ich wollte mich erschießen. Als ich zu Müller kam, Gruppenführer Müller, muß gewesen sein März 45 oder April, und er mir falsche Papier aushändigen wollte wie all den anderen, um unterzutauchen, verzichtete ich und sagte: Ich hab schon meinen Paß, Gruppenführer, und zeigte ihm meine Steyr-Armee-Pistole. Ich hatte an das alles ja geglaubt, und jetzt war alles, alles sinnlos gewesen. Und ich stand wieder da, gescheitert und zerstört in meinen menschlichen und beruflichen Grundlagen.

SCHILCH: Wurden Sie mit Ihrer Parteikarriere in der Familie anerkannt?

EICHMANN: Der Vater hat sich nicht geäußert, auch nicht negativ. Er frug mich mal, was ist das, Obersturmbannführer, und als ich ihm erklärte, Oberstleutnant rangmäßig, Polizeioberst, hat er zufrieden genickt. Was meine Dienstobliegenheiten wirklich waren, wußte niemand, denn ich war Geheimnisträger und hielt mich strikt daran. Man wußte im Reichssicherheitshauptamt, daß ich mit jüdischen Angelegenheiten zu tun hatte, mehr aber auch nicht.

SCHILCH: Ich merke, wieviel Ihnen daran lag, gerade dem Vater zu zeigen, daß Sie nicht das schwarze Schaf mehr waren, für das er Sie vielleicht mal gehalten hat, daß Sie mehr als andere leisten, die vielleicht studiert haben.

EICHMANN: Es ist, Frau Doktor, mir das nicht bewußt, er hat das nie in dieser Form gesagt, denn er war ein sehr gerechter Gott, bitte, ein sehr gerechtigkeitsliebender Mann, dem ich immer nacheiferte und auch litt, wenn mir das nicht gelang in Schule oder Beruf.

SCHILCH: Ist an dem Gedanken etwas dran, daß Sie sich so begierig in eine Hierarchie von Befehl und Gehorsam eingliederten, eine Rangordnung, weil Ihnen das als Kind nicht recht gelungen war dem Vater gegenüber? – Was meinen Sie?

EICHMANN: Ich bin in diesen psychologischen Wissenschaften ganz unbeleckt, wie ich schon sagen durfte, glaube aber, daß es eher eine vorher unerkannte Begabung war, die mich in der Verwaltungsarbeit meine Erfüllung finden ließ und die dann schicksalsmäßig diesen furchtbaren Weg und dieses schreckliche Ende nahm, so daß ich nicht mehr weiterleben wollte.

SCHILCH: Sie sind dann aber doch noch mit falschen Papieren in amerikanische Gefangenschaft gegangen.

EICHMANN: Von Alt-Aussee, wo Kaltenbrunner über einer Patience saß und sagte: Na, Eichmann, ist nicht aufgegangen. Ich hatte noch im sogenannten Höllengebirge eine Verteidigungsstellung aufgebaut, wollte fallen, kam aber der Befehl: auf Amerikaner darf nicht mehr geschossen werden. Da habe ich noch jedem 5000 Mark ausgezahlt, die Kasse an Hunsche übergeben, Regierungsrat, und bin in Gefangenschaft, Hauptsturmführer Otto Eckmann. Es war ein Sichtreibenlassen, Weltuntergangsstimmung, geistiger Schock, führungslos, da keinerlei Befehle oder Weisungen mehr heranzuziehen waren. Es stürzte all das wie ein Kartenhaus auch innerlich in mir zusammen, was ich gestern noch anbetete.

6. Szene

Verhörraum.
Eichmann und Chass. Übliche Bewachung.

CHASS: Wann haben Sie zum erstenmal das Wort Endlösung gehört?
EICHMANN: Endlösung, Endlösung, ob das nun betreffs der physischen Endlösung geprägt wurde, ob das irgendwie übernommen wurde, Lösung, Endlösung, Gesamtlösung, Endlösung – das hängt für mich irgendwie, vermischt sich, was ich auf Anhieb weiß, mit dem Beginn des deutsch-russischen Krieges –
CHASS: Vor der Wannsee-Konferenz?
EICHMANN: Jawohl, da wurde schon vorher getötet, in russischen Tankgräben zum Vernichten der Juden, wie mir Heydrich sagte, von Globocnik, Brigade- oder Gruppenführer Globocnik.
CHASS: Wann haben Sie davon gehört?
EICHMANN: Das muß – im Juni, glaube ich, war der Kriegsbeginn, Juni oder Juli, und glaublich zwei Monate später oder auch drei, jedenfalls Spätsommer, wurde ich zu Heydrich befohlen. Meldete mich, und er sagte mir, mit einem kleinen Speech vorher, sagte: «Der Führer hat die physische Vernichtung der Juden befohlen.» Diesen Satz sagte er mir und machte, ganz gegen seine Gewohnheit, eine lange Pause. Da wußte ich Bescheid.
CHASS: Was haben Sie dazu gesagt?
EICHMANN: Ich habe nichts gesagt, weil ich dazu nichts sagen konnte, denn an solche Sachen selbst hatte ich nie gedacht. Damit schwand auch alles bei mir, alle meine Arbeit, alles was ich aufgebaut hatte betreffs Auswanderung, Madagaskarplan, jüdisches Reservat im östlichen Generalgouvernement, da war ich gewissermaßen ausgeblasen.
CHASS: Die Auswanderung war von da an verboten?
EICHMANN: Vom Führer verboten, jawohl. Und Heydrich schickte mich, befahl mir also: Eichmann, fahren Sie rauf zu

Globocnik, Lublin, und sehen Sie sich an, wie weit er gekommen ist. Das werde ich nie vergessen, diese Sätze, und mag ich noch so alt werden, Herr Hauptmann.
Eine Wache bringt ihm eine angezündete Zigarette.
Danke, gracias. Wie befohlen, fuhr ich nach Lublin, suchte die Dienststelle des SS- und Polizeiführers Lublin auf, Globocnik, ehemals Gauleiter von Wien, meldete mich, daß mich Heydrich geschickt habe, und Globocnik ließ dann einen Sturmbannführer Höfle kommen, aus seinem Stab sicherlich, kannte den Mann nicht, und dann fuhren wir, ich weiß nicht mehr, wie diese Stelle heißt, ob das Treblinka hieß oder ob das anders hieß, ich kam hin und da war Waldähnliches –

CHASS: Ja.

EICHMANN: Waldähnliche Sachen in einer Laubbaumzone, ziemlich dichten Laubbaumzäunen, größere Bäume, die so im, im vollen Schmuck ihrer Blätter waren, entsinne ich mich noch, und da bauten sie Holzhäuschen. Größe: vielleicht so wie ein Chalet von zwei bis drei Zimmern, nicht groß, und es begrüßte uns da ein Hauptmann der Schutzpolizei, der mir die Einrichtung erklären sollte. Er sprach irgendwie Dialekt aus der Südwestecke Deutschlands und sagte mir, wie er hier dies alles schön dicht gemacht hätte, daß da alles abgedichtet wäre. Denn hier würde eine, ein Motor eines russischen U-Bootes arbeiten, und die Gase dieses Motors würden hier hineingeführt werden, und dann würden die Juden vergiftet werden. Das war für mich auch ungeheuerlich.

CHASS: Ja.

EICHMANN: Ich bin keine so robuste Natur, die, sagen wir mal, ohne irgendwelche Reagenz etwas über sich in dieser Art ergehen lassen kann.
Wenn ich heute eine klaffende Schnittwunde bei einem Menschen sehe, dann kann ich nicht zusehen, so daß man mir oft sagte, ich hätte kein Arzt werden dürfen.

CHASS: Hm.

EICHMANN: Weil ich mir die Sache auch sofort, die Sache bildlich darstellte und irgendwie auch unsicher in meinem Gehaben wurde. Als ob ich irgendeine aufregende Sache hinter mir hätte, wie das schon mal vorkommt, daß man nachher wie ein leises inneres Zittern, oder so ähnlich möchte ich es ausdrücken, hat.

CHASS: Das ist 1941 gewesen?

EICHMANN: Herbst 41. Da bin ich nämlich jetzt weitergeschickt worden nach Culm, Warthegau, oder war das –

CHASS: Culbin?

EICHMANN: Culm, nach Culm.

CHASS: Culm.

EICHMANN: Culm im Warthegau. Ich überlege nur, wann war das gewesen, Culm? Da bin ich nämlich von Gruppenführer Müller geschickt worden. War das auch Herbst 41 oder schon 42? Winter war's nicht, es war kein Schnee, muß aber auch um diese Anfangszeit gewesen sein, 41 glaublich, war schon kalt, jedenfalls, bekam Befehl von Müller, der mirs nicht so kraß sagte wie Heydrich, nicht in dieser nackten, brutalen Form. Hätte ein Müller nie getan. Er hat mir ungefähr so gesagt: «Dort ist eine Juden-Aktion im Gange, Eichmann. Fahren Sie runter, will wissen, was da vorgeht. Berichten Sie mir.» Bin runtergefahren, melde mich bei der Stapoleit Litzmannstadt und wird mir ein Beamter mitgegeben nach diesem Culm. Wer, weiß ich nicht mehr, ich weiß bloß noch, daß ich das erste Mal, daß ich folgendes gesehen habe: Einen Raum, vielleicht fünfmal so groß wie dieser hier, kann auch viermal so groß gewesen sein. Da waren Juden drin, die mußten sich ausziehen, dann fuhr ein Lastwagen vor, gewissermaßen bis an eine Rampe ran. Da mußten jetzt die nackten Juden hereingehen. Dann wurde der Wagen zugemacht, und er fuhr los.

CHASS: Wie viele Menschen faßte der Wagen?

EICHMANN: Ich habe nicht zusehen können, ich habe nicht hingeschaut. Ich konnte es nicht, nicht, mir hat es genügt. Das Schreien und, und ich war hier viel zu erregt gewesen und so weiter. Ich weiß nur noch, daß ein Arzt dort, in einem weißen Kittel, mir sagte, ich soll durch das Guckloch schauen, wie sie im Wagen drin waren. Das habe ich abgelehnt. Ich konnte nicht.

CHASS: Welche Aufgabe hatte der Arzt?
EICHMANN: Ob der zur Kontrolle oder wissenschaftlich war? Ich weiß es nicht, weiß nicht. Ich fuhr dann dem Wagen nach, sicher mit einem, der den Weg gewußt hat, und da sah ich das Entsetzlichste, was ich in meinem Leben bis dahin gesehen hatte.
Der Wagen fuhr an eine längliche Grube, die Türen wurden aufgemacht und die Leichen wurden herausgeworfen, als ob sie noch lebten, so geschmeidig waren die Glieder. Wurden reingeworfen, ich sehe da noch, wie ein Zivilist mit einer Zange Zähne rauszieht, und dann bin ich abgehauen. Bin in den Wagen und bin weg. Seit der Zeit konnte ich mit dem Wagen stundenlang neben dem Fahrer sitzen, ohne ein Wort zu sprechen. Da war ich bedient. Da war ich fertig. Ich konnte nichts mehr sagen. Das habe ich auch Gruppenführer Müller gesagt. Sagte ihm genau dasselbe. Fürchterlich, sag ich, das Inferno kann nicht, es ist, ich kann das nicht, hab ich ihm gesagt.
CHASS: Was sagte Müller?
EICHMANN: Müller pflegte nie etwas zu sagen, nie, nicht in diesen Sachen, auch nicht in anderen Sachen. Sagte ja oder nein oder, wenn er weder ja noch nein sagte, dann pflegte er meistens zu sagen: «Kamerad Eichmann.» Das war, wußte ich, nicht ja und nicht nein. Er war wortkarg. Müller wollte vor allen Dingen auch die Zeit wissen, wie lange es dauert. Ich konnte ihm die Zeit nicht sagen, ich habs nicht, ich habs nicht, ich habs nicht hören können. Ich war abseitig, ich konnte es nicht.
CHASS: Wo sind Sie noch gewesen?
EICHMANN: Ich überlege gerade, Herr Hauptmann, das erste war Globocnik, ob das Treblinka war, ich bin nämlich dort noch ein anderes Mal hingeschickt worden, also Globocnik Nummer eins, dann Culm, dann Auschwitz, Auschwitz und dann bin ich nach Treblinka geschickt worden, dann diese Doppelstadt, war eine Doppelschlacht irgendwie gewesen, Minsk – Minsk?
CHASS: Minsk-Bialystok?

EICHMANN: Ja, ja, ja, und Minsk-Bialystok, sonst war, glaub ich, nichts, ja und Lemberg, diese sechs Sachen.
CHASS: Waren das nur informative Reisen, oder hatten Sie eine spezielle Aufgabe dabei?
EICHMANN: Keine Aufgabe, keine Aufgabe. Ich hatte weder eine Anordnung zu geben noch eine entgegenzunehmen, noch irgend etwas. Reine Information. Ich hatte einmal ein, ein Schreiben an Globocnik zu überbringen, das war das zweite Mal, daß er berechtigt sei, 150000 oder waren das 250000, der Endlösung zuzuführen, entsinne ich mich noch, die waren schon tot, die mußten befehlsmäßig abgedeckt werden, wunderte ich mich noch über diese, diese Schlamperei und Unkorrektheit. Aber Weisung, wer etwa zu vergasen ist, ob aufgehört werden darf oder kann, ob angefangen werden muß, ob verstärkt werden muß, da hatte ich nie, nie, nie, nie etwas damit zu tun, Herr Hauptmann. Wer das behauptet, wie das die Presse geschrieben hat, der Mann hat keine Ahnung von Behördenarbeit.
CHASS: Was war die Aufgabe Ihrer Behörde in dem Rahmen der Vernichtung?
EICHMANN: Die Evakuierung. Evakuierung, Berichterstattung und Fahrplangestaltung.
Das Telefon läutet. Eichmann schaut irritiert. Chass nimmt den Hörer. Die Wache steht auf.
CHASS *sagt einen kurzen hebräischen Satz*: Ken ot meat.
Das Telefon scheint unterbrochen.
Ich habe nicht genau verstanden, etwas mit Ihrer Essenszeit heute. Wir wollen dann vertagen.
Chass steht auf. Eichmann steht auf.
EICHMANN: Nein, Herr Hauptmann, auf mich braucht Herr Hauptmann keine Rücksicht zu nehmen.
Es kommen zwei Zivilisten herein, die in Eichmanns Richtung gehen, danach der Gefängnisdirektor.
OFER: Früher als vorgesehen, Herr Eichmann. Wir machen heute Schluß. Auf richterliche Anordnung –
EICHMANN *weicht zurück*: Nein! Nein! Ich habe doch, Herr Hauptmann, noch so viel zu sagen!

Eine Wache bringt das Essen.
OFER: Auf Anordnung des Justizministers soll der Haftrichter mit Ihnen heute die Frage Ihrer Verteidigung besprechen. Wir haben Ihre Essenszeit deshalb vorverlegt. Hammelfleisch mit grünen Bohnen. Es ist freigegeben.
EICHMANN: Ich möchte gegenwärtig, wenn das möglich ist, nicht essen oder später kalt, weil ich noch den Zahnarzt erwarte, der an meiner Prothese etwas richten sollte, was abgebrochen ist, es schieben sich besonders immer wieder Fleischfasern –
Ich würde das Gespräch mit Herrn Hauptmann deshalb auch gern fortsetzen –
OFER: Der Zahnarzt ist bestellt.
EICHMANN: Jawohl.
Der Gefängnisdirektor, die Zivilisten und die Wache mit dem Essen ab.
CHASS: Wir werden abbrechen, denke ich, ich merke, daß Sie das alles doch ziemlich... Besser vielleicht, Sie machen sich Notizen oder ein schriftliches Resümee dazu.
EICHMANN: Wenn es Ihnen konveniert, ich möchte lieber sprechen. Es war, daß mir soeben doch die Nerven – ich bitte um Entschuldigung, obwohl ich den Tod nicht fürchte, ich sowieso nach all diesen Sachen mit ihm zu rechnen habe, war mir der Moment, zur Gänze unvorbereitet, unpassend erschienen. Es war mir nie schwer, Herr Hauptmann, dem Tod ins Auge zu sehen, ob als Selbstmord oder sonstwie und weiß bis heute nicht, warum ich die Kapsel nicht zerbiß, die man mir gab für den Fall, sondern in die Latrine warf in amerikanischer Gefangenschaft.
CHASS: Von seiten der SS gab?
EICHMANN: Jawohl. Als Kaltenbrunner vor seiner ewigen Patience saß in Aussee, Nähe Bad Aussee, und jedem das aushändigte. Wär mir nie, nie schwergefallen, denn im Grunde, Herr Hauptmann, ich liebe das Leben nicht.
CHASS: Niemals oder in Ihrer jetzigen Lage?
EICHMANN: Es ist mir mehr ein Pflichtgefühl zu leben, in dieser kosmischen Weltordnung, daß man nicht selbst Hand

anlegen – als Stäubchen in diesem Kosmos. Ich saß in meinem Topolino in Tirol bei einem Luftangriff auf das Werk, das schweres Wasser herstellte, blieb im Auto sitzen, suchte vielleicht den Tod, da hatte das Schicksal entschieden, als ich in diesem schweren Bombardement am Leben blieb, nicht einmal das Auto beschädigt wurde. Ich war in meinem ganzen Leben schicksalsgläubig.

CHASS: Das ist eine angenehme Philosophie, insofern sie einem alles abnimmt.

EICHMANN: No, no, no, ich bin innerlich bereit, auch persönlich für das furchtbare Geschehen zu sühnen. Schon im Jänner des Jahres wurde mir gesagt, daß ich noch dieses Jahr vor Gericht stehen werde. Genauso wie man mir sagte, daß ich das nächste Lebensjahr nicht überleben werde. Das eine ist schon eingetreten, das andere, glaube ich, unverrückbar. Es prophezeite mir dies eine argentinische Zigeunerin, die das zweite Gesicht hatte.

CHASS: Es wird Ihnen der Satz zugeschrieben bei Kriegsende, Sie würden freudig in die Grube springen in dem Gefühl, fünf Millionen Reichsfeinde mitgenommen zu haben. Stimmt das?

EICHMANN: Das sind dann diese Anekdoten oder Journalistensachen. Es kann auch sein, daß ich das oder ähnliches in der Rage wirklich mal gesagt habe zu meinen Offizieren, denn die Welt, wie ich sie sah, das Reich, die Weltordnung und in mir ein Weh, eine Verzweiflung, das war ein Scherbenhaufen. Ich habe niemanden getötet und das auch niemandem befohlen.

CHASS: Das haben Sie mehrfach gesagt.

EICHMANN: Ich habe nach den Gesetzen und Befehlen gelebt, die für mich und andere galten, fürchterlicherweise galten, wie ich heute sagen muß, Herr Hauptmann. Ich habe mich als Offizier in derselben Lage befunden wie meinetwegen ein Geschwaderkommandeur der Air Force, der Hamburg oder Berlin oder Dresden einäschert und auch nichts machen kann als Rädchen im Befehlsgetriebe.

Lichtwechsel.

7. Szene

Nacheinander erhellen sich schattenlos Kammern, in denen auf Ähnlichkeiten verwiesen wird.

Eine Atombombenexplosion entfaltet sich groß, in schönen Farben und geräuschlos. Es folgen ihr andere Filmsequenzen von Atomexplosionen, delikat anzusehen. Der Film ist über die ganze Szene hin zu sehen.

a

MISIO KAMAGUCHI: Seit ich als strahlenkrank evakuiert wurde, unheilbar, lebe ich in einem Hühnerstall an diesem Berghang. Von meiner Matte aus beobachte ich Jahr um Jahr das sich neu belebende Nagasaki unter mir.
Ich lebe von den Eiern der Hühner, und wenn ein Huhn stirbt, esse ich sein Fleisch. Die Entschädigungszahlung für die Bombenopfer habe ich nicht angenommen, und ich gehe nicht mehr in das Krankenhaus, das meine fortschreitende Strahlenkrankheit erforscht und mir nicht helfen kann.
Ich ziehe keine neuen Kleider an, wegen der Schmerzen wasche ich mich selten, ich streiche mich mit weißer Salbe ein. Wenn ich von Leuten besucht werde, die einen Augenzeugen hören wollen, berichte ich meine Wahrnehmungen am Tage des Bombenabwurfs am 9. August und von den Tagen danach, als ich in Nagasaki herumkroch, um meine Mutter zu suchen, die unauffindbar blieb.
Sie setzt sich auf den Boden und wiegt den Oberkörper vor und zurück.
Ich versuche den Empfindungen der Leute nachzugehen, die diese Bomben gemacht haben.
Ich versuche den Empfindungen der Leute nachzugehen, die ihren Abwurf beschlossen haben.

Ich versuche den Empfindungen der Leute nachzugehen, die sie abwarfen.

Sie steht auf, sie hebt die Arme, sie wirft den Kopf mit flehender Gebärde nach hinten, sie richtet den Blick nach oben und sagt über eine längere Zeit hin leise und schmerzlich «Ah!» und «Oh!»

Ich versuche zu empfinden, wie die Bombe auf Nagasaki fällt.

Der augenblendende Blitz, das anhaltend dunkle Donnern, der Feuersturm, die blicklose Nacht.

Die Schmerzenslaute der brennenden Kinder, die Unbeweglichkeit der Toten, von der Bombe an die Wände ihrer Häuser gemalt.

Ihr Körper führt kleine drehende Bewegungen aus, auf ihrem Gesicht der Ausdruck intensiven Schmerzes, sie stößt eine Klage aus, eine Art von Klagegesang zu tanzartigen Bewegungen.

b

AMERIKANISCHER EXPERTE: Wenn ich die Wahl hätte, von einer schmutzigen A-Bombe oder einer sauberen Neutronenbombe getötet zu werden, ich würde mich bestimmt für die Neutronenbombe entscheiden.

c

Die amerikanische Fernsehgesellschaft CBS dreht einen Manöverfilm mit dem Titel: Das nukleare Schlachtfeld. The Defense of the United States. The Nuclear Battlefield.
Kamera, Ton, Licht, Regie.

REGISSEUR: Wir gehen das noch mal durch, Probe, Ton ab, Kamera ab.

REPORTERIN, *eine Busenschönheit*: Dies ist die traditionelle Einfallstraße zwischen Ost- und Westdeutschland. Sie heißt Fuldatal. Hier könnte der dritte Weltkrieg beginnen. 60 Meilen von der tschechischen Grenze.

Die Ausgangslage des Manövers der US-Army im letzten Winter ist: Das hessische Dorf Hattenbach ist zerstört. Amerikanische Einheiten haben bei einem sowjetischen Angriff Atomraketen eingesetzt.

REGISSEUR: Hier kommt der Raketenstart hinein, Bild, Ton, Archiv, Kamera auf die Sprecherin.

REPORTERIN: Es mag überraschend sein, daß die Vereinigten Staaten fast genausoviel atomare Sprengköpfe in Übersee gelagert haben wie zu Hause. Ungefähr achttausend amerikanische Atomwaffen sind über den Globus verstreut. Das Übungsschießen wird in Amerika durchgeführt, New Mexico, weil Europa einfach zu bevölkert ist.

REGISSEUR: Stopp. Unterbruch Pershing-Raketenstart, Archivaufnahme. Sprecherin dazu off.

REPORTERIN: Dies ist eine Pershing-Rakete, Reichweite 400 Meilen, ihre Sprengwirkung ist dreißigmal so groß wie die der Hiroshima-Bombe. Es ist eine Waffe, die wirklich international beeindruckt.

REGISSEUR: Danke. Wir machen jetzt die Statements Major Kelly und Brigadegeneral Niles J. Fulwyler wie besprochen.
Kelly und Fulwyler kommen, Kamera, Ton und Licht.
Kamera auf Kelly. 22, 3, die erste. Bitte.

REPORTERIN: Major Kelly ist einer der Ausbildungsoffiziere an der Stabsschule in Ford Leavenworth. Er lehrt die Taktik für den gleichzeitigen konventionellen und atomaren Krieg, der in diesem Jahr für die Armee entwickelt wurde.

MAJOR KELLY: Wenn wir mit konventionellen Kriegstechniken anfingen und uns erst später für Atomwaffen entscheiden würden, dann müßten wir bestimmte Funknetze einschalten, wir müßten uns anders verteilen usw. usw., das wäre ein klares Signal für die Sowjets, daß wir Atomwaffen einsetzen wollen. Gerade das müssen wir aber vermeiden. Wir müssen uns taktisch in die Lage bringen, nuklear oder chemisch oder konventionell vorgehen zu können, gegebenenfalls auch alles gleichzeitig, ohne daß die Sowjets einen Hinweis kriegen.

REGISSEUR: Danke. General Fulwyler bitte, Liza.

REPORTERIN: General Fulwyler, wenn Sie als kommandierender General der nuklearen und chemischen Waffen zu Beginn des Kampfes kleinere Atomwaffen einsetzen, sagen wir die Howitzers, die, glaube ich, neun Meilen oder so reichen, wie vermeiden Sie in dem Durcheinander der Schlacht, daß Sie Ihre eigenen Truppen treffen?

GENERAL FULWYLER: Ja, Liza, das ist ein Problem, ich nenne das eine der Realitäten unseres modernen integrierten Schlachtfeldes. Weil unsere Truppen in ein nukleares Kreuzfeuer geraten könnten, bilden wir sie routinemäßig zum Überleben auf dem integrierten Schlachtfeld aus.

Die Kamera geht auf Major Kelly.

MAJOR KELLY: Ich sage zu meinen Leuten: Ihr seht den Blitz und fangt an zu zählen. Eins eintausend, zwei eintausend, drei eintausend. Und ihr schätzt die Zeit, die der Knall braucht, um euch zu erreichen.

REPORTERIN: Ist es realistisch zu glauben, daß jemand zu zählen anfängt, wenn er den Feuerball sieht, Major Kelly?

MAJOR KELLY *lacht*: Ja. Ein wirkliches Weltproblem, bestimmt. Wir gleichen das aus, Liza, indem wir jemanden bestimmen, der zählt, und hoffen, daß die meisten in Deckung gehen. Bei der Übung im Wintermanöver sollte die Zündung eine Überraschung sein, wie bei einem wirklichen sowjetischen Angriff. Wir machten das mit einem alten Ölfaß, geladen mit TNT und Chemikalien, die eine symbolische Pilzwolke erzeugten. Falls Sie das nicht mitbekommen haben, sagte ich zu einem Panzerkommandanten, das war eine Atomexplosion. Okay, macht euern Panzer zu, ihr seid tot. Macht euern Panzer zu. ALPHA 3 null.

REPORTERIN *zu General Fulwyler*: Welchen Prozentsatz an Verlusten erwarten Sie auf dem atomaren Schlachtfeld, Sir?

GENERAL FULWYLER: Eine der Realitäten ist, wissen Sie, daß da ganze Einheiten in einem Augenblick verschwinden können, aber es geht darum, daß wir zum erstenmal die Taktik entwickeln, die für einen Atomkrieg auf einem Schlachtfeld gebraucht wird, das Europa heißt.

MAJOR KELLY: Das Dumme ist, daß deutsche Städte nur zwei Kilo-Tonnen auseinanderliegen. Schon ein nuklearer Sprengkopf einer Kleinrakete könnte eine Reihe von Städten gleichzeitig vernichten.

GENERAL FULWYLER: Na ja, es gibt einige Leute, die unabhängig von den Städten oder so was glauben, daß es unmöglich wäre, einen nuklearen Krieg hier zu führen. Ganz Mitteleuropa ist nicht so groß wie Texas, und es gibt keine freien Räume. Wenn die Sowjets Atomwaffen auf Brüssel schießen, würde Antwerpen flach gelegt. Wenn sie Den Haag angreifen, könnte man Rotterdam abschreiben. Und wenn sie auf Bonn zielen, könnte Kiel zerstört werden. Das sind wirkliche Probleme in diesem engen Europa. Wegen der Wirkung der Strahlung auf einem dichtbevölkerten Schlachtfeld wie Westdeutschland müssen unsere Truppen auch alle befreundeten Streitkräfte warnen, die im Wege sind.

Wenn wir die Strahlung überleben, werden wahrscheinlich auch alle Funkgeräte überleben. Wir werden vermutlich dauernd angerufen und hören: Hallo, Kumpels, ich bin noch hier, und ich atme noch.

Er lacht.

d

Gespräch mit Captain Weiss, 36 Jahre, Special Air Command, Luftbasis T., Thailand. Die Reporterin ist eine junge Frau.

REPORTERIN: Captain Weiss, Sie sind der Kommandant dieser B-52, wie ist Ihr Dienst, wie oft fliegen Sie nach Vietnam?

CAPTAIN WEISS: Gegenwärtig dreimal wöchentlich und jeden zweiten Sonntag.

Reporterin: Was ist Ihre militärische Aufgabe?
Captain: Die Bomben ins Ziel zu bringen und wieder nach Hause zu kommen natürlich.
Reporterin: Wieviel trägt eine B-52?
Captain: Sie wissen, die Maschine wurde für nukleare Waffen entwickelt und wir auch, wir flogen einige Jahre mit diesen großen Koffern herum. Es zeigte sich aber, daß sie auch für konventionelle Aufgaben hervorragend ist. Wir bringen 150 Bomben unter, das entspricht einer Sprenglast von 45 Tonnen.
Reporterin: Was bombardieren Sie? Welche Art von Zielen?
Captain: Wir bombardieren die Ziele, die uns angegeben werden, strategische Ziele. Wir kriegen die Ziele, wir tragen sie in unsere Karten ein, und wir tun die Arbeit, die unsere Befehle vorschreiben. Was das für Ziele im einzelnen sind, ich kriege sie nicht zu sehen. Wir fliegen so hoch, daß wir sie nicht zu sehen kriegen. Wir erfahren über Funk, ob unsere Bomben ordnungsgemäß im Zielgebiet explodiert sind. Das ist die Aufgabe der Luftspäher.
Reporterin: Kann es sein, daß sich unter Ihren Zielen auch rein zivile befunden haben?
Captain: Ich glaube nicht, daß man das tatsächlich heute noch trennen kann, wir bombardieren große Flächen.
Reporterin: Würden Sie zivile Ziele beunruhigen?
Captain: Ich habe nicht darüber nachgedacht, es ist nicht meine Sache, ich bin der Captain dieser B-52, der seine Arbeit macht. Es ist viel Routine.
Reporterin: Wie lange sind Sie jetzt hier in Thailand?
Captain: Zehn Monate.
Reporterin: Wann werden Sie zurückgehen?
Captain: Sobald ich befördert worden bin. Ich denke, es soll jeder seine Chance haben.
Reporterin: Hatten Sie bei irgendeinem Ihrer Einsätze moralische Probleme?
Captain: Wir haben immer sehr aufgepaßt, keinen Fehler zu machen. Wir sind, ich glaube, eine ziemlich gute Crew.

Lichtkammer.
Vortrag des Genetikers H. B. Glass:
Endless horizons or golden age?

In einer Welt, in der man die Nachkommenschaft eines jeden Paares auf höchstens zwei beschränken muß, wäre als vorrangiges Recht nicht das auf Fortpflanzung anzusehen, sondern das Recht eines jeden Kindes, mit einer gesunden körperlichen und geistigen Konstitution geboren zu werden, die auf einen gesunden Genotyp gegründet ist. In jener Zukunft werden Eltern nicht das Recht haben, der Gesellschaft mißgebildete oder geistig behinderte Kinder aufzubürden. Es muß ein Mensch geschaffen werden, der seine gegenwärtige Natur überwindet.

Es ist durchaus möglich, daß wir angesichts der gegenwärtig immer noch zunehmenden Verseuchung des menschlichen Genpools durch unkontrollierte geschlechtliche Vermehrung eines Tages gesunde Menschen «kopieren» müssen, um für die Verbreitung von Erbkrankheiten einen Ausgleich zu schaffen und die positiven Faktoren zu verstärken, die bei der gewöhnlichen Vermehrung aus nicht näher bekanntem Zellmaterial verfügbar sind.

Ich würde vorschlagen, daß man erstklassige Soldaten und Wissenschaftler klont oder auf andere genetische Arten solche Menschen schafft, wenn sie dazu gebraucht werden, eine Gegenkraft gegen ein von anderen Klonern ins Leben gerufenes elitäres oder der Unterjochung dienendes Programm zur Erringung der Macht zu schaffen – eine Situation, die wahrlich an Science-fiction erinnert, aber durchaus vorstellbar ist.

8. Szene

Verhörraum.
Eichmann und Chass. Bewachung.

CHASS: Sie wollten von Ihren Besuchen in den Vernichtungslagern sprechen, Herr Eichmann.
EICHMANN: Jawohl, jawohl. Als drittes – wie gesagt – Minsk-Bialystok. Müller sagte mir: «In Minsk werden Juden erschossen, möchte Bericht haben, wie das vor sich geht.» Daraufhin bin ich nach Minsk gefahren, zuerst nach Bialystok und dann nach Minsk, meldete mich beim Befehlshaber der Sicherheitspolizei, daß ich Befehl habe das anzusehen, um Gruppenführer Müller zu berichten, und blieb über Nacht in dieser Stadt. Am nächsten Tag kam ich zu dieser – hin, kam aber zu spät hin. Denn an diesem Vormittag war die Sache schon vorbei, fast vorbei – worüber ich heilfroh gewesen bin. Als ich hinkam, sah ich gerade noch, wie junge Schützen, Totenkopf auf den Spiegeln, entsinne ich mich noch, hier in eine Grube schossen, die, sagen wir mal, so groß war wie dieses Zimmer, vielleicht auch sechs- bis siebenmal. Meine Orientierung ist unverläßlich, weil ich die Sache nur gesehen habe, ohne Gedanken, ohne mir irgendwelche Gedanken zu machen. Ich habe nur gesehen, weiter nichts. Schossen hinein, und ich sehe noch eine Frau, Arme nach rückwärts, da sind mir die Knie abgewankt, und ich bin weg.
CHASS: Sie haben nicht in den Graben hineingeschaut?
EICHMANN: So – ich stand hier, dort wurde geschossen, ich sehe das und bin weg, bin weg zu –
CHASS: Der Graben war voll?
EICHMANN: Bitte?
CHASS: Der Graben war voll mit Leichen?
EICHMANN: Der war voll. Der war voll. Bin weg zu meinem Wagen, eingestiegen und losgefahren, bin nach Lemberg gefahren, hatte keinen Befehl nach Lemberg, die Route scheint über Lemberg gegangen zu sein, und sehe dort das erste freundliche Bild nach all dem Fürchterlichen wieder. Das war

das Bahnhofsgebäude, das zur Erinnerung des sechzigjährigen Regierungsjubiläums Kaiser Franz Josephs errichtet wurde. Und nach dem ich persönlich sehr schwelge für diese franz-josephinische Zeit, weil ich in meinem Elternhaus zu viel Nettes über diese Zeit gehört habe – meine Verwandten der zweiten Mutter haben in dieser Zeit ja, sagen wir mal, haben einen schönen gesellschaftlichen Stand gehabt, Geld gestrichen – das verscheuchte mir zum erstenmal mit diesen eingemauerten Jubiläumszahlen am Bahnhofsgebäude diese fürchterlichen Gedanken, die mich wieder nicht losließen von Minsk. Ich komme hin.

CHASS: Lemberg?

EICHMANN: Lemberg, besuche dort die Stapoleitstelle, bitte, vielleicht habe ich auch Befehl gehabt oder bin aus Neugier dorthin und sage dem Leiter: «Ja, sag ich ihm, das ist ja entsetzlich, was da gemacht wird», sag ich, «da werden ja die jungen Leute zu Sadisten erzogen. Einfach dahier hineinknallen auf Frauen und Kinder. Unsere eigenen Leute. Wie kann man denn?» – «Ja», sagte er zu mir, «hier wirds genauso gemacht, auch geschossen. Wollen Sie mal sehen? Wollen Sie mal sehen?»
Sage ich: «Nein, ich will gar nichts sehen.» Sagte er: «Wir fahren sowieso vorbei.» Da war eine Grube gewesen, die war aber schon zu. Da quoll wie ein Geysir ein Blut – wie soll ich sagen, ein Blutstrahl heraus. Das hat mir wieder gereicht, ich bin nach Berlin gefahren und habe das Gruppenführer Müller berichtet.

CHASS: Was haben Sie ihm gesagt?

EICHMANN: «Das ist keine Lösung der Judenfrage, das ist keine Lösung. Von allem abgesehen», sag ich, «erziehen wir unsere Leute obendrein zu Sadisten, wir brauchen uns gar nicht wundern, wenn das lauter Verbrecher werden, lauter Verbrecher.»

CHASS: Und Müller?

EICHMANN: Hat mich angesehen mit einer Miene, von der ich las: Eichmann hat recht, ist keine Lösung. Aber er konnte auch nichts machen, auch Müller nicht, war Befehl gewesen.

Chass: Von wem war das befohlen?
Eichmann: Befohlen, selbstverständlich, hats der Chef der Sicherheitspolizei und des SD, Heydrich, der aber seine Weisungen, ganz klar, vom Reichsführer SS gehabt haben muß, also Himmler, und der wiederum von Hitler ausdrückliche Weisung, denn sonst, wenn nicht, wäre er ja doch, wäre er ja doch mit Bomben und Granaten irgendwo abgesaust.
Chass: Hat Müller Sie nicht gefragt, wie man das besser lösen könnte?
Eichmann: Nein, Herr Hauptmann. Da ja auch Müller nichts damit zu tun hatte. Wir hatten nie, nie, nie etwas mit der Tötung zu tun, wir hatten mit der Konzentrierung zu tun und daß die Züge bereitgestellt wurden, daß sie dorthin kamen, wo es befohlen war.
Chass: In die Gaskammern der Vernichtungslager!
Eichmann: Es wurde ja nicht alles getötet, Herr Hauptmann, was arbeitsfähig war, zur Arbeit.
Chass *schreit*: Halten Sie Ihren Mund! Halten Sie Ihren Mund! Halten Sie Ihren Mund! – Entschuldigung, meine Familie – Entschuldigung.
Eichmann: Schrecklich! Es ist das alles doch ganz schrecklich! –
Chass: Sie lügen! Sie heucheln! Sie winden sich heraus! Wenn es nach Ihnen ginge, dann wäre niemand, niemand, dann wäre nur Hitler zur Verantwortung zu ziehen und der hat sich vergiftet!
Eichmann: Ich lüge nicht, ich heuchle nicht, ich winde mich nicht heraus! Wenn ich hier Rede und Antwort stehe, so einzig um der Wahrheitsfindung willen. Verantwortung und Gewissen hat die befehlsgebende Ebene, die Einfluß auf die Befehlsgebung hatte, aufwärts vom General.
Chass: Entschuldigen Sie nochmals, es waren die persönlichen Sachen. – Wenn Sie mit Ihrer Schilderung fortfahren wollen.
Eichmann: Wenn ich fragen darf, woher Sie kommen, Herr Hauptmann? Ich dachte so etwas herauszuhören, vielleicht Berlin?

CHASS: Berlin-Wilmersdorf, Prager Straße, IV B 4 so quasi um die Ecke.

EICHMANN: Wann wurde von Berlin aus abgefahren? Es ist ja viel auch ausgewandert.

CHASS: Ja.

EICHMANN: Das müßte so zu Mitte 42 gewesen sein, nach der Wannsee-Konferenz jedenfalls.

CHASS: Die Transporte aus Berlin gingen im Oktober und November 1941 nach Lodz, Minsk, Kowno und Riga. Mein Vater wurde mit dem letzten Transport aus Berlin im Januar 43 deportiert.

EICHMANN: Wenn man sich hier jetzt gegenübersitzt: Entsetzlich. – Wenn ich mir erlauben darf, wie haben Sie selbst überlebt?

CHASS: Ich flüchtete als junger Mann nach Frankreich und wurde dort Damenfriseur. Ehe ich nach Palästina kam und hier Polizist wurde. Ich fühle mich noch heute schuldig, überlebt zu haben. Obwohl gerade ich das Unglück anziehe eigentlich.

EICHMANN: Es ist das Geheimnis wahrscheinlich, Herr Hauptmann, daß man sich nicht kennt. Die jeweils nun anderen, will ich sagen, weil das sonst nicht möglich wäre, daß jeder irgendwie doch funktioniert unter Befehl und Eid stehend.

CHASS: Wenn Sie mit der Schilderung Ihrer Funktion dabei fortfahren wollen!

EICHMANN: Was ich Herrn Hauptmann erklären wollte, ich war immer in der Exekutive gewesen, in einem Befehlsgang, immer ausführend, nie in der Legislative, auch ein Amt war ich nie gewesen, nie, nie, nie, da hätte ich erstens mal einen ganz anderen Dienstgrad haben müssen. War ja seit 1941 auf dem Obersturmbannführer sitzengeblieben und wollte an die Front, weil ich mir dachte in meinem Sinn, da wird der Standartenführer schneller fallen.

CHASS: Hatte Höss einen höheren Dienstrang?

EICHMANN: Auch Höss war Exekutive, auch Obersturmbannführer, auch ausführendes Organ, aber die KL waren

Verantwortlichkeit Pohl, Gruppenführer, schon ganz anderes Hauptamt wieder, Verwaltungs- und Wirtschaftshauptamt, hatte ich nie damit zu tun.

CHASS: Warum hat man Sie dann da überall hingeschickt?

EICHMANN: Weil Müller Bescheid wissen wollte, auch Auschwitz wollte er wissen. Ich bat ihn noch: «Schicken Sie doch jemand anderen hin. Jemand robusteren. Es gibt doch genügend andere, die das sehen können, die nicht aus den Latschen kippen. Ich kanns nicht sehen, ich kann in der Nacht nicht schlafen, ich träume, ich kanns nicht, Gruppenführer. Ich bitte Sie, mich an die Front zu schicken.» Wurde aber nicht gemacht.

CHASS: So mußten Sie wieder nach Auschwitz?

EICHMANN: Bekam die Befehle, jawohl.

CHASS: Wie oft waren Sie in Auschwitz?

EICHMANN: Glaublich zwei-, nein dreimal, 1941 und 1944, zweimal 1944, nicht um in erster Linie nun das dort zu sehen, später, sondern erhielt Fernschreiben Müller, es seien dort Erweiterungsbauten im Gange, ich solle ihm darüber berichten.

CHASS: Haben Sie die Anlagen besichtigt?

EICHMANN: Nicht die Vergasung, hatte ich kein Verlangen. Ich hatte die paarmal in der Kommandantur, gleich beim Haupteingang zu tun, und einmal fuhr mich Höss in einem Kübelwagen, einem Geländewagen in irgendeinen Teil, ich kenne mich in Auschwitz nicht aus, sah große Gebäude, große Gebäude, das ist schon fabrikmäßig gewesen, der Riesenschornstein – und da sagte mir Höss: «Ja», sagte er, «da ist Kapazität 10000.» Ich habe mir die Sache der Vergasung nicht angesehen. Konnte ich nicht. Denn ich wäre aus den Latschen gekippt wieder oder wäre mir schlecht geworden. Und ich dachte schon, na, bin ich wieder mal so davongekommen, da fährt er mich an einen großen, großen Graben, der war sehr groß gewesen, sehr groß, ich kann's nicht sagen – vielleicht 150 Meter lang, vielleicht auch 180 Meter, aber sehr groß war der Graben. Und da war ein riesiger Rost gewesen, ein Eisenrost, und darauf brannten Leichen. Da ist mir schlecht geworden, und Höss machte so eine Miene, denn die Leute machten sich natürlich einen Tort daraus, einem Menschen, der vom Schreibtisch kommt, die Sache so grausig wie möglich zu vermitteln und freuten sich, wenn man nervlich eben nicht diese Haltung wie sie aufbrachte.

CHASS: Ja.

EICHMANN: Höss sagte mir, daß sich auch Himmler das alles angesehen hätte, genau angesehen, daß er da auch in den Knien weich geworden wäre. Er meinte das in einem abfälligen Sinne – denn er war sehr abgehärtet gewesen, Höss. Das habe ich wieder Müller berichtet.

CHASS: In welchem Jahr war das?

EICHMANN: Das war 1944, zur Zeit der ungarischen Angelegenheit – da hat die ungarische Gendarmerie, ich komme später drauf, die diese Aktion, sagen wir mal, handgreiflich leitete, teilweise arg gewütet, indem sie sich nicht an die Vorschriften hielt und einfach Greise und Kinder alles mit hineinstopfte. Wo es dann wieder Krach gab mit dem Wirtschafts- und Verwaltungshauptamt, zuständigkeitshalber, weil sich Höss beim Reichsführer beschwert hatte, daß alles drunter und drüber ging, so daß Müller Bericht haben wollte, soll Eichmann sehen, wo der Hase im Pfeffer liegt. Das war ein geflügeltes Wort von ihm gewesen.

CHASS: Was haben Sie Müller berichtet?

EICHMANN: Ich sagte Müller, sagte ich: «Warum muß denn das sein? Deutschland ist doch groß genug. Wenn schon die Juden hereinsollen aus Ungarn, es ist doch überall Arbeitermangel, das muß doch nicht sein. Muß das alles so sein?»

CHASS: Womit wurde in Auschwitz getötet?

EICHMANN: Mit diesen diesen Pappdeckeln, ach ja, hat man mir in Treblinka gezeigt, wie ich das zweite Mal zu Globocnik gefahren, diese fürchterlichste Sache, eine Station, die Treblinka hieß und wie ein deutscher Bahnhof, mit Schildern und so weiter nachgemacht. Da habe ich gesehen, wie durch Laufstege, von Stacheldraht eingefaßt, eine Kolonne von nackten Juden in ein Haus nach vorne, in ein großes Haus, ein wartesaalähnliches Gebäude gegangen ist zum Vergasen. Dort hat man mir, ich bin nicht rangegangen, konnte ich nicht, diese Pappdeckeldinger – wie heißt dieses Zyan? –

CHASS: Zyankali?

EICHMANN: Zyan?

CHASS: Zyankali?

EICHMANN: Zyankali oder Säure, wie eine Säure heißt sie. Zyankalisäure gezeigt, so runde Pappdeckel. Ich weiß nicht wie das vor sich ging, ich habe es auch Müller berichtet, und er hat es wie immer wortlos zur Kenntnis genommen, nur sein Mienenspiel verriet mir: Ich kann nichts machen. Und ich bin überzeugt, überzeugt, Herr Hauptmann, es klingt komisch von mir, ich weiß, aber ich bin überzeugt, wenn Müller etwas zu entscheiden gehabt hätte, wäre das nicht passiert. Von Müller nicht. Auch bei Kaltenbrunner nicht, bei Kaltenbrunner auch nicht. Er ist nicht ehrgeizig gewesen wie Heydrich, der alles an sich raffen wollte, Kaltenbrunner war phlegmatisch.

CHASS: Ab wann wurde überhaupt mit Gas getötet?

EICHMANN: War das nicht schon 1939, mit dem Gnadentod, der Führererlaß, daß unheilbar Geisteskranke zu töten seien? Das war mit diesen Kammern schon, Kohlenoxidgase und wurde von Globocnik übernommen, hatte mit uns nichts zu tun.

CHASS: Wer war für das Euthanasieprogramm verantwortlich?

EICHMANN: Das Reichsgesundheitsamt und ausführend in speziellen Kliniken die Spezialärzte.

CHASS: Und wer hat die Vergasung mit Zyankali angeregt?

EICHMANN: Ich weiß es nicht, Herr Hauptmann. Es muß ja irgendwie zentral – da es überall ja ähnlich gemacht wurde –, muß es irgendwie zentral – ist mir aber nie zur Kenntnis gekommen.

CHASS: War es nicht Ihr Auftrag bei dieser Sondermission mit den beteiligten Stellen, die Sie besuchten, herauszufinden, welches die beste Methode sei?

EICHMANN: Nein, Herr Hauptmann, nein. Ich würde das ohne weiteres sagen, da es bei mir schon sowieso auf eins mehr, eins weniger nicht ankommt.
CHASS: Als Höss Ihnen die Anlagen zeigte, ganz im Anfang, haben Sie ihm da nicht gesagt, Globocnik macht es soundso, und er soll es auch mit Gas machen?
EICHMANN: Nie, nie, nie, ich hatte nie etwas mit Gas zu tun. Das wär auch schon ressortmäßig ganz unmöglich, denn KL war Glücks, Gruppenführer Glücks als Inspekteur zuständig, da hätte man mir ja ganz schön eins reingewürgt, wenn ich mich da irgendwie hereinhänge. Es war ja damals alles auf der Befehlsgebung aufgebaut, Befehlsbereich – Befehlsgeber – Befehlsempfänger – Befehlsempfänger hatte zu gehorchen, zu parieren. Das ist ja letzten Endes auch der Sinn der Befehlsgebung.
CHASS: Kennen Sie die Firma DEGESCH?
EICHMANN: Nein. DEGESCH?
CHASS: Deutsche Gesellschaft für Schädlingsbekämpfung. Eine Tochter von IG-Farben, die Zyklon B ohne Warnstoff lieferte, 1942 7478,6 kg, 1943 12 174,09 kg –
Er zeigt Geschäftsbelege.
EICHMANN: Ich hatte nie etwas mit Firmen zu tun, Herr Hauptmann, erstens war das Chemie – und zweitens keine Zuständigkeit. Es war Auschwitz, als ich später es wiedersah, ein großer Komplex der Rüstungsindustrie wie aus dem Boden gestampft, die Anlagen der IG-Farben, Buna, Monowitz, wo aus Kohle Kautschuk und Benzin produziert werden sollten, mit Häftlingsarbeitern in IG-eigenen Konzentrationslagern sogar, und Krupp und Siemens-Schuckert, wie sie alle heißen. Es herrschte im Reich doch Arbeitermangel. Entsinne mich noch, daß in der Nähe der IG-Anlagen entladen werden sollte eines Tages, um übereifrige Selektion zu verhindern. Die Bahnstation war sowieso total überlastet.
CHASS: Ich habe hier ein paar Formblätter mit Delikten von Häftlingen, die von der IG der SS zur Bestrafung gemeldet wurden: «Widerwilliger Gehorsam», «hat Knochen aus der

Mülltonne gegessen», «hat sich während der Arbeit hingesetzt», «besaß Geld», «hat sich die Hände aufgewärmt», «sprach mit einem weiblichen Häftling», «hat Brot gebettelt».

EICHMANN: Das war, Herr Hauptmann, weil die Häftlinge, die arbeiteten im Arbeitseinsatz bei IG-Farben oder anderswo, keinen Pfennig Lohn selber bekamen, sondern Inspektion KL, Glücks.

CHASS: Wie hoch war der Tageslohn?

EICHMANN: Pro Tag, las ich, Facharbeiter vier Mark, Hilfsarbeiter drei Mark, Kinder einsfünfzig.

CHASS: Was für Strafen gab es für die genannten Delikte?

EICHMANN: Hauptsächlich doch wohl Prügelstrafe und Birkenau.

CHASS: Was heißt Birkenau?

EICHMANN: Birkenau waren die Vergasungsanlagen. Ich kann das alles heute auch nicht hören, Herr Hauptmann, auch damals nicht und weiß nicht, warum das immer wieder mir aufgetischt wird, ich konnte es auch nicht abwenden, wie ich Dr. Kastner schon in Budapest sagte, «ich kann es auch nicht abwenden».

CHASS: Das Band ist fast abgelaufen.

9. Szene

Sich erhellende schattenlose Lichtkammern.

a

EIN PASSIONIERTER JÄGER: Gauleiter!
Unter Bezug auf die mündliche Unterhaltung anläßlich Ihres Besuchs im Werk Auschwitz unterbreite ich Ihnen wunschgemäß noch einmal unsere gesprächsweise vorgebrachte Bitte.
Wir würden uns freuen, wenn Sie gelegentlich prüfen ließen, ob es möglich ist, den leitenden Herren des Werkes, also außer mir insbesondere Herrn Dr. Eisfeld – der seit zwanzig Jahren passionierter Jäger ist – ein oder zwei Jagdreviere, möglichst in der Nähe von Auschwitz, zur Pachtung zuzuführen. Es wäre verständlicherweise reizvoll, wenn auf diese Weise zu dem zur Zeit noch verbliebenen jagdbaren Teil unseres Werkgeländes, auf dem nur Hasen stehen, eine gewisse Ergänzung zu finden wäre durch eine Wasserjagd und eine entsprechende Rehwildjagd.
Ich wäre Ihnen dankbar, wenn Sie die Angelegenheit gelegentlich überprüfen und mir eine entsprechende Nachricht erteilen lassen würden.

        Heil Hitler!
        Dr. Walter Dürrfeld
        Betriebsführer der IG-Farbenindustrie
        Werk Auschwitz
        30. 6. 1943

Eine alte jüdische Frau:
 Noch vor dem Tor desDuschraums
plötzlich schrien sehr viele,
rannten umher und schrien
kopflos,
das Bellen der Hunde,
rannten nackt und in Panik,
viehisches gellendes Schreien.
«Spricht eine der Fotzen hier deutsch?»
«Jawohl», und nackt vor dem Mann,
angstzitternd und
ängstlich widrige Wollust
verspürend, schrecklicher Trieb.
«Dann sag diesen Tieren
sag diesen tropfenden Fotzen,
daß ich sie erschieß auf der Stelle,
wenn das Geschrei nicht aufhört,
das Rumgerenne und Jammern,
daß ich sie schieß in die Fotzen,
sie werden doch hier nur entlaust –»
Und ich sagte: «Schwestern, hört,
bitte hört auf mich, eure Schwester,
es ist kein Grund zu schreien, es ist
zur Panik kein Grund. Stellt euch
doch bitte jetzt auf in der Reihe,
daß sich die Kinder nicht ängstigen,
daß sich Vernunft und Würde –»
Das war meine erste Ansprache in
Birkenau und überhaupt.
Es wurden an hundert und ich, die ich
dies überlebte, überlebte mich nicht.

c

Eine Geschäftskorrespondenz, Briefe der Bayer-IG-Farben an den Kommandanten des Konzentrationslagers Auschwitz.

SCHAUSPIELER: «Bezüglich des Vorhabens von Experimenten mit einem neuen Schlafmittel würden wir es begrüßen, wenn Sie uns eine Anzahl Frauen zur Verfügung stellen würden ...»

«Wir erhielten Ihre Antwort, jedoch erscheint uns der Preis von 200 Reichsmark pro Frau zu hoch. Wir schlagen vor, nicht mehr als 170 Reichsmark pro Kopf zu zahlen. Wenn Ihnen das annehmbar erscheint, werden wir Besitz von den Frauen ergreifen. Wir brauchen ungefähr 150 Frauen ...»

«Wir bestätigen Ihr Einverständnis. Bereiten Sie für uns 150 Frauen in bestmöglichstem Gesundheitszustand vor ...»

«Erhielten auftragsgemäß 150 Frauen. Trotz ihres abgezehrten Zustands wurden sie als zufriedenstellend befunden. Wir werden Sie bezüglich der Entwicklung der Experimente auf dem laufenden halten ...»

«Die Versuche wurden gemacht. Alle Personen starben. Wir werden uns bezüglich einer neuen Sendung bald mit Ihnen in Verbindung setzen ...»

Aktennotiz Dr. Weuta von Bayer-Leverkusen, 14. April 1975:
«Dr. Rosanelli hat ca. hundert Frühgeburten mit dem neuen Antibioticum ‹Resistopen› behandelt. Davon sind aber nur dreißig auswertbar, weil die restlichen siebzig infolge ihrer extremen Lebensschwäche kurz nach Einleitung von Resistopen-Anwendung ad exitum kamen.
Rosanelli übergab die dreißig Fragebogen, die wir aufarbeiten werden, um dann vorzuschlagen, ob die Studie auf fünfzig Fälle aufgestockt werden soll oder ob die dreißig Fälle für eine publizistische Auswertung reichen.»

d

EINE DEUTSCHE FRAU:
 Manchmal, wenn ich gekachelteRäume
betrete, ein Bad, einen Waschraum,
eine gekachelte Schwimmhalle,
sehe ich mich nach Spuren um,
Haar in den Abflüssen,
heruntergeflossenes Lysol,
Sekret an den Borsten des Scheuerbesens.
Am Rost der Duschen,
an weißen Kristallen aus Kalkresten
schnuppere ich zwanghaft,
hör ein Gesumm wie Bienen,
das leiser wird und verstummt.
Entschuldige mich bei der Wärterin,
die in der Tür steht
und mich beobachtet hat.
«Sie sind wohl fremd hier?»
«Nein, nein.»

e

EIN ISRAELISCHER SOLDAT: Ich träume, ich bin im jüdischen Getto meiner Eltern in Bialystok. Es ist Nacht, und ich erwache von einem Hämmern an der schwarzen Tür. Ich krieche unter die Bettdecke, die dünn ist und wenig wärmt, zwei Kinder neben mir, die jammern, meine Mutter und ich. Das Hämmern an der Tür ist schrecklich, schreckliches Geräusch. Jemand, ich, bearbeitet die schwarze, schiefe Tür mit Nagelstiefeln und mit dem Gewehrkolben. Die Mutter schreckt aus dem Bett, wird an die Wand genagelt. Ich schlage an diese schwarze Tür, ich bin bei einer Patrouille, die ein arabisches Dorf nach Terroristen durchsucht. Mein Vater kriecht unter das Bett in Unterhosen und wirft mir vor, ein

Feigling zu sein, weil ich mich sträube, auf eine hohe Spielplatzrutsche zu klettern. Ich habe eine schwarzglänzende Uniform an, die Uniform der Gestapo, ich sehe die Abzeichen, Totenkopf und SS, ziehe den Mann an den Haaren unter dem Bett vor. Ich weigere mich zu identifizieren, ich weigere mich zu sagen, daß ich einer von der Gestapo bin. Ich durchsuche ein Araberdorf, ich fühle mich von dem Jammern hinter den schwarzen Türen angewidert.

10. Szene

Besucherzelle mit Trennwand, unten Holz, oben Glas, Mikrofone und Kopfhörer auf jeder Seite. Die Verbindungstür ist aber offen, es gibt bequeme Stühle.
Eichmann und Schilch.

FRIEDA SCHILCH: Keine Tonaufnahme, die Wachen außerhalb, und unsere Gespräche kommen nicht in die Prozeßakten.
EICHMANN: Jawohl. – Obwohl ich persönlich keine Geheimnisse habe, Frau Doktor, immer normal und unauffällig gelebt, wer garantiert mir diese Geheimhaltung sozusagen oder Diskretion?
SCHILCH: Ich. Nur ich.
EICHMANN: Jawohl.
SCHILCH: Es ist kein ärztliches Gespräch sonst möglich und auch kein menschliches, denke ich.
EICHMANN: Jawohl. Obwohl ich gelernt habe, als eine offizielle Person zu leben, wenn ich das so sagen darf, als Beamter und auch hier natürlich. Am wenigsten in Argentinien.
SCHILCH: Als offizielle Person zu leben, wie ist das?
EICHMANN: An die Reaktionen zu denken, in allem, es ist eine zweite Person allgegenwärtig, die diese erste auszehrt sozusagen, ob nun in der Funktion Judenreferat oder auch als Häftling hier.
SCHILCH: Ihr Leben hier, das ist ein offizielles Leben?
EICHMANN: Bei der mir zugedachten Rolle und Aufmerksamkeit, ich kann nicht davon absehen, Frau Doktor.
SCHILCH: Ist die Aufmerksamkeit angenehm oder unangenehm?
EICHMANN: In Argentinien, ich lebte still meinen Stiefel dahin in meiner Familie. Wir haben uns ein Haus gebaut, bescheiden, an den Wochenenden vorwiegend, und einen Garten angelegt. Ich habe mein ganzes Leben gern gebaut.
SCHILCH: Sie haben vier Söhne?
EICHMANN: Vier, aber nur Hasi ist in Argentinien geboren.

Man hat mir erlaubt, ein Foto von ihm zu behalten, wenn es Sie interessiert?
Er reicht es ihr.
SCHILCH: Ist Ihnen ähnlich, glaube.
EICHMANN: Was mich beschäftigt, was sagt man einem sechseinhalbjährigen Jungen, all diese Sachen, wie kann man ihm die erklären? Oder meinen Sie, vom psychologischen Standpunkt, daß das gar nicht gut wäre?
SCHILCH: Wenn Sie's ihm nicht erklären, erklären das die andern. Können Sie es denn erklären? Ich meine sich selber?
EICHMANN: Was in den Zeitungen steht, da ist die Rede von einer Person, die ich nicht kenne, Monster, Sadist, Massenmörder. Da ist ein Leben zusammenkolportiert auf eine Weise, die ich nur lügenhaft und volksverhetzend nennen kann. Ich habe das immer gehaßt, auch in meiner Zeit, habe zum Beispiel den «Stürmer», habe es abgelehnt, das Schmutzblatt, habe es abgelehnt, das antisemitische Hetzblatt zu lesen, obwohl es wöchentlich kam.
SCHILCH: Von Ihren Anschauungen her, wenn auch vielleicht nicht in dieser Form, waren Sie doch aber auch ein Antisemit natürlich?
EICHMANN: Nie, nie, nie, nie gewesen. No, no, no, nie Antisemit gewesen, Frau Doktor.
SCHILCH: Das verblüfft mich. – Was verstehen Sie unter Antisemitismus?
EICHMANN: Daß man die Juden haßt. Ich habe die Juden nicht gehaßt, schon von Kindheit nicht. Streicher haßte, ich haßte nicht, ich erstrebte mit Genehmigung meiner Vorgesetzten die politische Lösung.
SCHILCH: Gab es in Linz viele Juden?
EICHMANN: Es ging noch, nicht soviel wie in Wien. Ich hatte, erinnere ich noch, einen jüdischen Freund, Schulfreund, Harry Sebba, und ab und zu, eine Zeit, wurde ich selbst für einen Juden gehalten deshalb, wegen meines Namens vielleicht auch oder Aussehen –
SCHILCH: Mit Ihren «nordischen» Augen?
EICHMANN: Ein jüdischer Bekannter meiner zweiten Mutter,

genauer von Onkel Fritz, der eine jüdische Frau hatte, Weiss mit Namen, der jüdische Herr, war Generaldirektor der österreichischen Vacuum Oil Company, und er brachte mich bei Vacuum Oil unter, obwohl es mehr als fünfzig Bewerber für den Posten gab. Ich nutzte später die Gelegenheit, mich zu revanchieren.

SCHILCH: Wie ging das?

EICHMANN: Die Tochter dieses Onkel Fritz, wir nannten ihn Onkel, obwohl er verwandtschaftlich nur ein Cousin der zweiten Mutter war, diese Tochter, nach den Nürnberger Gesetzen Halbjüdin, kam noch 1943 händeringend zu mir, als die Endlösung in vollem Gange war, um mit meiner Genehmigung in die Schweiz ausreisen zu können. Ich habe das natürlich genehmigt, und derselbe Onkel kam auch zu mir, um für ein anderes Wiener Juden-Ehepaar zu intervenieren.

SCHILCH: War das mit Ihrer behördlichen Überzeugung denn zu vereinbaren?

EICHMANN: Ich hatte ja keinen Haß auf die Juden, Frau Doktor, meine ganze Erziehung war streng christlich, und durch die angeheiratete zum Teil jüdische Verwandtschaft meiner zweiten Mutter hatte ich andere Vorstellungen als die in SS-Kreisen üblichen. Auch den Schauspielern Moser, Moser, Hans, und Theo Lingen, die Schwierigkeiten hatten wegen ihrer jüdischen Frauen – Volksschauspieler, die ich in mein Herz sowieso schon eingeschlossen hatte wegen ihrer Lustspielfilme – konnte ich helfen. Ich sage das nicht, um mich reinzuwaschen.

SCHILCH: Was ist Ihr Motiv?

EICHMANN: Die Wahrheitsfindung. Ich sah die Juden als meine Feinde in der politischen Überzeugung, aber ich haßte sie nicht persönlich. Ich entschuldigte mich bei Dr. Löwenherz, Amtsdirektor der Israelitischen Gemeinde Wien, dem ich in der Rage eine Ohrfeige gegeben hatte, vor allen meinen Offizieren und jüdischen Angestellten in der Auswanderungsbehörde, und es wurde eine hervorragende, herzliche Zusammenarbeit.

SCHILCH: Herzliche Zusammenarbeit?

EICHMANN: Es ging, Frau Doktor, ja gar nicht ohne diese Zusammenarbeit, wie ich Herrn Hauptmann Chass schon erklären konnte und auch Herrn Untersuchungsrichter Kagan. Was immer möglich war, überließen wir der jüdischen Selbstverwaltung, denn die hatte das Vertrauen ihrer Leute.
SCHILCH: Wie ging das vor sich? Wie schafften Sie das?
EICHMANN: Wenn Maßnahmen zu treffen waren, wandten wir uns an die jüdischen Funktionäre, den Judenrat. Wir besprachen mit den leitenden Herren, was zu tun war, nicht diktatorisch – du mußt, du hast undsoweiter, das hätte der Sache nicht gedient, sondern verhandelnd mit diesen Spitzenfunktionären, ein Spiel mit rohen Eiern, um es mal so auszudrükken, denn wenn man die betreffenden jüdischen Herren nicht überzeugen konnte, wenn sie es nicht gern gemacht haben, dann hat die ganze Arbeit darunter gelitten. Es waren meist hochangesehene, bessergestellte Juden, in Budapest zum Beispiel Baron Phillip von Freudiger, der zuletzt nach Rumänien fliehen konnte, indem ein Auge zugedrückt wurde. Denn hatten sie uns geholfen, die Funktionäre, so mußten natürlich auch sie ihre Vorteile haben.
SCHILCH: Was waren das für Vorteile?
EICHMANN: Auf allen Ebenen, paßmäßig, polizeimäßig, brauchten keinen Stern zu tragen, konnten reisen, kamen, wenn es nicht anders ging, schließlich nach Theresienstadt, für Privilegierte und alte Juden vorgesehen, auch für jüdische Kriegsteilnehmer mit Auszeichnungen, wenigstens EK 1.
SCHILCH: Wurde in Theresienstadt nicht getötet?
EICHMANN: Nein, es sollte zuletzt noch eine Gaskammer – die aber nicht mehr in Betrieb kam, auch von Juden gebaut. Es war ja alles dort Selbstverwaltung, Landwirtschaft, Polizei, Judenrat. Bewachung ein kleines Gendarmeriekommando. Die hatten eigenes Geld und eigene Briefmarken.
SCHILCH: Es sind in Theresienstadt aber doch auch viele Tausende umgekommen.
EICHMANN: Weil alles da hineindrückte, was gar nicht hineingehörte, Frau Doktor, Theresienstadt war für vielleicht 10 000 gut, aber es wurde alles hineingestopft, so wurde die Idee

zuschanden. Die Idee überall war aber Selbstverwaltung und Kooperation.

SCHILCH: Ich kenne einen Mann, Patient, der überlebt hat, weil er als vierjähriger Junge an dem Panzergraben, wo die Leute erschossen wurden, deren Schuhe paarweise zusammengebunden hat. War das so eine Kooperation?

EICHMANN: Mit Einsatzgruppen, Frau Doktor, hatte ich nie das geringste zu tun, ich wurde krank, wenn ich nur daran dachte, was ich da gesehen hatte, um Müller zu berichten, auf Befehl von Müller. Ich wollte das nicht, nie, auch Müller nicht, ich konnte nicht töten und habe nie getötet.

SCHILCH: Beschäftigt Sie der Tod? Haben Sie vor dem Tode Angst?

EICHMANN: Ich habe vor meinem Tode keine Angst, sogar ich rechne damit, aber ich war in meinem Leben viel damit beschäftigt. – Wenn ich im Bett die Hände aufeinanderlege, zufällig, strecke ich sie auseinander, weil das die Haltung der Toten ist. Obwohl ich weiß, es gibt keinen Tod, sondern nur das Leben in anderen Erscheinungsformen, Pflanze oder auch Stein.

SCHILCH: Können Sie Ihren eigenen Tod denken? Oder nur den der anderen?

EICHMANN: Ich kann einen Toten, noch heute nicht, anfassen, geschweige denn etwa aufschneiden, wie Ärzte das müssen. Ich wollte immer nur das Unblutige, die Auswanderung, tatsächlich, Frau Doktor, ich war, wie ich schon sagen durfte, nie Antisemit. Nie hassend wie Streicher oder Frank und andere.

SCHILCH: In einer Broschüre, in der Schweiz erschienen, habe ich kürzlich gelesen, daß Sie sogar Jude wären in Wirklichkeit, aus einer jüdischen Familie, die aus Litauen eingewandert sei.

EICHMANN: Toll, tolle Behauptung!

SCHILCH: Jude oder Halbjude wie Hitler, Heydrich und andere, von dem jüdischen Bankier Warburg in Amerika angestiftet und bezahlt, im zionistischen Auftrag den Staat Israel zu ermöglichen.

EICHMANN: Toll. Es war so, daß wir den Ariernachweis, die SS, bis in die Urzeit führen mußten.
SCHILCH: Sie weisen die Behauptung ab?
EICHMANN: Jawohl. – «Der Judenstaat» von Herzl, was ich aus fachlichen Gründen las, habe ich aber als fundamentales Buch interessiert aufgenommen und verarbeitet. Ich sah die gleichen Zielsetzungen, ein judenfreies Europa.
SCHILCH: Sie wollten das Glück der Welt durch die jüdische Auswanderung, ohne die Juden zu hassen, und Sie transportierten sie in die Vernichtungslager, ohne die Juden zu hassen. Wie geht das zusammen?
EICHMANN: Indem ich als Beamter, indem ich als Offizier im Sicherheitshauptamt ins Judenreferat geraten war, Feindbekämpfung Juden, wie ich vorher Freimaurer hatte, es war die rein fachliche Seite –
SCHILCH: Wenn Sie ins Referat Kommunisten gekommen wären, hätten Sie sich mit dem Marxismus-Leninismus beschäftigt?
EICHMANN: Natürlich. Wie Sie sich mit den seelischen Sachen, seelischen Erkrankungen beschäftigen, weil sich als Ihr Fach die Psychiatrie ergeben hat. Mich interessierte der Polizeidienst in der Gestapo, die polizeilichen Aufgaben.
SCHILCH: Ordnung? Sicherheit?
EICHMANN: Bekämpfung der inneren und äußeren Feinde, wie es damals hieß. Was ich sehr gerne geworden wäre und auch darum bat, Polizeipräsident von Linz.
SCHILCH: Was zog Sie zur Polizei?
EICHMANN: Der Zufall der Entlassung in der Weltwirtschaftskrise. Wenn ich bei Vacuum Oil geblieben wäre, hätte ich dort mich eben hochgearbeitet durch fachliche Leistungen.
SCHILCH: Sie haben für die Lieferung der Juden gesorgt, wie Sie für die Lieferung von Sphinx-Benzin gesorgt haben zuvor, wenn das geordert war.
EICHMANN: Im Innern blieb ich immer auf der Linie Auswanderung, Niesko, Madagaskar, es wollte sie doch aber keiner auf der ganzen Welt, Frau Doktor. Wie Heydrich mir dann sagte Führerbefehl, Endlösung, da war ich aus. Hätte viel-

leicht mich erschießen sollen, aber ich war nicht so groß, Führerworte anzuzweifeln. Es wird heute von mir verlangt, ein Gigant, ich war aber ein Angestellter.

SCHILCH: Das beste in der Welt ist ein Befehl?

EICHMANN: Damals, ich glaube ja, nicht nur für das Soldatische, auch heute sehe ich, Anordnung, Anweisung, Befehl wird nicht in Frage gestellt. Es hat der Befehl für die Allerallermeisten auch etwas Entspannendes: Ist befohlen, wird gemacht.

SCHILCH: Die Juden, was ist das für Sie, welche Eigenschaften geben Sie ihnen?

EICHMANN: Damals oder heute? Es ist, Frau Doktor, daß ich das oft fragen muß, welche Zeit, weil das doch fundamental andere Personen sind, fundamental differente Anschauungen in den verschiedenen Zeiten: Linzer Zeit, dann Reich, dann Zusammenbruch und Argentinien und schließlich jetzt auch hier.

SCHILCH: Wie Sie damals als Nationalsozialist die Juden sahen?

EICHMANN: Zuerst einmal – fremd, Fremdkörper in der Volksgemeinschaft, fremd und wurzellos, deshalb auch der Gedanke «Boden unter ihre Füße», fand meine Sympathie.

SCHILCH: Fremd als Rasse oder als Religionsgemeinschaft?

EICHMANN: Als «Blutsgemeinschaft», wie es damals lautete, jüdisches Blut. Es interessierte Religion mehr oder weniger nur, um sie erfaßbar zu machen. «Parasitär, den Volkskörper, das Wirtsvolk, parasitär zersetzend.» Ich suche jetzt nach der Terminologie von damals. «Raffend, nicht schaffend, raffendes und schaffendes Kapital» –

SCHILCH: IG-Farben schaffend, Wertheim raffend?

EICHMANN: Die schachernde Seite, mauschelnder Händlergeist, Materialismus, keine Ideale, Geldverleih, andere für sich arbeiten lassen –

SCHILCH: War das schaffende Kapital da zurückhaltender? Zum Beispiel in den Betrieben in Auschwitz?

EICHMANN: Bitte, natürlich, bitte, ich versuche der damaligen Person von mir nachzuspüren jetzt. Es spielte glaublich die Hauptrolle die internationale Verschwörung als eine angenommene, als eine Art von negativem Prinzip. «Die Juden sind unser Unglück.»

SCHILCH: Das fehlende eigene Glück hatte der Jude an sich gerafft? Das Unrecht, das einem selbst angetan wurde, bekämpfte man im Juden?

EICHMANN: Als Autodidakt, ich war kein sehr grübelnder Mensch, Frau Doktor. Heute eher, daß ich heute eher nachdenke über Grundsätzliches. Es gibt den Sündenbock glaublich immer, das müssen nicht die Juden sein.

SCHILCH: Empfinden Sie mich als jüdisch?

EICHMANN: Nein, auch Hauptmann Chass nicht, auch nicht den Herrn Untersuchungsrichter –

SCHILCH: Warum nicht? Ich bin jüdisch, und Chass ist jüdisch, und der Untersuchungsrichter ist besonders jüdisch. Warum nicht?

EICHMANN: Weil ich, wenn es nach mir gegangen wäre, behördenmäßig ebenso gearbeitet hätte.

SCHILCH: In Ihrer Behörde?

EICHMANN: Polizeimäßig korrekt, meine ich. Obwohl ich die ganz andere Kultur hier als orientalisch stark empfinde und ich als Häftling nun dies alles sehe wie in einer Umkehrung, von diesem Kidnapping an und auch entsprechend mich einzustellen habe auf diesen jetzt mir gemachten Prozeß.

SCHILCH: «Ich kann dich ja nicht leiden – vergiß das nicht so leicht», sagt Siegfried zu Mime.

EICHMANN: Ja, ja, ja, ja, ja.

Er lacht etwas irritiert.

Wo haben Sie Ihr exzellentes Deutsch gelernt?

SCHILCH: In einem kommunistischen Kibbuz, von deutschen und polnischen Juden gegründet, den jüdischen Privatgelehrten Heinrich Karl Marx im Gepäck, der kein besonderer Freund der Juden war.

Eichmann lacht irritiert.

11. SZENE

a

Lichtkammern.
Ein Kind sagt ein Gedicht auf:

Wanderers Nachtlied

In allen Börsensälen ist Ruh
Von den Kindern Israels findest du
Kaum einen Hauch.
Da drüben noch einige Schreier,
Aber warte nur, Abraham Meyer,
Balde ruhest auch du.

(Das Gedicht ist dem «Stürmer» vom 22. Juli 1943 entnommen. Die Überschrift lautete DER SCHREI NACH VERGELTUNG, *der Untertitel: ‹Der jüdische Parasit muß zugrunde gehen›.)*

b

Ein Conferencier tritt mit einem Tusch auf.

CONFERENCIER: In Berlin, meine sehr verehrten Damen und Herren, hat die Stadtverwaltung neuerdings angeordnet, sehr appetitliche durchsichtige Mülltonnen zu verwenden. Ich habe mich gefragt, warum? – Warum? –
Damit die Türken auch ihren Schaufensterbummel haben.
– *eingespielter Applaus* –
Das hat mir eingeleuchtet. Das ist man sich als ausländerfreundliche Stadt schuldig. Wir alle lieben als dauerimprägnierte Humanisten unsere lieben Ausländer, unsere geliebten Türken insbesondere. Sie riechen so gut, sie bringen in einer Anderthalb-Zimmer-Wohnung immer noch die eine oder an-

dere Familie unter oder die eine oder andere Oma mit ihren Enkelkindern. A propos unterbringen, Raum ist in der kleinsten Hütte: Fragt mich kürzlich einer: Wieviel Türken gehen in einen VW? Wieviel Türken gehen in einen VW? Wieviel? – Zwanzigtausend. Zwanzigtausend? Wieso? Na, vorne zwei und hinten drei, die anderen in den Aschenbecher.
– *eingespieltes Gelächter* –
Was ist der Unterschied zwischen einer weißen Linie und einem Türken? wird in einer Prüfung ein Polizeischüler gefragt. Und der antwortet: Die weiße Linie – die weiße Linie, die darf nicht überfahren werden.
– *eingespieltes Lachen* –
Aber die nächste Frage, die hat er nicht beantworten können: Was macht ein Türke, wenn er überfahren wird? – Ka – nak. Und in der Friteuse? Was macht er da? – Gürzel – bürzel
– *eingespieltes Lachen* –
Zum Schluß die Frage an Sie, meine Damen und Herren: Wenn ein Türke in Kreuzberg auf einer Mülltonne sitzt, was ist das? – Eine Hausbesetzung.

c

Gemeinnützigkeit

Walter Krüger, Hamburg, 2. Vorsitzender des Kameradschaftsverbandes des 1. Panzerkorps der Waffen-SS «Leibstandarte Adolf Hitler», telefoniert mit einem Journalisten.

KRÜGER: Jawohl, das will ich meinen, wir sind auf alle Fälle gemeinnützig, waren das 65 fünf Jahre und jetzt 82 endgültig. Wir sind ein verschworener Haufen! Wenn Kameraden in Not geraten, dann packen wir sie am Kragen – es gibt viele Waffen-SS-Kameraden in Not, leider, und viel Not in unserem Vaterland. Gott sei Dank haben wir vom Panzerkorps «Leibstandarte» auch Millionäre unter uns, die helfen können. Wir sind nach dem Krieg nicht auseinandergelaufen, wir haben Schulterschluß gefunden, und deshalb sind wir eben nicht untergegangen, verdammt noch mal! Wir sind rührig und haben einen guten Steuerbevollmächtigten. Am 15. April hat uns das Finanzamt Stuttgart die Gemeinnützigkeit bestätigen müssen. Das können die uns bloß wieder nehmen, wenn wir uns drei MG-42 kaufen und in der Gegend rumballern – aber so blöd sind wir nicht. Was war denn damals die Waffen-SS? Als ich 1943 meine Kompanie übernahm, hatte ich lauter Achtzehnjährige, einer immer hübscher und gerader und strammer als der andere, da habe ich anständige Soldaten draus gemacht. Da war keiner ein Nazi! Aber begeisterte Hitlerjungen waren das, die den roten Brüdern da an die Kehle wollten. Mit breiter Brust voran das 1. Panzerkorps! Das verpflichtet. Alle Speere auf uns, das ist auch heute noch so! Wo wir waren, verdammt, da war vorne! Das sagen Sie mal den Herrn Parlamentariern, sofern die je im Krieg waren. Jeder SS-Verband hat seine Traditionsvereinigung, wir sind alle gemeinnützig, mildtätig und gemeinnützig, wie es vom Gesetz vorgeschrieben ist. Wir sind alle Demokraten – wir wollen den Karren gemeinsam aus dem Dreck ziehen, einer, der das begriffen hat, Reagan.

12. SZENE

Eichmanns Zelle. Bewachung. Die Ausstattung ist durch eine Registratur der vorgelegten Dokumente ergänzt. Ordner enthalten die an ihn durchgelassene Post und die an ihn weitergegebene Presse.
Eichmann hängt die selbst gewaschene Wäsche auf und monologisiert mit großen Pausen zwischen den Sätzen.
Auf seinem mit Papieren und Dokumentenbüchern überladenen Arbeitstisch gibt es jetzt auch ein Tonbandgerät.

EICHMANN: Mehr sein als scheinen. Kein Mucks, kein Zukken. Letzte Schlacht des Zweiten Weltkriegs, die hier geschlagen wird. Die Behauptung, ich solle einen Judenjungen totgeschlagen haben, weil er Obst geklaut hat, ist ekelerregend. Nie auf diesem Niveau bewegt, nie getötet. Kommerzienrat Storfer zum Beispiel sogar in Auschwitz besucht, um ihm das Leben zu retten. Ehrabschneiderisch. Versuchsballon. Wer war der Urheber der organisierten Auswanderung? Ich. Gerade die Sipo wollte das Unblutige, die politische Lösung. Krieg ist kein Spiel mit Sonnenstrahlen.
Er geht zum Tisch, um Notizen zu machen, und schaut in ein Buch, wo er sich eine Stelle markiert hat.
«Zar der Juden», «Großinquisitor ohne Zauber», «der einfallsgeniale Eichmann», da hat der einfallsgeniale Reitlinger, dieser Arsch mit Ohren, in der Rage vergessen, daß der einfallsgeniale Eichmann im Herbst 44 gar nicht in Berlin war, sondern kommandiert, um Juden für den Austausch herbeizuschaffen.
Die innere Wache kommt mit einem elektrischen Rasierapparat ohne Spiegel und gibt ihn Eichmann mit einer hebräischen Anweisung. Die Wache bleibt während des Rasierens bei Eichmann.
Es war die Schuld des Auslands, die Juden nicht genommen zu haben. Wenn es nach mir gegangen wäre, es hätte kein einziger Jude sein Leben lassen müssen. IV B 4 war

nichts anderes als die Schreibstube zur Wannsee-Konferenz.

Natürlich habe ich mitgedacht als Idealist, getäuschter Idealist wie sich mir später zeigte, der für das Reich lebte und in seinem Sinn dachte, auch die Vernichtungslager sind Schlachtfelder dieses Krieges.

Die äußere Wache kündigt Ofer an. Eichmann steht auf, Ofer kommt.

OFER: Ich möchte Ihnen doch sagen, Herr Eichmann, daß ich disziplinmäßig nie einen korrekteren Gefangenen kennengelernt habe.

EICHMANN: Das ehrt mich, Herr Direktor.

OFER: Die Registratur der Dokumente, fabelhaft.

EICHMANN: Es bleibt das Aktenmäßige immer das gleiche irgendwie. Die ganze Gestapo ist aus einem Schrank der bayerischen politischen Polizei hervorgegangen, sagte mir einmal Müller, der dort Chef gewesen war.

OFER: Ohne Sie drängen zu wollen, ich bin gebeten, Sie zu fragen, ob Sie in der Wahl Ihres Anwalts zu einer Entscheidung gekommen sind?

EICHMANN: Jawohl. Ich würde am liebsten Dr. Robert Servatius beauftragen, weil er schon Sauckel und Dr. Brandt in Nürnberg verteidigt hat. Mein Stiefbruder empfiehlt ihn, Rechtsanwalt in Linz. Ich kann das Mandat gleich erteilen.

OFER: Es drängt Sie aber niemand.

Er legt ein Papier vor, das Eichmann unterschreibt.

EICHMANN: Ich habe eine Erklärung vorbereitet, die Hauptmann Chass und sicherlich auch Sie überraschen wird. Ich will sie auf das Tonband sprechen, das Sie mir bewilligt haben, es erleichtert meine Arbeit ungemein und findet meine Bewunderung als Techniker seiner Kleinheit wegen – und Leistungsstärke. Ist das für geheimdienstliche Zwecke?

OFER: Es ist ein japanisches Gerät.

EICHMANN: Jedenfalls sehr gut. Ich bedanke mich.

OFER: Der Schneider will wissen, in welcher Farbe Sie den guten Anzug wünschen.

EICHMANN: Ohne etwa eitel scheinen zu wollen, dunkelblau, wo immer möglich, habe ich dunkelblau getragen. – Wenn ich um etwas bitten dürfte, einen Spiegel. Ich habe mich vier Monate nicht gesehen.

OFER: Aber bitte.

Der Gefängnisdirektor geht hinaus. Eichmann nimmt seine Notizen und spricht die angekündigte Erklärung in das Tonbandgerät.

EICHMANN: Vor etwa eineinhalb Jahren erfuhr ich durch einen Bekannten, der von einer Deutschlandreise zurückkam, daß in gewissen Teilen der deutschen Jugend ein gewisser Schulddruck hinsichtlich der Juden sich bemerkbar mache. Diese Tatsache wurde für mich genauso ein Markstein wie die erste menschliche Landung auf dem Mond, und meine Gedanken kreisten um diesen wesentlichen Punkt meines Innenlebens. Aus dieser Erkenntnis habe ich es abgelehnt, mich durch Flucht zu entziehen, als ich feststellen mußte, daß Suchkommandos auf mich angesetzt waren. Der Schulddruck der Jugend, das war auch der Grund, warum ich hier zu einer Generalaussage bereit war und zur Wahrheitsfindung beitragen wollte. Menschlich und juristisch habe ich dargelegt, wie meine Rolle dienstgrad- und dienststellenmäßig dabei zu beurteilen ist. Trotz allem weiß ich natürlich, daß ich meine Hände nicht in Unschuld waschen kann, weil die Tatsache, daß ich ein absoluter Befehlsempfänger war, heute sicherlich nichts mehr bedeutet. Obgleich an meinen Händen kein Blut klebt, werde ich sicherlich der Beihilfe zum Mord schuldig gesprochen werden. Unabhängig davon, erkläre ich meine innerliche Bereitschaft, das furchtbare Geschehen mit meinem Tode zu sühnen. Ich bitte nicht um Gnade, denn die steht mir nicht zu. Wenn es als ein Akt größerer Sühneleistung verstanden werden kann, bin ich bereit, als abschreckendes Beispiel für alle Antisemiten dieser Erde, mich selbst öffentlich aufzuhängen. Man lasse mich vorher noch ein Buch über das Entsetzliche als Warnung und Abschreckung der gegenwärtigen und kommenden Jugend schreiben, dann soll sich mein Erdenleben beenden.

Adolf Eichmann

Darf ich Ihnen, Herr Hauptmann, diese Erklärung für die Akten übergeben?

13. SZENE

CHASS: Er ist einer von den Leuten, die ich hier im Bus nie wiedererkennen würde. Das soll der Motor der Ausrottung der europäischen Juden gewesen sein? Es entsetzt ihn der moralische Tiefstand der Menschen. «Ich habe jede Art der Kriminalität immer und tief gehaßt», sagt er. «Wie ich Juden sah, die erschossenen Juden Zahnkronen und Brücken rausreißen, da habe ich gewußt, daß man mit Menschen alles machen kann.» Er zweifelt nicht, daß ich mich in seiner Lage wie er verhalten hätte.

Als idealistischer Beamter hat er sich als einen Menschen gesehen, der ein Opfer vollzieht, ein heiliges Opfer, die Welt befehlsgemäß zu reinigen. Und 1945 war er plötzlich um sein Lebenswerk betrogen, hatte er für nichts gearbeitet.

In seinem heutigen Verständnis hat ihn die NS-Führung schuldig gemacht, aber der «kleine Funktionär», der «weisungsgebundene Beamte», der «unter Eid stehende Offizier» sind auch Positionen in der Linie seiner Verteidigung, zu seiner Tarnung, zu seiner Art von «lokischer List».

Als Idealist habe er immer gehorcht, es sei auch so gewesen, daß er nicht gewußt habe, warum er nicht gehorchen sollte.

Das Monster, es scheint, ist der gewöhnliche funktionale Mensch, der jede Maschine ölt und stark im Zunehmen begriffen ist.

In diesen Monaten, schrecklicherweise, kommen wir uns näher.

14. Szene

Die Zelle. Übliche Bewachung.
Eichmann an seinem Arbeitstisch. Viele Bücher, Dokumente.
Ofer kommt, Eichmann stellt sich neben seinen Arbeitstisch.

OFER: Wieder die Post und die Presse, die für Sie freigegeben wurde.
Er gibt ihm den Stoß.
EICHMANN: Sehr liebenswürdig.
OFER: Sie sind der Mann wahrscheinlich, über den in der ganzen Welt heute am meisten geschrieben wird.
EICHMANN: Sehr liebenswürdig.
OFER: Der Hauptmann Chass hat das Gespräch verlegt, weil er seine Frau ins Krankenhaus bringen mußte. Wir machen es jetzt hier, weil wir unten umbauen.
EICHMANN: Wenn ich mir die Frage erlauben darf, ist es etwas Ernstliches?
OFER: Die Frau hat hier in Israel eine Kinderlähmung bekommen, die sie völlig hilflos macht. Von einem in Europa unbekannten Stamm, sie war in Europa geimpft. Drei Kinder. Eine sehr schöne und sehr gescheite Frau.
EICHMANN: Ohne mich beliebt machen zu wollen, er ist ein gütiger Mensch, glaube ich, ganz erstaunlich.
OFER: Was erstaunt Sie?
EICHMANN: Es erstaunt mich insgesamt, daß mir nicht mit Haß begegnet wird. Wenn sich unsere Augen begegnen, mit Hauptmann Chass oder auch mit Ihnen, sehe ich keinen Haß.
OFER: Das sind vielleicht Manieren oder Anweisungen.
EICHMANN: Wenn ich einen Vergleich zu ziehen hätte von der Polizei hier zu der unseren, so fiele der Vergleich zu unseren Ungunsten aus.
OFER: Im Vergleich zur Gestapo meinen Sie?
EICHMANN: Auch Sipo, auch Sicherheitspolizei. Man kann einem Feind hart begegnen, ohne ihn deshalb persönlich zu hassen, das war auch meine Devise.

Die beobachtende Wache an der Zellentür außen ruft eine in der Zelle befindliche Wache, die innere Wache gibt Ofer eine Nachricht.

OFER: Der Hauptmann Chass ist auf dem Wege. Warum, Herr Eichmann, gibt es hier diese enormen Sicherheitsvorkehrungen? Weil Sie niemand haßt?

Chass, von einer Wache begleitet, wird in die Zelle geschlossen. Kurze Begrüßung und Information durch Ofer in Neuhebräisch. Chass installiert seine Gerätschaften.

OFER: Ich empfehle mich dann.

CHASS: Wär mir sympathisch, wenn sich die Wache vielleicht auch – *er meint: «empfehlen könnte».* Die Wachen können mich einschließen.

OFER: Wenn Sie ermächtigt sind, das anzuordnen?

CHASS: Ich möchte das anordnen, Herr Ofer, und bedanke mich.

Ofer weist die in der Zelle befindlichen Wachen an und verläßt mit ihnen den Raum.

Das sind die neuen Abschriften unserer Gespräche, die Sie wiederum bitte auf sachliche Richtigkeit durchsehen und seitenweise abzeichnen wollen.

EICHMANN: Jawohl. Wenn ich ein Duplikat jeweils für meine Registratur erbitten dürfte. Die vorgelegten Dokumente, wenn ich das vorschlagen darf, sollten eine einheitliche Numerierung erfahren, zeitlich und ländermäßig erfaßt. Personenakten-Registratur und Sachakten-Registratur. Es werden ja ein paar tausend zusammenkommen, vielleicht.

CHASS: Sehr gut. Was wir nicht finden, finden wir dann bei Ihnen. – Es liegt das 49. Tonband auf. Es ist jetzt 11 Uhr 42 – es ist der 8. September 1960. Ich möchte Ihnen ein paar eigene Bekundungen vorlegen heute, die ich mir zusammengestellt habe.

EICHMANN: Aus welchem Zusammenhang, wenn ich mir erlauben darf?

CHASS: Das werden Sie mir gleich sagen.

Er setzt ein zweites Tonbandgerät in Gang.

STIMME EICHMANNS: «Schicken wir den Meister hinunter, der

soll die Sache selbst machen», ordnete der Reichsführer an. Man schickte mich herunter nach Ungarn, und das Ende war, daß es mir trotz schwierigster Transportlage, Sommer 44, in kurzer Zeit gelang, eine halbe Million abzufahren. – *Pause* –

EICHMANN: Soll ich dazu gleich Stellung nehmen?

CHASS: Vielleicht hören Sie die anderen Stellen, es ist ein Zusammenhang beabsichtigt.

EICHMANN: Jawohl.

STIMME EICHMANNS: Soll die Million Juden doch hingehen, wo der Pfeffer wächst. Wir haben sie angeboten wie sauer Bier. Niemand hat sie haben wollen. Sie spielen seit 2000 Jahren die Verfolgten und schlagen auf die Tränendrüsen, um aus Westdeutschland Milliarden an Restitutionsgeldern herauszuschlagen. – *Pause* – Es gab keinen Nacht- und Nebelerlaß, wir fuhren mit den Brüdern Schlitten bei Tag und bei Sonne.

EICHMANN: Ich möchte dazu, bitte, doch grundlegend –

CHASS: Zwei kurze Auszüge noch.

STIMME EICHMANNS: In Ungarn sind so viel übriggeblieben, daß ein Aufstand gegen die jüdische Funktionärsclique und die Geheimpolizei, die von den Wohlgerüchen von Knoblauch von oben bis unten durchtränkt war, russischerseits niedergeschlagen werden mußte. – *Pause* –

Mir hat einmal Müller gesagt, wenn wir fünfzig Eichmänner gehabt hätten, dann hätten wir den Krieg gewonnen. Da war ich stolz.

Chass stellt das zweite Tonbandgerät ab.

EICHMANN: Das war am Tage, wo alles für mich aus war, die höheren Beamten ihre falschen Papiere bekamen, Beschäftigungsnachweis, Geschäftskorrespondenz undsoweiter undsofort.

CHASS: Wer hat das vorbereitet?

EICHMANN: Die Papiere kamen von Sachsenhausen, Konzentrationslager Sachsenhausen erinnere ich mich, wo die entsprechenden Werkstätten waren. Von den Dezernatsleitern in Berlin war ich der einzige, der darauf spuckte,

Herr Hauptmann, denn ich hatte meine Steyr-Armee-Pistole.

CHASS: Vorsichtshalber waren Sie aber doch mal hingegangen?

EICHMANN: Er war in meinem Büro, weil nur wir, Kurfürstenstraße, als einzige nicht ausgebombt waren. Ich stand mit Müller, mit Müller in dem Zimmer, wo ich mit meinen Untergebenen zu musizieren pflegte, ich spielte die zweite Geige, mein Oberscharführer die erste, weil er der viel bessere Musiker war. Ich betrachtete den Andrang mit Verachtung und sagte zu Müller: «Da hätten erst einmal 500000 Deutsche an die Wand gehört, ehe wir das Recht auf Reichsfeinde gehabt hätten.» Ich sage das, obwohl es mir vielleicht schadet, Herr Hauptmann, weil es meine Stimmung richtig wiedergibt.

CHASS: Aus welchem Zusammenhang stammen die Äußerungen, die ich Ihnen vorgeführt habe?

EICHMANN: Als ein doch vorsichtiger Mann, ich halte Vorsicht für eine Tugend, berufsmäßig, möchte ich doch sagen, daß private Tonbänder, unveröffentlichte private Tonbänder, ob nun durch Haussuchung in Argentinien erbeutet oder durch Verrat, juristisch nicht tatsächlich verwendet werden können.

CHASS: Welchem Zweck sollten die Tonbänder dienen?

EICHMANN: Als Rohmaterial gedacht, zum Zwecke der späteren Geschichtsforschung, zu veröffentlichen jedenfalls erst nach meinem Tode und von mir autorisiert natürlich. Es suchte ein holländischer Journalist mich auf, ehemaliger SS-Kamerad, dessen Namen ich hier nicht preisgeben möchte –

CHASS: Sein Name ist Sassen, Sassen. Er hat ein Script von 115 Seiten der Zeitschrift «Life» verkauft, und wir haben uns hier die 64 Tonbänder angehört, die plötzlich aufgetaucht sind.

EICHMANN: Es ist dann ganz eindeutig Verrat, der jede Manipulation wahrscheinlich macht, Herr Hauptmann. Es ist ganz unwahrscheinlich, daß diese dahinparlierten und nicht von mir bestätigten Gespräche meine heutige Bejahung finden.

Chass: Die Zusammenstellung klingt nicht besonders prozionistisch.

Eichmann: Natürlich nicht. Dieser Lump, ich kann nur sagen Lump und Journalistenschwein, wurde von interessierter nationalsozialistischer Seite in Argentinien mir angedient mit dem Wunsche zur Rechtfertigung durch meine in Judenfragen innegehabte Behördenstellung.

Chass: Wollten Sie diese Rechtfertigung auch persönlich?

Eichmann: Es ist, Herr Hauptmann, für einen Verfolgten insbesondere, ein weiter Weg von diesem irgendwie Geglaubten als ehemals fanatischer Nationalsozialist zu diesem heute nicht mehr gläubigen und von der Staatsführung schuldig gemachten Anhänger. Es war das Reich mein Lebensinhalt, und ich war etwas auch gewesen, was ich vorher nicht war.

Chass: Man könnte auf den Gedanken kommen, Sie seien der gemäßigte Judenfreund und Quasi-Zionist erst hier geworden.

Eichmann: Das möchte ich als graduell zutreffend bestätigen. Argentinien war ein Übergang, einerseits Rechtfertigung, Kleben an alten Vorstellungen, Kameradschaft undsofort, andererseits beginnendes Umdenken. Ich habe nie so viel gewußt darüber in meiner aktiven Zeit in IV B 4 wie in Argentinien, wo die Beschäftigung mit der jüdischen Materie war im öffentlichen Für und Wider. Ich war kein Büchermensch gewesen und interessiere mich erst heute für Tiefergehendes.

Chass: Hier ist ein Manuskript, Fotokopie, «betrifft meine Feststellungen zur Angelegenheit Judenfragen und Maßnahmen». Ist das Ihre Handschrift?
Er reicht Eichmann ein dickeres Dokument.

Eichmann: Scheint mir ganz klar, auch Argentinien.

Chass: Es steht hier mit Bleistift darüber: «Achtung! Die Bleistiftstriche gelten nur für den offenen Brief an den Herrn Bundeskanzler.» War das der Zweck dieses Manuskripts? Ihre Bleistiftschrift?

Eichmann: Es kam der Brief nicht zustande, wurde glaublich nicht veröffentlicht. Im Zusammenhang jedenfalls auch mit diesem Arsch mit Ohren, diesem Journalistenschwein, kann ich nur wieder sagen, der seinen Reibach –

CHASS: Reibach?

EICHMANN: Jawohl, Reibach, was ich damals nicht erkennen konnte, denn es sollte, war glaublich als eine Mahnung gedacht, wo ich in die Pflicht genommen werden sollte als Sachkundiger in Judensachen.

CHASS: An Bundeskanzler Adenauer?

EICHMANN: Bundeskanzler Adenauer, jawohl. Weil man sich vielleicht versprach hinsichtlich Staatssekretär Globke und anderer – es war die Zeit der auch in Argentinien sehr hochgespielten Milliarden an Israel –

CHASS: Und da haben Sie ausgerechnet, daß es eine nennenswerte Zahl von ermordeten Juden im großdeutschen Machtbereich gar nicht gegeben hat und daß man den Leuten jetzt nicht noch Milliarden nachschmeißen soll, nachdem sie durch Sie den Staat Israel bekommen haben. Ist das so? Wieviel ermordete Juden haben Sie im Großdeutschen Reich plus Böhmen und Mähren denn schließlich gefunden? 53 000 lese ich.

EICHMANN: 900 000 im ganzen, Ausland und Ostgebiete.

CHASS: Haben Sie das in der Phase Ihres Umdenkens geglaubt?

EICHMANN: Was mich persönlich angeht, Herr Hauptmann, so habe ich mich an den Zahlenspielereien nie beteiligen wollen. Das Dilemma war, daß im Krieg jede Stelle nach oben abrundete und jeder viel wollte und meldete und später jeder wieder abrundete nach unten, wie in unserem Falle.

Es wurde das Manuskript, ob durch Haussuchung nun erbeutet oder Verrat, nie veröffentlicht jedenfalls, und ich war froh, da heraus zu sein.

CHASS: Ich möchte Ihnen dennoch eine Stelle zitieren, es heißt hier auf Seite 6: «Während eines Krieges ist es nicht an der Zeit, seinen Gegnern Psalmen oder Hosianna singend das Gebetbuch entgegenzuhalten. Erst recht nicht in einem totalen Kriege. Die Gegner des Deutschen Reiches taten solches sehr verständlicherweise ja auch nicht. Die Parole auf beiden Seiten war: Die Feinde werden vernichtet! Und das Judentum in aller Welt hatte durch seine Führer, insonderheit durch Dr. Chaim Weizmann, dem Deutschen Reich offensichtlich den Krieg erklärt. Warum aber soll Galgenholz und Zuchthaus nur für Deutsche so billig sein?» Offenbar verteidigen Sie damit den organisierten Massenmord als eine legale Kriegshandlung?

EICHMANN: Ist nicht, Herr Hauptmann, rein gedanklich, wie ich mir überlegt habe, jeder Soldat an organisiertem Massenmord beteiligt, indem er unter Eid und Befehl tötet und in Schutt und Asche legt, was er wie ich von seinem eigenen Herzen nicht wünscht, nur eben in weniger exponierter Stellung meistens.

CHASS: Massenerschießungen? Fabrikmäßige Vergasungen? Ist das vergleichbar?

EICHMANN: Es werden die modernen Kriege doch immer totaler, wie wir überall sehen, und es gibt in ihnen doch von vornherein den Völkermord, schon waffentechnisch. Es war, daß Hitler ja von allen Kulturstaaten anerkannt und großenteils sogar bewundert wurde, was sollte da ich mich verweigern, als ein Polizeioffizier wie Sie, an Eid und Befehl bedingungslos gebunden bis zum bitteren Ende.

CHASS: Was war der Sinn der Wannsee-Konferenz, Januar 42, wenn die Endlösung schon lange praktiziert wurde, wie Sie dargelegt haben?

EICHMANN: Es war der Gedanke von Heydrich, ich glaube, alle hohen Behörden in diese Verantwortung mit einzuspannen, vor diesen Endlösungskarren irgendwie zu zwingen. Aber es zeigte sich, daß gar niemand gezwungen werden mußte und jeder Staatssekretär freudig zustimmte. Die ganze Sache war in eineinhalb Stunden beendet, ohne daß ich ein Wort gesagt hätte als niedrigster Rang.

Es ist das Geräusch eines Hubschraubers zu hören, das lauter wird. Ein Hubschrauber ist über dem Gefängnis stehengeblieben und löst einen Alarm aus. Das Wachpersonal gerät in Bewegung, es sind Kommandos und Befehle zu hören.

Wachen stürmen in die Zelle und werfen sich auf Eichmann, der die Situation erkennt und sich gelassen gibt. Der Hubschrauber entfernt sich, der Alarm wird aufgehoben.

EICHMANN: Wir saßen am Abend am Kamin und ich, wie gesagt, mit Pontius Pilatusschen Gefühlen, denn mein Ziel war immer die politische Lösung gewesen.

CHASS: Wir machen dann für heute Schluß.

EICHMANN: Ich möchte Herrn Hauptmann die angekündigte Erklärung übergeben.

15. Szene

Besucherzelle. Trennwand. Mikrofone. Bewachung.
Dr. Servatius aus Köln mit seiner Sekretärin Fräulein Grude.

SERVATIUS: Was ich mal klar sagen muß als Ihr Verteidiger, Herr Eichmann, daß wir uns irgendeine Hilfe von der Bundesregierung nicht erwarten können. Was mir gesagt wurde auf meine diesbezügliche Anfrage von Adenauer, von dem Herrn Bundeskanzler Dr. Adenauer, daß der sich geäußert hätte dahingehend: «Eichmann verdient nicht, verteidigt zu werden.» Punkt. – Das hat mir übermittelt mit Bedauern der Herr Staatssekretär im Bundeskanzleramt, der Herr Dr. Hans Globke, von dem Sie vielleicht das eine oder andere auch schon mal im fernen Argentinien gehört haben, die rechte Hand des Herrn Bundeskanzlers und, ohne daß es unsere Sache wäre, das negativ einzuschätzen, der Ministerialrat im damaligen Innenministerium unter Frick, der den Juden das «J» in ihren Pässen beschert hat, die Vornamen Sarah und Israel, der Kommentator der Nürnberger Gesetze und so weiter und so fort, die Sterilisationsgesetze gegen Halbjuden nach der Staatssekretärsbesprechung am Wannsee etc., und der deshalb nicht zu tadeln ist, denn er machte das aus katholischen Gründen und um Schlimmeres zu verhüten.
Eichmann macht Servatius gestisch auf die Möglichkeit aufmerksam, daß ihre Gespräche abgehört werden.
Wir gehen als Realisten jetzt mal von der Wahrscheinlichkeit aus, Herr Eichmann, daß wir abgehört werden, aber wir kümmern uns nicht darum, denn völkerrechtlich wird von uns die Zuständigkeit des hiesigen Gerichts ganz klar verneint.
EICHMANN: Jawohl, Herr Doktor.
SERVATIUS: Wir bestreiten nicht, daß Sie als SS-Obersturmbannführer und Polizeioffizier die Ihnen erteilten Befehle des Staates ausgeführt haben und somit an Regierungsverbrechen beteiligt waren, Beihilfe und Vorschub zu Regie-

rungsverbrechen, ein weltweites Problem für jedes Land im Kriege –

EICHMANN: Vom Sinn der Dinge her, vom Sinn des Seins, von der Schuld im ethischen Sinne –

SERVATIUS: Die lassen wir jetzt mal beiseite, das ist eine andere Sache, Herr Eichmann. Was wir beantragen, ist: Enthaftung und Strafaussetzung, ersatzweise Auslieferung an Argentinien oder die Bundesrepublik Deutschland.

EICHMANN: Da ich deutscher Staatsangehöriger bin, in die Bundesrepublik, Herr Doktor.

SERVATIUS: In Bonn hat man mir gesagt, daß Sie Österreicher seien oder staatenlos und daß Sie schon deshalb die Bundesrepublik nichts angingen.

EICHMANN: Unglaublich, ganz unglaublich, ich war in meinem ganzen Leben niemals Österreicher, als mein Vater Österreicher wurde, da war ich lange volljährig und in Deutschland.

SERVATIUS: Und staatenlos?

EICHMANN: Dann wurde das Referat IV B 4 von einem Staatenlosen geleitet. Bei meiner illegalen Ausreise nach Argentinien bekam ich einen falschen Paß auf den falschen Namen Ricardo Klement aus Bozen, mit einem falschen Geburtsdatum und katholisch, dem falschen Familienstand Junggeselle und der falschen Bezeichnung staatenlos. Ich weiß aus meiner Tätigkeit, daß ein falscher Paß nicht die wirkliche Staatsangehörigkeit ändert. Oder ist das heute anders?

SERVATIUS: Nein. Und wenn die Auslieferung deutscherseits nicht beantragt wird, verklagen wir das Auswärtige Amt wegen unterlassener Hilfeleistung. Von wem haben Sie den falschen Paß bekommen?

EICHMANN: Ich möchte die Personen nicht nennen, die mir geholfen haben. Was ohnehin bekannt ist, es ging in Deutschland über die Organisation ODESSA und in Genua über den Franziskanerorden, die vielen Verfolgten uneigennützig halfen, denn ich hatte natürlich kein nennenswertes Geld 1950 als Waldarbeiter in der Lüneburger

Heide, wo ich nach der Flucht aus der Gefangenschaft untergeschlüpft war unter dem Namen Otto Henninger. Es ist Otto mein zweiter Vorname, Adolf Otto Eichmann.

SERVATIUS: Für uns ist ausschlaggebend, daß Sie nicht ordnungsgemäß verhaftet, sondern vom israelischen Geheimdienst gekidnappt wurden, unter Bruch des Territorialprinzips und unter Verletzung des Artikels 25 der Konvention der Menschenrechte.

EICHMANN: Jawohl. Ich darf darauf aufmerksam machen, Herr Doktor, ich wurde nach israelischer Lesart nur aufgefunden, nicht entführt. Eine Aussage meinerseits wurde nicht angenommen.

SERVATIUS: Wir laden als Zeugen erstens Yas Shimoni, Chefpilot des EL AL-Flugzeugs, das Sie hierherbrachte, zweitens Zvi Tohar, der mit Ihrem Krankentransport befaßte Angestellte der EL AL, und wir laden drittens Ihre Frau.

EICHMANN: Meine Frau soll nicht als Zeugin, Herr Doktor, die ganze Familie nicht.

Um was es mir geht, das ist, für mich persönlich die historische Wahrheit zu ermitteln für spätere Historiker und die Wiederherstellung meiner persönlichen Ehre als einem eidlich verpflichteten Mann in kleiner Stellung, der gleichzeitig höchster Geheimnisträger war, und an dessen Händen kein Blut klebt. Für mich und spätere Geschlechter.

Ist die Bundesrepublik oder auch Argentinien dafür besser?

SERVATIUS: Argentinien ist besser, insofern Ihre Straftaten seit dem 5.5.60 dort verjährt sind, und die Bundesrepublik ist besser, insofern es dort keine Todesstrafe gibt. Der Staatssekretär Stuckart, Teilnehmer der Wannsee-Konferenz und verantwortlich für die ganze Judengesetzgebung, wurde als Mitläufer eingestuft und ging mit 500,- Geldbuße nach Hause.

EICHMANN: Wissen Sie, daß ich mich mit Stuckart damals duellieren wollte?

SERVATIUS: Nullum crimen, nulla poena sine lege, wie es völkerrechtlich heißt. Deshalb ist keine Anklage auf «Verbrechen gegen das jüdische Volk» möglich.

EICHMANN: Würden Sie das für mich bitte wiederholen?
SERVATIUS: Nullum crimen, nulla poena sine lege.
EICHMANN *schreibt sich das auf*: Nullum crimen, nulla poena sine lege. Ich habe immer sehr bedauert, kein Jurist geworden zu sein.

16. Szene

Verhörraum.
Chass und Eichmann, die ein schwer lesbares Dokument entziffern.

CHASS: Ich habe hier ein Telegramm aus Belgrad, unterschrieben – Benzler oder Bessler?

EICHMANN: Benzler, ich weiß nicht, wer Benzler ist.

CHASS: Er meldet hier dem Auswärtigen Amt, daß die Unterbringung von Juden in Arbeitslagern bei den jetzigen inneren Zuständen nicht mehr möglich sei, da die Sicherung nicht gewährleistet wäre. Die Judenlager gefährdeten die Truppe und sie trügen nachweislich zur Unruhe im Lande wesentlich bei. Insbesondere sei die Räumung des Lagers in Sabao oder Sabac?

EICHMANN: Sabao glaublich, ich lese Sabao.

CHASS: – die Räumung des Lagers in Sabao mit 1200 Juden notwendig, da Sabao Kampfgebiet sei und in der Umgebung aufständische Banden in Stärke von mehreren tausend Mann festgestellt worden seien. Er wiederhole daher dringend seine Bitte nach sofortiger Abschiebung ins Generalgouvernement oder nach Rußland. Falls das wieder wegen Transportschwierigkeiten abgelehnt werde, müsse er die laufende Judenaktion vorläufig zurückstellen, was aber gegen die ihm von Herrn Ram erteilten Weisungen sei. Benzler.
Er reicht das Dokument Eichmann.
Wer ist Ram? Ist das ein Kürzel?

EICHMANN: No, no – da Auswärtiges Amt, kann es heißen wahrscheinlich Reichsaußenminister – Ram.
Eichmann gibt das Papier zurück.

CHASS: Es sind da Bleistiftnotizen jetzt hier am Rande, können Sie das lesen?

EICHMANN: Nach Auskunft – Obersturmbannführer Eichmann IV D 4, heißt IV D 4, war nie IV D 4, immer IV B 4 – Eichmann IV D 4, heißt das Annerung –?

CHASS: Aufnahme.

EICHMANN: Bitte?
CHASS: Aufnahme.
EICHMANN: Aufnahme im – was kann das heißen?
CHASS: Rußland.
EICHMANN: Aufnahme in Rußland und Generalgouvernement unmöglich, nicht einmal die, nicht einmal die –
CHASS: Juden
EICHMANN: Juden aus Deutschland –
CHASS: – können dort
EICHMANN: können dort unter –
CHASS: gebracht
EICHMANN: untergebracht werden. Eichmann schlägt Erschießung vor, Erschießung vor.
CHASS: Erschießen vor. Wessen Signum ist das?
EICHMANN: Weiß ich nicht.
CHASS: Rademachers?
EICHMANN: Da die Notiz im Auswärtigen Amt gemacht sein muß, Randnotiz, könnte es Rademacher – ein R ist es, nicht wahr, ein R ist es, ein R ist es –, aber war Rademacher 1941, das Jahr ist 41, war da Rademacher Judenreferent im Auswärtigen Amt?
CHASS: Da oben ist noch eine Notiz: D III bitte sofort –
EICHMANN: RSHA, also Sicherheitshauptamt, sprechen, dann Bericht.
CHASS: Gleiches Signum.
EICHMANN: Kenn ich nicht, das Signum kenn ich nicht. Jedenfalls steht also hier klar, hier heißt es: Eichmann schlägt Erschießen vor.
Chass bietet Eichmann eine Zigarette an und nimmt sich selbst eine. Sie rauchen eine Zeit. Das Tonband läuft weiter.
Das wird dann so gewesen sein, Herr Hauptmann, im deutschen Behördenweg, daß von der entsprechenden Abteilung im Auswärtigen Amt, Judenreferat, Anfrage kam, mit Vorgang, beim Reichssicherheitshauptamt, was da jetzt zu geschehen hätte, und da wirds geheißen haben, Kriegslage, kein Transportvolumen, bleibt nichts anderes übrig: Erschießen.

CHASS: Es steht hier: «Eichmann schlägt Erschießen vor», daß Sie das also entschieden hätten –
EICHMANN: Oh, no, no, no, das ist natürlich wie alle diese Sachen auf dem Dienstweg gegangen, ich werde doch den Teufel tun und diesen Befehl des Erschießens von mir aus geben. Es ist dann eben die Auskunft meiner Vorgesetzten gewesen, besser Anweisung: Erschießen.
CHASS: Das geht aus der Notiz nicht hervor. «Eichmann schlägt Erschießen vor.»
EICHMANN: Das ist schon bürotechnisch unmöglich, Herr Hauptmann, ich habe doch jede Kleinigkeit mir auf dem Dienstwege absegnen lassen, da werde ich bei 1200 serbischen also ausländischen Juden plötzlich mir einfallen lassen – da wär ich doch – absurd. Wenn das wäre würde ich Ihnen sagen, Herr Hauptmann: hier mein Kopf – liegt auf dem – dorthin, wo er hingehört.
CHASS: Ich kann mir vorstellen, daß Sie auch mal zu Müller reingegangen sind in einer dringenden Sache und gesagt haben: Herr Müller, wollen Sie das entscheiden, und er gesagt hat: Lassen Sie mich damit in Ruhe, und machen Sie das selber.
EICHMANN: Das hätte ich nie gemacht, das wäre nicht in Ordnung gegangen, behördenmäßig unmöglich.
CHASS: Wie war der Behördenweg für die 1200 Juden?
EICHMANN: Wenn die Anfrage kam, vom Reichsaußenministerium zum Reichssicherheitshauptamt, landete die, Judenangelegenheit, bei IV B 4; der Sachbearbeiter prüft, macht mir eine Vorlage, zeichnet ab, Entwurf, den ich jetzt abzeichne, geht jetzt der Dienstweg zum Amtschef, Bitte um Entscheidung. Der Amtschef kann wiederum abzeichnen oder verwerfen, gehts im Zweifel zu Heydrich, sagen wir und, wiederum von dort herunter: Erschießen bis zu mir, so daß ich dann herausgehen lasse, i.A., im Auftrag, Eichmann, wie das in jeder Behörde üblich ist. Es wird bei Ihnen nicht viel anders sein.
CHASS: Wenn Sie das Dokument dann unterschreiben wollen, zum Zeichen, daß Sie es gesehen haben.

Eichmann unterschreibt das Papier.
EICHMANN: Es kann natürlich irgendeiner was an den Rand kritzeln und mich zu etwas machen, was ich niemals war.
CHASS: Es ist nicht die feinere Diplomatensprache vielleicht.
EICHMANN: Wir mußten doch, Herr Hauptmann, die Vorschläge des Auswärtigen Amtes oft und oft herunterbügeln.
CHASS: Sie wollten sich noch einmal bemühen, an Hand der erbetenen Unterlagen zu einer ungefähren Zahl der insgesamt getöteten Juden zu kommen, überschlagsweise.
EICHMANN: Ich habe das hier detailliert.
Er gibt Chass ein Blatt.
Das jüdische Jahrbuch für Europa wies damals zehn Millionen Juden auf, etwas drüber vielleicht. Bei Kriegsende haben die Alliierten dann 2,4 Millionen Juden vorgefunden. Auswanderung habe ich mir gesagt, «na gut, eine Million, eine Million zweihunderttausend oder irgendwie, wird ausgewandert sein, zwei Millionen vierhunderttausend dazu und noch auch die natürliche Verminderung», ich bin kein Statistiker, ich habe das mal so im großen mir zurechtgelegt, so daß ich mir sagte, «ja, da müssen das ja doch so irgendwie um die 6 Millionen gewesen sein», so dachte ich in meinem Sinn. Ob ich nun damit recht habe, Herr Hauptmann? Wenn ich auf etwas verweisen darf, das beste wäre die Beschaffung der Fahrpläne, die das Reichsverkehrsministerium damals erstellt hat, Reichsbahnrat Stangl –
CHASS: Wir machen für heute Schluß, es ist 15 Uhr 35.
Eine dunkelhäutige Wache legt Eichmann Handschellen an und sagt lachend: «Haich hou Haich.»
EICHMANN: Was sagt er?
CHASS: Er sagt, «der Mann ist der Mann».
Das ist der Text, der telegrafiert wurde, als man Sie an Hand des Blumenstraußes zum Hochzeitstage als Eichmann identifiziert glaubte.
EICHMANN: Haich hou Haich – der Mann ist der Mann.
Er hebt die Arme.

CHASS: Wissen Sie, wie die Sabres hier, die Wachen, das Lager nennen?
EICHMANN: Nein.
CHASS: Eichmannigrad.
EICHMANN: Eichmannigrad?
CHASS: Ja, Eichmannigrad.
EICHMANN: Eichmannigrad, Donnerwetter!

17. Szene

a

Lichtkammern.
Paola Maturi informiert ihren Rechtsanwalt.

PAOLA MATURI: In der Nacht vom 4. auf den 5. Februar kamen Männer mit Kapuzen in meine Sicherheitszelle und zwangen mich aufzustehen. Ich hatte sie nicht gehört. Sie fesselten mir die Hände auf dem Rücken und verbanden mir die Augen mit einem getränkten Tuch. Wenn ich mich wehrte, schlugen sie mich und rissen mich an den Haaren. Ich hatte nur einen Pullover an und eine Pyjamahose. Sie setzten mir eine Kapuze auf und brachten mich in einen Kleinbus, der mit mir wegfuhr. Es waren zwei oder drei Männer dabei, und einer teilte mir mit, daß ich entführt sei, daß ich mich in einer illegalen Lage befände. Sie zogen mir den Pullover aus und stießen mich wie einen Ball zwischen sich hin und her. Meine Augen brannten unerträglich, und ich dachte, sie fahren mich irgendwohin und bringen mich einfach um. Dann hielt mich einer fest, und sie fingen an, mir die Brüste zu betatschen und mir die Brustwarzen langzuziehen. Dabei beschimpften sie mich, ich sei ein Stück Scheiße, eine Terroristin, eine Hure, die nur gefickt werden wolle. Sie brachten mich in eine Wohnung mit vielen Männern nach der Anzahl der Stimmen und zogen mir dort auch die Pyjamahose aus, so daß ich nackt mit verbundenen Augen vor ihnen stand, die Hände auf dem Rücken gefesselt. Die Augen schmerzten, daß ich sie mir hätte ausreißen mögen, und sie begannen mit ihren Fragen. Wenn ich nicht antwortete, schlugen sie mir mit der Faust in den Unterleib oder mit den Füßen. Ich flog an die Wand, und es kam die nächste Frage, der nächste Fußtritt, Fußtritte überallhin und neue Fragen. Was mich fast wahnsinnig gemacht hat, war irgendwas Heißes, das sie mir in die Vagina eingeführt haben und in den Anus, oder injiziert, es waren Stiche und Stromschläge, die Wirbelsäule entlang ins Hirn, und dabei zogen sie an meinen schon blutenden Brustwarzen. Sie nannten mich eine Sympathisantenhure und fragten, von wem ich mich ficken lasse und wie, und daß sie mich jetzt arschficken würden, obwohl sich ihr Schwanz davor ekle, es mir zu machen. Sie zwangen mich, etwas zu rauchen, was ich nicht gekannt habe, ein ganz fremder Geschmack, und mir war alles egal. Ich habe ihnen ein Protokoll unterschrieben über alles, was ich gesagt hätte, und ich habe das vielleicht auch gesagt. Ich hätte einfach alles unterschrieben, und sie haben mich dann ins Polizeipräsidium zurückgebracht.

Am nächsten Morgen verlangte ich den Beamten der Politischen Polizei zu sprechen, der mich verhaftet hatte, aber der meinte, da hätte mir meine Phantasie wohl einen Streich gespielt, was ich erzählte, sei meine Horror-Phantasie. Da habe ich ihn ein dreckiges Digoschwein genannt, das ich gerne in die Beine schießen würde, und er hat das aufgeschrieben. Ich habe aber nichts unterschrieben.

b

Ein Polizist berichtet aus Venetien.

POLIZIST: Ich bin gegen jede Art von Gewalt. Weil Gewalt bei Verhören überhaupt nichts bringt. Nicht wenn es sich um intelligente Personen handelt, und wir haben es bei diesem Täterkreis der Rotbrigadisten überwiegend mit intelligenten Fanatikern zu tun.

Wenn ich die Protokolle von Leuten zu lesen kriege, die mit Schlägen traktiert wurden, Anoden, Spritzen, benzingetränkten Augenbinden etc. etc., dann weiß ich, daß die Protokolle wertlos sind und daß es sich bei den Kollegen um Dummköpfe handelt. Die Leute werden die Aussagen widerrufen, und in den Zeitungen wird von Folter geschwafelt. Man sollte die Beamten rausschmeißen oder ausbilden, wenn sie genug graue Zellen haben. Die einzig effektiven Methoden im Verhör sind die psychologischen, ich helfe vielleicht ein bißchen nach, wenn ich unter Zeitdruck verhöre, zum Beispiel mit Getränken, mit leichtem Salzwasser, das keine Zeichen hinterläßt. Wenn der Verhörte starken Durst hat, lasse ich ihm meine Thermosflasche mit Wasser auf dem Tisch und gehe einen Kaffee trinken. Wenn ich zurückkomme, hat er das Salzwasser von ganz allein ausgetrunken, und er will immer mehr. Es kommt ihm vorne und hinten raus, er kann nicht aufhören zu trinken. Jetzt bringst du ihm frisches Wasser oder einen Kaffee. Der Verhörte muß ein Gefühl der Minderwertigkeit durchleben, er muß spüren, daß er nicht durchkommen wird, daß es keinen Ausweg gibt, daß du schon alles weißt und daß er von dir abhängig ist, daß ihr Partner seid, ein Duo, nur du überhaupt verstehst ihn, respektierst ihn. Das geht natürlich nicht gleich, du mußt ihn stundenlang wach halten, ich habe in den heißen Tagen in Venetien 28 Stunden im Rahmen der Dozier-Entführung mit einem eisenharten Burschen nur geredet, und wie ich mich von einem Kollegen ablösen lasse, weil ich nicht mehr konnte, hat er auf den Tisch gekotzt und immer noch nicht kooperiert. Ich habe nichts anderes gemacht, als ihm den Kopf immer wieder aufgehoben, wenn er einschlafen wollte, und Mitleid gezeigt, das ich tatsächlich auch hatte, und daß er nicht durchkommt, auch wenn es einen Monat dauert, und daß du ohnehin alles weißt. Es hat bei ihm zweieinhalb Tage gedauert, da sind ihm die Arme runtergefallen und es bildete sich unser Kontakt. Ich wurde sein Rettungsanker, seine Vertrauensperson, der er etwas fast Privates anvertraute, der ihn versteht und von dem er sich Diskretion erwarten darf. Natürlich muß man dabei einige Regeln beachten, einige Techniken kennen, und du mußt ihm ein Alibi geben, um vor sich selbst zu bestehen und auch vor seinen Ideen.

Es gibt in ganz Italien nur ungefähr zweihundert Fachleute, die ein psychologisches Verhör wirklich führen können. Deshalb wird soviel Mist gebaut.

c

Aussage Irmgard Möllers vor dem Untersuchungsausschuß des Landes Baden-Württemberg.

IRMGARD MÖLLER: In der Nacht zum Dienstag, 18. Oktober, habe ich mich ziemlich früh schlafen gelegt, angezogen, was heißt schlafen, eben hingelegt, es war ein Dämmern. Am Nachmittag war ein Mann aus dem Kanzleramt gekommen und hat Andreas gefragt, ob er die Leute vom Kommando in der «Landshut» kenne und ob ein Kennwort vereinbart sei. Andreas hat das verneint. Es war der Zusammenhang wohl, damit die GSG 9-Sache klarging. Wir wurden allezeit von Leuten des Bundeskriminalamtes besucht, auch von Anstaltsgeistlichen, die immer zu zweit kamen, was ich aber abgelehnt habe. Was wir wußten, wußten wir von der Staatsschutzseite selber. Wir riefen uns zu, was wir wußten, indem wir uns nachts an die Türspalte unter der Abdeckung legten oder übertags, wenn die Abdeckung nicht da war und die Beamten im Flur jedes Wort natürlich hören konnten. Wir wußten nicht viel und nichts Genaues über den Stand der Flugzeugentführung, hatten aber die Fragebogen abgegeben, in welches Land wir ausgeflogen werden wollten. Versprechungen einerseits und Hoffnungen, und andererseits Angst, weil wir mit der Möglichkeit rechneten, umgebracht zu werden. Wir hatten die Erfahrung mit Ulrike.
Es war eine Art Halbschlaf, keiner von uns kam ohne Beruhigungsmittel aus, und wir fürchteten auch, daß uns auch sonst noch Mittel ins Essen oder ins Trinkwasser gegeben wurden. Die Pfarrer haben ja über unseren psychischen Zustand be-

richtet, und tatsächlich tickte keiner von uns alles mehr so ganz richtig in jeder Situation dieser langen Kontaktsperrezeit. Da hörte man schon mal auch die eigenen Stimmen in seinem Kopf. Ich wunderte mich, daß die das Neonlicht in der Zelle nicht wie sonst ausmachten, und machte es selber aus. Wie Sie wissen, war auch die optische Überwachungsanlage auf dem Umschlußflur vor den Zellen ausgefallen und die akustische auch, wie ich in der Nacht aufwachte, habe ich mir eine Kerze angezündet und versucht, etwas zu lesen, so bis gegen halb fünf, fünf Uhr hat die Kerze gebrannt. Ich hörte eine Toilettenspülung ein paarmal gehen, als ob jemand was wegspülen wolle. Es war auch ein unbestimmtes Geräusch auf dem Flur, bildete ich mir ein. Ich legte mich an die Türspalte und rief: «Jan, bist du noch wach?» Ich rief zwei- oder dreimal, bis Raspe antwortete. Ich fragte: «Was machst du?» Er antwortete: «Ich lese noch.» Jan war die Zelle gegenüber, seit wir das letzte Mal verlegt worden waren, ich hatte 725, neben der Glaskanzel, die nachts aber nicht besetzt war, Jan neben der Nottreppe nach außen, aber auch nach innen natürlich. Ich legte mich wieder hin und deckte mich zu. Ich war müde, wollte aber auch die Anstaltsnachrichten nicht verpassen, die um sieben kamen. In einer Art Halbschlaf habe ich eine Zeit gedämmert. Es kann nicht lange nach fünf gewesen sein, da hörte ich leise zwei gedämpfte Knallgeräusche und ein leises Quietschen. Ich habe den Kopf gehoben, bin aber sogleich wieder eingeschlafen. Ich bin den Geräuschen nicht nachgegangen, dachte an Türschlagen, ich meine aber heute, das waren Pistolenschüsse. Das letzte, woran ich mich erinnere, bewußt von mir wahrgenommen, war ein starkes Rauschen im Kopf, ein Gefühl von starkem Rauschen im Innern meines Kopfes. Ich weiß nicht, was das war, und ich habe auch nichts gesehen, auch keinen Schmerz empfunden. Ich wachte wieder auf, als mir die Lider hochgezogen wurden. Ich lag auf einer Bahre, habe wahnsinnig gefroren und war voll Blut. Es war im Umschlußflur vor den Zellen, glaube ich, unter den Neonlichtern des Trakts. Ein Mann sagte: Baader und Ensslin sind schon kalt. Ich machte die Augen wieder zu

und war wieder weg. Ich habe mir die vier Stichwunden in die linke Brust und in den Herzbeutel nicht selber beigebracht, und es hat zwischen uns zu keiner Zeit eine Abrede zum gemeinsamen Selbstmord gegeben. Vielleicht hätte ich mir dazu auch nicht die runde Messerklinge des Eßbestecks ausgesucht, ich hatte Rasierklingen in der Zelle und eine große spitze Papierschere. Ich habe gehört, man sieht darin «einen sehr kühl eingesetzten Baustein in die Mordtheorie». Also, ich habe keine Ahnung, wer mir die Stiche beigebracht hat, ich weiß nicht, warum ich ein schwarzes T-Shirt statt meines Nicki-Pullovers am Morgen anhatte, warum meine Zelle verwüstet war, warum man zwei Stunden brauchte, um einen Hubschrauber zu finden, der mich auf die Intensivstation der Uniklinik in Tübingen brachte, und warum man mich fünf Tage später in die Psychiatrie des Haftkrankenhauses Hohenasperg verlegte.
Nach dieser Nacht, ich glaube, war dieses Land ein anderes.

18. Szene

Ein fensterloser Raum, der zum Vorführen von Filmen hergerichtet worden ist. Der Raum ist nur schwach beleuchtet. Es sitzen rechts und links ein paar verstreute Leute mit dem Rücken zum Publikum. Der Filmvorführer macht einen kurzen Probelauf, um die Filmteile scharf einzustellen, den Ton zu regulieren etc. Gefängnisdirektor Ofer kommt mit Eichmann und Chass. Eichmann, leger angezogen, Pullover, sackige Hose, karierte Hausschuhe, ist an eine Wache gekettet, die Wache ist an eine zweite Wache gekettet. Ofer, Chass, Eichmann und die Wachen setzen sich in die erste Reihe vor die Filmleinwand, mit dem Rücken zum Publikum.
An der Tür ebenfalls Wachen.

OFER *zu Eichmann:* Es sind die Filmdokumente, die von der Anklageseite in den Prozeß eingebracht werden. Sie sind Ihrer Verteidigung zur Kenntnis gebracht worden, und Sie sollen nach dem hier gültigen Strafrecht ebenfalls die Gelegenheit haben, die Dokumente zu sehen.

EICHMANN: Jawohl.

OFER: Es sind nicht nur Judensachen, es sind auch Zigeunersachen dabei.

EICHMANN: Zigeunersachen?

CHASS: Was war eigentlich der Grund, daß man auch die ganzen Zigeuner vernichtet hat?

EICHMANN: Der Zigeunerbefehl, wenn ich mich recht – ich kann mich an sich überhaupt nicht entsinnen, das ist eine Sache gewesen, glaub ich – Führer-Reichsführer, es kam plötzlich, plötzlich daher und war befohlen.

CHASS: Was war Ihnen befohlen?

EICHMANN: No, no, nie IV B 4 – Zigeuner hat der Reichsführer selber bestimmt.

CHASS: Was hat er bestimmt und warum?

EICHMANN: Die Richtlinien bei Zigeunern, die waren einfach gewesen, sind von keiner Sparte etwa bei uns volkskundlich, Herkommen, Sitten und Gebräuche irgendwie behandelt worden. Es waren ja nicht allzuviel Zigeuner gewesen im Reichsgebiet.

CHASS: Gab es nicht zwischen 700000 und einer Million Zigeuner?

EICHMANN: Zigeuner?

CHASS: In Polen, Rußland, Ungarn, Rumänien –

EICHMANN: Das weiß ich nicht, Herr Hauptmann, es hat bei IV B 4 niemanden gegeben, der sich mit Zigeunern befaßt hat. In Auschwitz, ich glaube, es gab Zigeunerfamilienlager, ich bin da nicht der nötige Fachmann, Herr Hauptmann.

CHASS: Was ist ein Fachmann? – Ich habe vor zwei Tagen in einem Café zwei Juden zugehört, zwei deutschen Juden. «Fachmann – Fach-mann, was ist ein Fachmann?» wird von einem gefragt. «Fachmann? – Das ist der Mann mit der Fach», erklärt ihm der andere.

Ofer lacht, Eichmann schaut verständnislos. Ofer fragt neuhebräisch, ob der Vorführer soweit sei. Der Vorführer antwortet, daß er nur auf ihn warte.

EICHMANN: Bei Zigeunern auch nur wiederum die transporttechnischen Angelegenheiten, weil die Zigeuner, glaub ich, habe ich ja erst viel später bekommen, da waren keine mehr da.

Der Vorführer läßt die Filmzusammenstellung ablaufen.

Filmdokumente über das Warschauer Getto, die Befreiung der in Auschwitz überlebenden Häftlinge, die Essen vom Boden klauben, schwarzen Sirup löffeln, Uhren, Gebisse, Brillen, Rasierpinsel, Puppen in Behältern, Gräber entleeren mit Gasmasken, weibliche Wachmannschaften, die in Gefangenschaft gehen, Kinder, die ihre Arme aufkrempeln, um ihre eintätowierten Nummern zu zeigen, ein liegender Mann, der mit schwacher Bewegung winkt.

Im Warschauer Getto: Jüdische Polizei; ein Nazi, der sich von Juden grüßen läßt; Markt mit armseligen Gütern; jüdischer Polizist treibt Juden aus enger Haustür, zwei Kindern werden Wasserrüben abgegriffen, die sie von draußen reinbringen wollen; Aufladen einer Leiche, zwei Kinder, die Bettellieder singen: «Giete Leite hot rachumes» ...

Auschwitz: Kinderzug zwischen Stacheldrahtgassen aus einer russischen Dokumentation; Galgen-Klappe; Prügelbock.
Aus einer amerikanischen Dokumentation: Frauenlager Mauthausen. SS-Frauen; SS-Bewacher; Aufseherinnen schaffen Leichen weg; Häftlinge tragen Leichen weg. Kriechender Mann, der von einem Brot abbeißt; eine Schubraupe schiebt tote Häftlinge in ein Massengrab.
Aus deutschen Aufnahmen: Nackte jüdische Frauen, die vorbeigewinkt werden; Einsatzkommando Erschießungen; ankommende Juden auf einem Bahnsteig; Offiziersgruppe; Kommandantenvilla; Krankenblock; Leichenmeiler; Mann im Draht.
Die Filmteile finden sich im Staatsarchiv in Jerusalem unter der Nummer T 1382 und im Museum Yad Vashem, Jerusalem.
Der Zusammenschnitt für die Szene soll etwa acht Minuten lang sein. Eichmann gibt bei dem Schubraupenbild Zeichen, den Film zu unterbrechen.

EICHMANN *springt auf*: Stopp! Halt! Anhalten, wenn ich bitten darf! Stopp! Stopp!
Ein Mann ist von hinten nach vorn geeilt, um die Szene zu fotografieren.
OFER: Was ist? Sind das die Bilder? Was haben Sie, Herr Eichmann?
EICHMANN: Ich muß, zu meinem Bedauern muß ich feststellen, daß ich nicht informiert wurde, daß bei dieser Filmvorführung auch justizfremde Personen anwesend sein dürfen. Ich wäre in diesem Fall nicht in Filzpantoffeln und dieser Sackhose gekommen! – Was gehen mich all diese grauenhaften Bilder an? Was habe ich damit zu tun?
CHASS *schreit*: Sie haben damit zu tun! Sie haben die umgebracht! Kain! Kain! Kain! Kain, wo ist dein Bruder Abel! Ungeheuer! Unhold! Judenmörder!
In einem Blitzlichtgewitter steht Eichmann ratlos mit zuckendem Gesicht.

Zweiter Teil

Das Strafgefängnis Ramleh liegt 60 Kilometer von Jerusalem entfernt im Judäischen Gebirge.
Die Abteilung mit der Todeszelle ist innerhalb des Gefängnisses für Eichmann errichtet worden.
In einer Betonmauer befindet sich eine Eisentür mit einem Sehschlitz. Die Tür kann nur von außen geöffnet werden. Der Beamte hinter der Tür reicht den Schlüssel durch den Sehschlitz, nachdem er den Besucher inspiziert hat. Hinter der Tür ist ein schmaler, oben offener Innenhof, durch den man zu einer zweiten Eisentür kommt. Diese Tür läßt sich nur von innen aufschließen. Den Schlüssel verwahrt der Beamte draußen. Er überreicht ihn dem inneren Türwächter nach dessen erneuter Inspektion des Besuchers. Ein in sich abgeschlossenes Treppenhaus, das keinen Zugang von anderen Gebäudeteilen hat, führt über eine Eisentreppe bis zum dritten Stock. Der Besucher wird von einem Beamten begleitet, der den Schlüssel für die Tür zum dritten Stock hat. Er reicht den Schlüssel nach erneuter Inspektion durch die Türklappe dem inneren Wächter, und der öffnet die Eisentür. Um in die Besucherzelle des Trakts zu gelangen, müssen zwei weitere Türen aus Eisenstäben aufgeschlossen werden. Eine Gittertür versperrt schließlich die innere Zelle des Gefangenen.
Die Abteilung hat vier Räume: eine Küche, wo das Essen für alle zubereitet wurde, ein Büro für den Direktor, das auch als Aufenthaltsraum für die Gefängnisbeamten diente, einen Besucherraum und die Todeszelle.
Keiner der Beamten in der Abteilung hatte eine Waffe, und sie konnten nur heraus, wenn ihnen von draußen die jeweiligen Schlüssel durch die Türklappen gegeben wurden.

1. SZENE

Todeszelle.
Eichmann im grellroten Anzug der zum Tode Verurteilten und gefesselt, diktiert einen Brief an seine Frau Vera.

EICHMANN: Liebe Vera!
Es ist soweit. Das Urteil ist gesprochen, wenn auch noch nicht rechtskräftig. Urteil vielleicht in Gänsefüßchen, verehrtes Fräulein Grude. Die Erwartung meiner Verteidigung auf «Wiederherstellung des Rechts» ist tief enttäuscht worden. Sie sagen Recht und meinen Rache! Sie machen sich nicht die Mühe, die wahren Schuldigen zu suchen, sondern üben kleinliche Rache an den ihnen ausgelieferten gehorsamen Opfern. Diese werden entweder von ihren Regierungen gehängt, wenn sie nicht gehorchen, oder sie werden danach von den andern gehängt, wenn sie gehorcht haben. Hier und überall, gestern und heute. Ich will mich nun heute nicht kleiner machen und mit diesem Urteilsspruch ins Gericht gehen, denn ich selbst bewege mich längst außerhalb der Empfindungen von Hoffnung und Erwartung und will von nun an schweigend hinnehmen, was ich doch nicht ändern kann. Was an mir lag und von mir erwartet werden konnte, habe ich vollbracht. Niemand in meinem Volke und in der Welt, nicht einmal im jüdischen Volk, wird mir ernstlich den Vorwurf machen wollen, daß ich in diesen neunzehn Monaten, genau neunzehn Monaten und drei Tagen, insgesamt also genau 583 Nächten und 582 Tagen, in denen ich allein auf mich gestellt die letzte Schlacht des Zweiten Weltkrieges schlagen mußte, versagt hätte. Ohne Befehl, ohne Vorgesetzten, allein dem Gesetz in mir Gehorsam leistend, habe ich an vorderster Front gekämpft, und kämpfend bis zuletzt werde ich also als letzter sterben.
Im Angesicht der Weltöffentlichkeit, vor den Fernsehkameras der ganzen Welt, habe ich in diesen neunzehn Monaten gesprochen und geschrieben wie vor mir niemand und sicher kein Angeklagter. Ich habe ungeschminkt die Wahrheit ge-

sagt, wie ich das im Mai 1960 erklärt habe, und meine Ehre öffentlich verteidigt. Die Geschichte mag ihr Urteil sprechen.

Ich bat nur um ein kurzes Schlußwort: «Ich bin nicht der Unmensch, zu dem man mich macht. Ich bin das Opfer eines Fehlschlusses. Meine Schuld war mein Gehorsam. Ich bin der tiefen Überzeugung, daß ich hier für andere herhalten muß und der Prozeß für anderes.» Den Rest der mir zum Leben verbleibenden Tage bleibe ich in meinen Gedanken allein mit Dir, meiner geliebten Frau, meinen Kindern und Enkelkindern. Die Zwiesprache, die ich mit Euch halte, soll mein Vermächtnis sein. Verehrtes Fräulein Grude, ich bitte, das bisher Diktierte als einen Entwurf zu behandeln, den ich vielleicht als eine Erklärung auch in das Buch nehme, das ich noch schreiben möchte, wenn es mir von meinem Schicksal vergönnt ist. Es soll das Schlußwort von Dr. Servatius jedenfalls dem Brief beigelegt werden, weil es einen ausgezeichneten Querschnitt zum Verständnis meiner Lage gibt. Liebe Vera, lieber Dieter, lieber Helmut, lieber Horst, was immer in diesen Tagen in der beherrschten Weltmeinung über mich geschrieben wird, ich versichere Euch –

Der Gefängnisdirektor Ofer kommt, Eichmann steht auf.

OFER: Sie arbeiten noch, Herr Eichmann?

EICHMANN: Ich schreibe den monatlichen Brief an meine Frau.

OFER: Der Arzt ist ein bißchen besorgt wegen der großen Belastung und hat Ihnen Beruhigungsmittel verschrieben.

EICHMANN: Ich brauche kein Beruhigungsmittel, ich bin ganz ruhig und auf alles vorbereitet.

Er breitet die Arme aus, um die Fesselung vorzuführen.

OFER: Ich bedaure, daß es mir bisher nicht gelungen ist, die Anordnung aufzuheben. Wenigstens in der Zelle.

EICHMANN: «Höflich bis zur letzten Galgensprosse» ist eine deutsche Redensart. Mein Anwalt hat mir erzählt, er hat das in einer Regierungsverlautbarung gelesen, daß mein Glaskäfig so konstruiert war, daß die Leute im Saal, daß niemand die gleiche Luft mit mir atmen mußte, ich hatte eine eigene Luftzufuhr!

OFER: Ich finde das so lächerlich wie Sie. Es war nicht meine Verantwortung.

EICHMANN: Sehen Sie! Sehen Sie! *Er meint, wie die Ermordung der Juden nicht von ihm zu verantworten gewesen sei.*

OFER: Das steht in keinem Verhältnis zueinander.

EICHMANN: Wer beurteilt das? Ich stelle mir heute Fragen, die ich mir früher nicht gestellt habe. Ich lese Bücher, die ich früher nicht gelesen habe.

OFER *neuhebräisch zu einer Wache*: Nimm ihm die Fesseln ab. *Die Wache tut das.*

EICHMANN: Ich fühle mich sehr wohl. Ich führe eine Arbeit zu Ende, die ich selbst gewollt habe. Die Zeit vergeht hier ungeheuer schnell. Ein falsches, falsches Spiel geht jetzt für keinen auf.

OFER: Ich will Sie etwas fragen, als einen Experten.

EICHMANN: Bitte.

OFER: Was hätten die Juden tun sollen? Wie hätten sie sich nach Ihrer Meinung wehren können?

EICHMANN: Verschwinden, verschwinden. Unsere empfindliche Stelle war, daß sie verschwinden, ehe sie erfaßt und konzentriert waren. Unsere Kommandos waren zahlenmäßig so schwach, und selbst wenn uns die Polizei des jeweiligen Landes mit allen Kräften half, hatten sie eine Chance von wenigstens fünfzig zu fünfzig. Massenhaftes Flüchten wäre für uns eine Katastrophe gewesen.

OFER: Und warum sind sie nicht verschwunden?

EICHMANN: Hoffnung und Selbstbetrug, die Engel der Verfolgten. Ich habe das in fünfzehn Jahren an mir selbst erfahren.

OFER: Es hat sich der kanadische Pfarrer neu gemeldet, der Sie unbedingt mit seiner Frau besuchen will. Das Justizministerium hat dem Besuch zugestimmt, wenn Sie das wollen.

EICHMANN: Dr. Servatius hat mir zugeraten. Ich möchte hören, was sie mir zu sagen haben.

OFER: Gut dann, gut. Wenn Sie noch Wünsche haben?

EICHMANN: Ich möchte abends eine Stunde länger arbeiten dürfen und bitte, mir die Bücher schnell zukommen zu lassen, um die ich Dr. Servatius gebeten habe. Meine Zigarettenration bitte ich, wenn möglich, auf zwölf zu erhöhen und vielleicht ein oder zwei Glas Rotwein am Abend. Es ist kurz vor acht, und ich möchte gerne – *er meint: «allein sein».*

OFER: Ich veranlasse das, ich wünsche eine gute Nacht.

Ofer verläßt die Zelle, Eichmann steht auf. Danach setzt er sich auf sein Bett und macht eine Versenkungsübung, die ihn in gedanklichen und emotionalen Kontakt zu seiner Frau Vera bringen soll, wie er das mit ihr zwischen sieben und acht Uhr brieflich vereinbart hat. Schließlich geht er sehr gesammelt an seinen Tisch zurück, hört den letzten Satz des Diktats und setzt fort.

EICHMANN: – versichere Euch bei der ewigen Ruhe meiner und Deiner toten Eltern, liebe Vera, bei der ewigen Ruhe meines gefallenen Bruders Helmut und Deinen gefallenen Brüdern, daß ich

a) nie getötet,

b) nie einen Befehl zum Töten gegeben habe.

Liebe Vera, es ist die Stunde zwischen 19 und 20 Uhr israelischer Zeit, wo wir uns wie jeden Tag mit unseren telepathischen Kräften geistig vereinigen wollen. An unserer Liebe und Zuneigung hat sich in dreißig Jahren nichts geändert. Wir beide sind ein einziger Teil des kosmischen Ganzen. Mein Geist ist frei und nicht zu zwingen. Er ist bei Dir und unseren vier Söhnen, die Garanten unserer nie sich verlierenden Liebe sind. Wir werden geboren, um zu lieben und zu sterben. Es ist unser vom Werden des Seins gewolltes Schicksal. Ich bin ganz ruhig und beschäftige mich mit den Hintergründen des menschlichen Daseins. Es fiel mir der Text des Lieblingslieds von meinem Vater hier wieder ein, an das ich lange nicht gedacht hatte: Was Gott tut, das ist wohlgetan / was er nun auch verfüget, / ich bin darob vergnüget, / Gott wird mich nicht verlassen. Es hat sich hier ein kanadischer Pfarrer von der Christian Science um Besuche bei mir bemüht, und ich habe freudig zugestimmt, denn man muß auch mal mit jemandem sprechen. Ich hoffe, daß Dich das ebenfalls beruhigt.

Ich hätte ja durch anderes auch zu Tode kommen können, durch Autofahren, Reiten oder andere Alltäglichkeiten, so mußt Du es sehen. Keine Tränen und keine Verzweiflung, sondern Mut und Trotz.

Segne unseren neuen Enkel Marcelito von mir und segne unsere argentinischen Schwiegertöchter. Es ist mir eine große Freude, daß meine zweite Mutter Hasi noch segnen konnte.

Ich habe Dir, mein lieber Hasi, etwas für Deine Männchensammlung geschnitzt, es soll Dich erfreuen und schützen. Du brauchst Dich aber wirklich nicht zu ängstigen, denn es raubt Dich kein Mensch.

Ich bin am Heiligen Abend, wiederum 19 bis 20 Uhr israelischer Zeit, ein stiller Lauscher bei Eurer Bescherung und habe meinem Christkind auch schon einen Überraschungsauftrag für meinen herzlich geliebten Hasi-Ricardo gegeben.

Die Mami spielt Euch vielleicht dazu etwas Österreichisches vor, was wir im ersten gemeinsam besuchten Konzert vor dreißig Jahren gehört haben.

Zieht nie auseinander und haltet wie Pech und Schwefel zusammen. Das ist mein Wunsch und Trotz. Denkt an die Kraft der chinesischen Familie, von der dieserhalb viel zu lernen ist.

Am 20. jeden Monats werde ich einen Brief an Dich schreiben, so lange das noch geht, das heißt die Berufung anhängig ist. Vorsorglich gratuliere ich Horst zum Geburtstag im Januar, Klaus im März und Dir, liebe Vera, zum 9. April, weil ich nicht weiß, ob ich Euch noch schreiben kann.

Noch einige Punkte, liebe Vera, die ich zu beherzigen bitte: Ricardo soll in die katholische Schule gehen, aber nicht Priester werden, sondern Ingenieur oder etwas Ähnliches.

Dieter soll schnellstmöglich das Eisengitter um den Pozo (Brunnen) im Garten durch ein starkes Bronzegitter ersetzen, denn Bronze rostet nicht. Es könnte sonst ein spielen-

des Kind dort einbrechen, und das belastet mich. Schnellstmöglich.
Ich habe ein Testament verfaßt, das Dir Dr. Servatius übermitteln wird. Meine Leiche soll in Österreich verbrannt werden, ein Siebtel der Asche kommt auf das Grab meiner Eltern, sechs Siebtel sollen Dir ausgehändigt werden. Die Ahnentafel, Dokument 21, geht an Dich, auch der literarische Nachlaß, soweit er nicht der vereinbarten Honorierung der Verteidigung noch zu dienen hat.
Wenn Du willst, kannst Du Dir die kleinen Ölbildchen, die ich hier gemalt habe, einrahmen lassen und aufhängen.
Was Du mir allezeit warst und sein wirst, ich war sehr stolz auf Dich. Ich umarme Dich und jeden einzelnen unserer Söhne, Schwiegertöchter und Enkelkinder herzinniglich
Euer Papa.

14. Dezember 61

2. SZENE

Der Besucherraum ist eine Zelle, etwa 2 mal 3,5 Meter groß. Der Raum ist durch eine Mauer von der eigentlichen Todeszelle abgeteilt worden. Eine Gittertür führt hinten links in Eichmanns Zelle. Der kleine Raum ist in der Mitte durch eine Querwand unterteilt, deren unterer Teil etwa meterhoch aus Holz und deren oberer Teil aus kugelsicherem Glas besteht. Die Trennwand hat auf beiden Seiten ein schmales Holzbord und einen Klapptisch mit Mikrofon und Kopfhörern. Eine verschlossene Tür in der Trennwand stellt die Verbindung zwischen den beiden Teilen des Raumes her. Im hinteren Teil der Kammer ein vergittertes Fenster, das auf den ehemaligen Balkon führt. Dort steht ein Wächter, der in den Raum schaut.

Der Gefängnisdirektor Ofer führt den kanadischen Pfarrer Hull und dessen Frau in den Besucherteil des Raumes, eine Wache bleibt in der Nähe der Tür. Eine andere Wache bringt Kaffee.

HULL: Da Jesus Christus für alle Menschen gestorben ist, ist er auch für Adolf Eichmann gestorben. Wir wollen ihn zu Jesus Christus führen.

OFER: Wir haben den Sonntag und den Mittwoch zehn Uhr dafür reserviert.

FRAU HULL: Um zu seinem Herzen vorzudringen, möchten wir gern ohne Trennwand und ohne Mikrofone mit ihm sprechen.

OFER: Das ist nicht möglich.

FRAU HULL: Wir haben eine deutsche Bibel mitgebracht, die wir ihm hierlassen möchten.

OFER: Der Sicherheitsdienst wird die untersuchen.

Er gibt die Bibel einem Beamten.

neuhebräisch – Ich bitte den Gefangenen vorzuführen. – *deutsch* – Es ist Mittwoch, der 20. April 1962, 10 Uhr 10 vormittags.

HULL: Werden die Gespräche aufgenommen?

OFER: Nein.

Eichmann wird von zwei Wachen gebracht. Er trägt den grellroten Anzug. Im Kreuzzug an Armen und Beinen gefesselt, kann er nur in kleinen Schritten gehen. Die Fesseln werden ihm auf die neuhebräische Anweisung des Direktors abgenommen. Eichmanns Gesicht ist sehr bleich, er wirkt erschöpft, er bemüht sich um Haltung, er kann seine facialen Gesichtszuckungen im Anfang des Gesprächs kaum unterdrücken. Er bleibt in militärischer Haltung stehen, bis er zu seinem Stuhl gebracht wird. Er setzt sich die Kopfhörer auf, wie er sieht, daß sich Hull und seine Frau die Kopfhörer aufsetzen. In dem kleinen Raum sind jetzt außer Eichmann, Hull, Frau Hull und dem Gefängnisdirektor fünf Wachen.

HULL: Guten Tag.

EICHMANN: Guten Tag.

Pause.

HULL: Wir kommen, um Ihnen zu helfen.

Pause.

EICHMANN: Würden Sie mir sagen, wer Sie sind und welcher Konfession Sie angehören?

HULL: Mein Name ist William Lovel Hull, ich stamme wie meine Frau aus Kanada. Ich bin Protestant, das ist, soviel ich weiß, auch der Glaube Ihres Elternhauses, er beruht auf der Bibel.

EICHMANN: Ich kenne Gott, ich habe die Verbindung zu ihm nie verloren.

HULL: Wir haben Ihnen eine deutsche Bibel mitgebracht, die im Augenblick noch untersucht wird, so bitte ich meine Frau, die Stellen zu lesen, die wir vorbereitet haben. Zunächst über den Unterschied zwischen dem Gericht Gottes und dem der Menschen, Lukas 12, 4–5.

FRAU HULL *liest:* «Ich sage euch aber, meinen Freunden: Fürchtet euch nicht vor denen, die den Leib töten und danach nichts mehr tun können. Ich will euch aber zeigen, vor welchem ihr euch fürchten sollt: Fürchtet euch vor dem, der, nachdem er getötet hat, auch Macht hat, zu werfen in die Hölle. Ja, ich sage euch, vor dem fürchtet euch.» Amen.

HULL: Beachten Sie bitte, es gibt zwei Gerichte, ein mensch-

liches und ein göttliches. Fürchten soll man sich vor dem Gericht Gottes, das Sie noch zu erwarten haben.
EICHMANN: Das Gericht Gottes ist hier in meiner Brust.
FRAU HULL: Nein! – *sie zitiert* – «Denn Gott wird alle Werke vor Gericht bringen, alles, was verborgen ist, es sei gut oder böse.» Amen, Prediger Salomo 12, 14.
EICHMANN: Ist das im Alten Testament, gnädige Frau?
FRAU HULL: Ja.
EICHMANN: Altes Testament, das lese ich nicht; das sind jüdische Erzählungen und jüdische Denkart. Auge um Auge, Zahn um Zahn.
OFER: Die Bibel steht jetzt zur Verfügung.
Er schließt die Tür in der Trennwand auf und bringt sie Eichmann.
HULL: Die Bibel läßt sich nicht teilen. Für den Christen sind das Alte und das Neue Testament das eine Buch. Beide sind von Juden geschrieben, und auch die christliche Gemeinde bestand im Anfang nur aus Juden. Schlagen Sie bitte Seite 269 im Neuen Testament auf, Hebräer 9, 27. «Und wie den Menschen gesetzt ist, einmal zu sterben, danach aber das Gericht.»
FRAU HULL: Amen.
HULL: Alle werden gerichtet, Gute wie Böse. Auch ich, auch Sie, jeder wird gerichtet werden.
Eichmann lächelt auf eine überhebliche Weise und nimmt für einen Moment die Kopfhörer ab.
FRAU HULL: «Ach daß die Gottlosen müßten zur Hölle gekehrt werden, alle Heiden, die Gottes vergessen! Gott wird sie in der Hölle strafen.»
EICHMANN: An die Hölle glaube ich nicht. Es gibt keine Hölle.
HULL: Die Bibel sagt, daß es eine Hölle gibt, und sie beschreibt sie. Lesen Sie Judas 13, Seite 278 Neues Testament.
OFER, *zu Hull:* Er kann mit dieser Brille nicht gut lesen.
Zu Eichmann über das Mikrofon:
Wollen Sie Ihre Lesebrille haben?
EICHMANN: Nein, ich sehe genug.

OFER: Ich bringe sie Ihnen.
Er geht zu Eichmanns Tür und reicht ihm die Lesebrille.
HULL *zu seiner Frau*: Lies es ihm vor.
FRAU HULL *zu ihrem Mann:* Nein, nein, das kann ich ihm nicht sagen.
HULL *zu Frau Hull*: Er muß das wissen.
FRAU HULL: «Wilde Wellen des Meeres, die ihre eigene Schande ausschäumen, irre Sterne, welchen behalten ist das Dunkel der Finsternis in Ewigkeit.»
EICHMANN: Das sind Kindergeschichten. Um Kinder zu erschrecken, Menschen in Angst zu halten. Ich habe Gott auf meine eigene Weise gefunden, durch die Natur, da bin ich aus der Kirche ausgetreten.
HULL: Wann war das?
EICHMANN: 1937. Ich wurde noch 1935 kirchlich getraut, protestantisch, obwohl das die Partei nicht gerne sah, blieb ich zunächst in der Kirche, bis ich den Widerspruch zur Weltanschauung der Partei selbst empfand, da bin ich ausgetreten.
HULL: Der Grund zum Austritt war der Widerspruch zur Partei?
EICHMANN: No, no. Ich sah, daß die Kirche ihre Kirchenpolitik hatte, wie die Partei ihre Parteipolitik. Ich wollte geistige Wahrheit, ich suchte nach dem Göttlichen.
HULL: Da waren Sie schon im Judenreferat?
EICHMANN: Jawohl. In den natürlichen Dingen des Lebens, Bäumen, Bergen, Himmel und anderen Dingen der Natur kann jedermann Gott finden. Der Mensch ist bedeutungslos, Gott allmächtig. Ich habe in meinem Herzen Frieden.
FRAU HULL: Frieden mit Gott?
EICHMANN: Frieden in Gott. Gott führt mich.
FRAU HULL: Dann hat Sie Gott also auch hierhingeführt, ins Gefängnis nach Ramleh?
EICHMANN: Nicht Gott, sondern der jüdische Geheimdienst! Es ist nicht meine Schuld, daß ich hier bin, und es ist nicht Gottes Schuld! Es ist die Schuld der Staatsführung, und ich bin wie alle andern da hineingeraten. Ich bin kein Dieb, und ich bin kein Mörder! Selbst Jesus Christus würde mich nicht verurteilen! – Wenn ich jetzt um eine Zigarette bitten dürfte!

Der Gefängnisdirektor bringt ihm eine angezündete Zigarette.

FRAU HULL: Aber es hat sich kein überzeugter Christ in die Untaten der Nazis hineinziehen lassen.

EICHMANN: Sie irren da, gnädige Frau. Katholische und protestantische Geistliche haben jeden Sonntag für den Sieg der deutschen Armeen gebetet, und viele von ihnen waren Parteimitglieder.

FRAU HULL: Sie mögen Talare angehabt haben, aber sie waren keine Jünger Christi! Zeigen Sie mir *einen* wahrhaften Christen, der Bestimmungen wie die Nürnberger Gesetze erlassen oder auch nur billigen würde!

EICHMANN: Hans Globke.

FRAU HULL: Wer ist Hans Globke?

EICHMANN: Dr. Hans Globke.

FRAU HULL: Wer ist das?

EICHMANN: Das ist ein Mann, der in 132 Prozeßtagen nicht vom Gericht und nicht von mir erwähnt wurde.

Er macht ein steinernes Gesicht.

HULL: Wir sind nicht hier, um solche Fragen zu erörtern, Herr Eichmann. Wir sind hier, um Ihre Seele zu retten.

EICHMANN: Bei diesen Verhältnissen hier – *er meint die Trennwand und die Mikrophone* – kann das Jahre dauern.

FRAU HULL: Wenn Sie zu ihm beten, dann wird Sie die Kraft Gottes erleuchten.

HULL: Sie können nicht zu Gott kommen außer durch Jesus. Er hat gesagt: «Ich bin der Weg, die Wahrheit und das Leben; niemand kommt zum Vater als durch mich.»

FRAU HULL: Amen.

HULL: Ich möchte, daß Sie Römer 3,10 und 23 lesen ... «Da ist, der gerecht sei, auch nicht einer ... sie sind allzumal Sünder und mangeln des Ruhmes, den sie bei Gott haben sollten.»

EICHMANN: Das glaube ich, das glaube ich auch.

GEFÄNGNISDIREKTOR *zu Hull:* Sie haben noch fünf Minuten.

HULL: Wir sind für heute fertig. – *Zu Eichmann:* Wir lassen Ihnen eine Liste mit Bibelstellen da, damit Sie die durcharbeiten können. *Eichmann schaut die beiden an, ohne zu sprechen.*

3. Szene

Besucherzelle.
Trennwand, Mikrofone, Bewachung.
Eichmann, Servatius und dessen Sekretärin.

EICHMANN: Als Seelsorger, Herr Doktor, wenn schon, da wäre mir ein Jesuit, obwohl katholisch, natürlich lieber gewesen.

SERVATIUS: Na ja, was heißt Seelsorge? Wenn Sie die Sorge nicht haben, ist das eine Abwechslung jedenfalls. Braucht der Mensch. Es hat sich ein Jesuit nicht gemeldet, Herr Eichmann.

EICHMANN: Die Schuld, ich meine die Schuld im äußeren, im juristischen Sinne, zu unterscheiden von einem Schuldempfinden vor seinem inneren «Ich», ist wohl eine der schwersten Fragen. Letztere liegt nach meinem tieferen Nachdenken in Regionen, welche den Paragraphen einer Rechtsordnung entrückt sind. Hier hat jeder mit selbst zu rechten und zu richten. Die Schuld im juristischen Sinne muß bei der Staatsspitze bleiben.

SERVATIUS: Ich bin Ihrer Meinung, ich möchte aber zuerst besprechen, ob Sie mit meiner Berufungsbegründung einverstanden sind, die Sie bekommen haben.

EICHMANN: Jawohl. Wenn ich heute die Akten lese, Herr Doktor Servatius, die mir seinerzeit nicht vorlagen, dann habe ich festzustellen, daß sich die damalige Reichsregierung zum Teil aus Männern zusammensetzte, die als glatte Verbrecher anzusprechen sind.

SERVATIUS: Sicherlich. Sie selbst handelten ganz klar im Auftrag des Staates, dessen Ordnung verbrecherisch war. Das Verbrechen war legal, die menschliche Handlung illegal. Das steht in meinem Plädoyer, Herr Eichmann.

EICHMANN: Aber auch andere Regierungen jener Zeit hatten ihre Verbrecher. Bei einem meiner Besuche in Auschwitz, da fuhr mich Höss an große, starke Eisenroste, auf denen Leichen aufgeschichtet waren. Ich betete ein Vaterunser, um auf

andere Gedanken zu kommen, aber ich hielt mir auch vor Augen, wie ich in Berlin nach dem Inferno eines Bombenangriffs, wir gossen uns Kübel mit Wasser über die Uniformen, um nicht auf der Straße zu brennen, da sah ich ein altes Ehepaar unter Eisentraversen, die ihnen Bauch und Becken zerquetscht hatten und die baten mich, sie zu erschießen. Aber ich konnte das nicht und sagte zu meinem Feldwebel: «Na, Slawik, dann schieß ihnen mal eine Kugel durch den Kopf, damit sie erlöst werden.» Der brachte das aber auch nicht fertig. – Ich sage das nicht als Rechtfertigung, aber ich stellte damals diese Überlegung an, aus einem nationalen Radikalismus, der uns eingehämmert wurde. Ich möchte das einmal in eine Art von Erklärung fassen, nicht um das Urteil zu beeinflussen, sondern einzig und allein zur Aufklärung für die Jugend. Was halten Sie davon?
Servatius schweigt.
Natürlich schriftsatzgemäß ausgeführt, denn meine Stellung war die gleiche, wie die von Millionen anderer, die zu gehorchen hatten. Der Unterschied war nur der, daß ich einen schwereren Auftrag befehlsgemäß durchzuführen hatte.
Durch mein damaliges Unvermögen, die Dinge so wie heute zu sehen, konnte ich nicht über meinen Schatten springen. Jawohl, ich habe mich vor mir selbst im ethischen Sinne, nicht juristisch, schuldig gemacht als ein Werkzeug in der Hand stärkerer Kräfte und eines unerfindlichen Schicksals. Was meinen Sie?
SERVATIUS: Das kann nicht schaden, meine ich, wenn Sie das gerne wollen.
EICHMANN: Solange das menschliche Zusammenleben noch keiner globalen Lösung entgegengeführt wird, solange bleibt Befehl und Gehorsam die Grundlage jeder staatlichen Ordnung. Zu ihrer höheren Sicherheit bedient sie sich des bindenden Eides. Bei einer guten Staatsführung hat der Befehlsempfänger Glück, bei einer schlechten Unglück. Ich hatte kein Glück.
SERVATIUS: Und sind Sie einverstanden mit der Begründung der Berufung?

Eichmann: Jawohl. Da Sie den Eindruck vermeiden, daß ich in irgendeiner Form zu Kreuze krieche, jawohl.

Servatius: Zum völkerrechtlichen Aspekt haben sich in unserem Sinne die unterschiedlichsten Koryphäen geäußert, auch jüdische, zum Beispiel Nachum Goldmann, der Präsident des jüdischen Weltkongresses, viele, viele Experten, die wenigstens für einen Internationalen Gerichtshof plädieren. Ich habe die Stellungnahmen angefügt.

Eichmann: Sehr gut.

Servatius: Das Gericht wird nicht mehr einfach wie Ben Gurion sagen können: «Die Welt soll wissen: Wir geben unseren Gefangenen nicht her.» Ich habe Israel aufgefordert, die Auslieferung von sich aus anzubieten, um Israel nicht zu schaden.

4. Szene

Die Besucherzelle.
Gefängnisdirektor, Hull, Frau Hull.

OFER: Es geht ihm nicht gut. Der Arzt hat ihn auf Diät gesetzt, Tee und Zitrone. Er wollte Sie aber sehen.
HULL: Wir haben Ihnen geschickt, was wir ihm heute sagen wollten. Ob das heute richtig ist?
OFER: Punkt zwei finde ich etwas heikel – *liest* – «Adolf Eichmann, Sie stehen kurz vor dem Tod. Bei Ihrer Berufung besteht keinerlei Hoffnung für Sie. Sie werden in kurzer Zeit vor Gott stehen.» Mir ist da etwas Endgültiges nicht bekannt.
HULL: Es sollte ihn auf unsere Geständnisentwürfe vorbereiten. Es würde vor der Weltöffentlichkeit einen starken Eindruck machen.
OFER: Er ist sehr vorsichtig.
Es sind dumpfe Geräusche zu hören.
HULL: Was ist das, das Gerumpel?
OFER: Baumaßnahmen für den Fall, die Berufungsentscheidung wäre – *er meint: «negativ».*
FRAU HULL: Schrecklich!
OFER: Sie können ihn natürlich darauf hinweisen, daß sein Ende nach Ihrer Ansicht nahe sei. Es ist Donnerstag, der 10. Mai, 10 Uhr 15. Ihr siebter Besuch.
Eichmann wird in seinem grellroten Anzug hereingeführt, es werden ihm die Fesseln abgenommen, und er bleibt zur Begrüßung in Haltung stehen. Er sieht krank aus, dünn, sehr blaß, lächelt.
EICHMANN: Guten Morgen.
HULL: Guten Morgen.
Sie legen die Kopfhörer an und sitzen sich vor der Trennwand gegenüber. Eine Wache legt die Bibel neben Eichmann.
FRAU HULL: Sind Sie krank gewesen?
EICHMANN: Ja, ich bin erkältet. Das Wetter ist hier im Gebirge unbeständig. Ich hatte viel nachzudenken, und es tun mir die Zähne weh.

Frau Hull: Warum lassen Sie die nicht behandeln?
Eichmann: Ich möchte nicht auch noch die unteren Zähne einbüßen. Ich warte die Berufung ab, ehe ich die Zähne behandeln lasse.
Frau Hull: Wir haben Sie für heute gebeten, die Geschichte vom verlorenen Sohn durchzuarbeiten.
Eichmann: Warum? Weil ich aus der Kirche ausgetreten bin?
Hull: Weil jeder durch Jesus zu Gott zurückkehren kann.
Eichmann: Ich habe Ihnen einen Brief geschrieben, um nicht als Heuchler dazustehn. Ich begründe darin, warum sich Ihre allfällige Erwartung, ich würde nach soundsoviel Besuchen in den Schoß der evangelischen Kirche zurückkehren, nicht erfüllen wird.
Er hält den Brief an die Trennscheibe.
Ich überlasse es Ihrer Entscheidung, ob Sie Ihre Besuche trotz meiner rein naturalistischen Auffassung fortsetzen wollen.
Ofer: Um Zeit zu sparen: wir können den Brief aushändigen, wenn ihn der Sicherheitsdienst kurz geprüft hat.
Eichmann: Jawohl.
Ein Beamter bringt den Brief zur Prüfung.
Hull: Wir werden Sie nicht verlassen.
Frau Hull: Adolf Eichmann, es bleibt Ihnen nur wenig Zeit. Sie werden bald sterben. Sie müssen mit Gott in Ordnung kommen. Sie sind nicht mit ihm im klaren. Sie sind nicht dazu bereit.
Eichmann: Wer sagt, ich wäre nicht bereit?
Hull: Ich sage das.
Eichmann: Wenn Sie sagen, Herr Pfarrer, ich hätte nicht mehr viel Zeit, dann habe ich kein Verlangen, Ihre Ideen in mich aufzunehmen, dann habe ich anderes zu tun.
Hull: Helfen Ihnen Ihre eigenen Ideen? Können Sie sich nicht darin ebenso irren, wie Sie sich im Vertrauen zu Ihrer Partei geirrt haben?
Eichmann: Ich kann mich irren, natürlich, aber ich glaube nicht, daß sich all die Wissenschaftler irren, die dieses Thema erforscht haben. Sie sagen Jesus. Sie entnehmen das

diesem jüdischen Buch hier, aber auch der Koran ist ein heiliges Buch und die Lehren Buddhas.

FRAU HULL: Sie müssen durch diese Tür gehen, und das ist Jesus. Sie können nicht darum herumgehen, dann sind Sie verloren!

EICHMANN: Dann wären zwei Drittel der Welt verloren.

FRAU HULL: Ja! Ja! Zwei Drittel sind verloren! Sie können nicht um das Kreuz herumgehen, der Sie in Sünde sind, dann sind Sie verloren.

EICHMANN: Wenn Sie hier versuchen, mir meine Sünden zu zeigen und was ich getan habe, dann sind diese Zusammenkünfte nicht nach meinem Geschmack. – *Zu Hull:* Ich will Ihre Meinung hören, nicht die von Ihrer Frau! Sie sind der Priester! Ich will wissen, was der Priester zu sagen hat!
Frau Hull beginnt zu beten.

HULL: Wir haben Ihnen schon früher gesagt, daß Sie nicht für Ihre Taten gerichtet werden. Die alleinige Grundlage für das Urteil Gottes ist, ob Sie an Jesus Christus glauben. Damit Ihre Seele frei wird.

EICHMANN: Ich stimme mit Ihnen überein, das Wichtige ist die Seele, nicht der Leib. Die Seele wird frei, wenn der Leib stirbt, wird Teil des Ganzen. Im Kosmos ist alles geordnet. Der Schöpfer und Lenker des Kosmos ist Gott. Gott führt mich. Ich habe nie die Verbindung zu ihm verloren.

HULL: Wenn Sie von Gott geführt wären, würden Sie alles, was Sie getan haben, bereuen und jetzt beichten.

EICHMANN: Ich habe nichts zu beichten, denn ich habe nicht gesündigt. Ich hatte wie jeder Soldat zu gehorchen.

HULL: Empfinden Sie kein Bedauern, wenn Sie an all die Menschen denken, die umgekommen sind?

EICHMANN *erregt:* Ich empfinde kein Bedauern, ich empfinde kein Bedauern! Ich bin vor Gott mit keiner Schuld belastet. Ich habe nichts Unrechtes getan. Mein Bruder ist Rechtsanwalt in Linz. Er schreibt, auf Grund des Beweismaterials ist nur ein einziger Berufungsentscheid möglich, nämlich daß ich freigesprochen würde. Jedes andere Urteil wäre rechtswidrig.

Hull: Leider ist Ihr Bruder nicht Ihr Richter.

Eichmann: Auch mein Anwalt, Dr. Servatius, ist von meiner Unschuld überzeugt. Ich habe über tausend Briefe bekommen, ein Mädchen aus Kanada schreibt, sie wünsche, ich wäre ihr Vater gewesen.

Hull: Beten Sie eigentlich manchmal?

Eichmann: Ja, jeden Tag. Seit meiner Kindheit habe ich nicht aufgehört zu beten.

Hull: Und haben Sie das Gefühl, Antwort zu bekommen?

Eichmann: Ohne Beten hätte ich die beiden letzten Jahre hier nicht überstehen können. Es wäre feige, wenn ich erst hier zu beten angefangen hätte.

Hull: Konnten Sie auch beten, als Sie an den furchtbaren Sachen beteiligt waren, in deren Folge unzählige Menschen umkamen?

Eichmann: Ja, ich konnte es, weil mir, was ich tat, befohlen wurde, und weil ich daran glaubte. Ich hatte einen Eid geschworen, den ich auch unter den schwersten Bedingungen halten mußte. Was hätten Sie getan, wenn Sie an meiner Stelle gewesen wären?

Hull: Vor allem wäre ich nicht in die Nazipartei eingetreten. Und ich hätte meinen Glauben an Jesus Christus nicht aufgegeben.

Eichmann: Wenn ich 1932 gewußt hätte, was ich heute weiß, dann wäre ich auch nicht eingetreten. Es war, daß damals Hitler der Erlöser war für viele aus nationaler Schmach und nationaler Not. Ich war damals 26 Jahre und wurde wie die andern mit hineingezogen.

Hull: Haben Sie nicht auf der Wannsee-Konferenz genau erfahren, was los war? Und konnten Sie da nicht umkehren?

Eichmann: Auf der Wannsee-Konferenz waren zehn Staatssekretäre und SS-Angehörige in Generalsrängen, allein aus dem Reichssicherheitshauptamt vier Leute, die über mir standen. Ich habe das Protokoll verfaßt, als unterer Beamter, der nur «Jawohl» zu sagen hatte. Wäre ich aufgestanden und hätte gesagt «Das ist nicht recht!», dann wäre ich in die Irrenanstalt gesperrt worden, oder man hätte mich an die

Wand gestellt. Beides hätte auf andere keinen Eindruck gemacht.

Hull: Besser, es wäre einer gestorben als sechs Millionen.

Eichmann: Als Idealist war ich meinen damaligen Idealen verpflichtet. Wenn es zu spät ist, sieht man seine Fehler.

Hull: Sie sehen das heute als Fehler?

Eichmann: Natürlich, aber natürlich. Ich bin älter und habe mehr Einsicht. Es herrscht keine Diktatur mehr, und es ist nicht mehr Krieg. Heute, 1962, ist es nicht schwer zu sagen, was man hätte tun sollen.

Hull: Bereuen Sie jetzt, was Sie damals tun mußten?

Eichmann: Ja, das tue ich.

Hull: Würden Sie ein Schriftstück unterschreiben, in dem gesagt wird, daß Ihnen Ihre Taten leid tun?

Eichmann: Das würde man mir als Heuchelei auslegen.

Hull: In den Augen der Welt würde es sehr für Sie sprechen, wenn Sie ein Geständnis unterschreiben würden.

Eichmann: Es wird so aussehen, als wolle ich damit meinen Freispruch erreichen. Heuchler habe ich immer gehaßt.

Hull: Es kann auf das Urteil keinerlei Einfluß mehr haben.

Eichmann: Wenn Sie so einen kurzen Text ausarbeiten, in Deutsch, werde ich den unterschreiben.

5. SZENE

a

Lichtkammern.

Kurze Erklärung des israelischen Verteidigungsministers General Ariel Scharon an seine Mitarbeiter im Juni 1981.
Scharon spricht mit dem Rücken zum Auditorium, zu seinem eigenen Foto hin, das ihn reitend auf einem weißen Schimmel zeigt.

SCHARON: Wovon ich sprechen möchte, es scheint mir eine rein militärische Lösung des PLO-Problems durchaus denkbar und mit ihm eine Lösung des Palästinenser-Problems. Das kann keine Kommandoaktion leisten und kein begrenztes Bombardement, sondern nur ein kurzer neuer Krieg, den wir mit unserer großen Übermacht in kurzer Zeit siegreich beenden können. Es geht um drei Kriegsziele:
1. Die Vernichtung der PLO, die physische Liquidierung ihrer Führer und ihrer Kampfeinheiten und die Abschiebung der Hunderttausenden von Palästinaflüchtlingen nach Syrien.
Die Syrer werden sie mutmaßlich nach Jordanien abschieben. Dort haben sie dann Möglichkeit, den König Hussein zu vertreiben, und sie können in Jordanien endlich ihren Palästinenserstaat gründen.
Zweites Ziel ist die Vertreibung der syrischen Truppen aus dem Libanon samt Waffen und Gerät. Für eine endgültige Lösung ergibt sich das dritte Ziel, eine israelfreundliche Regierung im ganzen Libanon einzusetzen, die Umwandlung des Landes in eine Art von Protektorat Israels zu erreichen, möglichst geführt von Bershir Gemayel, dem Chef der christlichen Falangisten.
Wir müssen die Regierung der Vereinigten Staaten davon

überzeugen, daß dieser Plan in ihrem Interesse liegt, daß kein arabischer Staat eingreifen wird, auch die Sowjetunion nicht, und daß die Weltöffentlichkeit mit Resolutionen und Protesten die neue Lage akzeptieren wird.
Wir können kein neues München hinnehmen, und wir wissen aus unserer historischen Erfahrung, es hilft uns Juden niemand, wenn wir uns nicht selbst helfen.
Die Armee ist zu Lande, zu Wasser und in der Luft auf diesen Überraschungsschlag vorzubereiten. Der Zeitpunkt ist eine politische Entscheidung.

Dunkel.

b

Oriana Fallaci interviewt Ariel Scharon nach dem Auszug der PLO aus Beirut im September 1982.

STIMME VON ORIANA FALLACI *aus dem Dunkel*:
Sie glauben wirklich, General Scharon, Sie hätten das palästinensische Problem mit dem Auszug der PLO aus Beirut gelöst? Kann es nicht sein, daß Sie es vervielfacht und intensiviert haben? Eine haßerfüllte Generation wird aus den Zehntausenden hervorwachsen, die gejagt, von ihren Familien entfernt, in acht verschiedene Länder zerstreut wurden. Arafat hat soeben erklärt, daß der Kampf der PLO weitergeht wie vorher.
Ein Scheinwerfer auf Ariel Scharon, der sich umgedreht hat und in Richtung der Stimme spricht.
SCHARON: Wenn ich er wäre, würde ich das nicht noch einmal versuchen. Ich habe diesen Mördern in Beirut ein Geschenk gemacht: das Geschenk ihres Lebens. Ich habe ihnen eine Chance gegeben zu leben. Sie leben, weil ich entschieden habe, sie leben zu lassen. Diese Chance ist keine Garantie für die Zukunft.

Oriana Fallaci tritt auf.

FALLACI: Und die vier Millionen Palästinenser, die in den Lagern des Libanon, Syriens, des Gaza und Westjordaniens verstreut sind? Sagen Sie mir, General Scharon, was Sie mit diesen neuen Juden des Planeten machen wollen? Verurteilt in genauso einer grausamen Diaspora umherzuirren, wie Sie die durchgemacht haben.

SCHARON: Aber sie haben ein Vaterland: Palästina, das heißt für mich Jordanien, Transjordanien.

FALLACI: Sie sprechen vom Jordanien des König Hussein.

SCHARON: Natürlich. Hören Sie zu, die palästinensische Affäre beschäftigt mich seit zwölf Jahren und, glauben Sie mir, Jordanien, Transjordanien ist eine perfekte Lösung. Ich bin nicht der einzige, der das sagt.

FALLACI: Ich weiß. Die armen Flüchtlinge in den Hütten und Baracken des Libanon, Syriens, des Gaza, des Westufers sollen also ihre Koffer packen und sich nach Transjordanien begeben. Es sind aber vier Millionen, eine Million mehr als die Bevölkerung Israels, und Hussein will sie nicht.

SCHARON: Einige können bleiben, wo sie sind, die andern können nach Transjordanien gehen. Das ist deren Sache.

FALLACI: Ah ja. Und was machen wir mit König Hussein? Bringen wir ihn um? Oder setzen wir ihn in Monte Carlo ein, um dort das Casino zu führen?

SCHARON: Ich interessiere mich nicht für König Hussein. Ich interessiere mich nicht für die persönlichen Fälle. Er kann machen, was er will. Er kann sogar dort bleiben, warum sollen die Palästinenser nicht einen haschemitischen König behalten? Dann brauchen wir keinen neuen zu suchen.

FALLACI: Ah ja. Und was machen wir mit den Beduinen dort? Wohin stecken wir die? Müßte man die auch umbringen?

SCHARON: Die können so gut dort bleiben wie der König Hussein. Ich sagte schon, persönliche Schicksale interessieren mich nicht. Für mich zählt, daß ein Palästina bereits existiert, man muß also keinen weiteren palästinensischen Staat gründen, es gibt ihn bereits.

FALLACI: Ich hielt, was Sie Palästina nennen, bisher für das Haschemitenreich des König Hussein.

SCHARON: Ich sage Ihnen, wir werden die Gründung eines neuen palästinensischen Staates niemals erlauben. Denn dieses zweite Palästina läge dann zwangsläufig in Judäa und Samaria, was Sie Cisjordanien nennen.

FALLACI: Was Sie Judäa und Samaria nennen, das sind 1967 von Israel besetzte Gebiete, General Scharon! Es leben dort eine halbe Million Palästinenser und nur dreißigtausend oder vierzigtausend Juden, die sich nach 1967 dort angesiedelt haben. Alle sind sich soweit einig, sogar die Amerikaner, daß Gaza und Cisjordanien zurückgegeben werden müssen.

SCHARON: Sie zurückgeben? Sie scherzen. Man gibt nur zurück, was einem nicht gehört. Judäa und Samaria gehören uns aber. Seit Tausenden und aber Tausenden von Jahren. Immer schon. Judäa und Samaria, das ist Israel! Und Gaza auch. Ich sage Ihnen zum letztenmal: Wir werden ein zweites Palästina auf diesem Gebiet oder anderswo niemals erlauben. Niemals.

FALLACI: Sie haben nicht den Ruf, ein Engel zu sein, General Scharon. Wenn ich die Urteile über Sie vortragen würde, ich glaube, Sie würden diese wunderbare Kaltblütigkeit mir gegenüber verlieren.

SCHARON: Machen Sie es, machen Sie es.

FALLACI: Man nennt Sie einen «Mörder», zum Beispiel, einen «Rohling», einen «unbarmherzigen Bulldozer», einen «machtlüsternen Elefanten», einen «Faschisten», einen «Terroristen», einen «Kriegsverbrecher».

SCHARON: Andere geben mir andere Namen.

FALLACI: Ich weiß: «König von Israel», «König Arik». – Ihr seid so kriegerisch geworden, ihr seid nicht mehr das Land, für das wir geweint haben. Ihr seid dabei, das Preußen des Mittleren Ostens zu werden.

SCHARON: Frau Fallaci, Sie haben ein solches Talent, aus mir einen schlechten Menschen zu machen, daß ich einen Augenblick geglaubt habe, Sie gäben ein Interview über Scharon und nicht ich.

Dunkel.

c

Eine Palästinenserin berichtet über das Massaker der Kommandos des Major Saad Haddad in den Palästinenserlagern Sabra und Shatila.

EINE PALÄSTINENSERIN:
Ich kam in das Lager nicht rein.
Das Lager war von den Israelis abgeriegelt,
das Lager Shatila
und das Lager Sabra.
Sie saßen auf den Höhenzügen ringsumher in ihren Panzern und schauten zu.
Ich höre das Gedröhne von Kettenfahrzeugen.
Ich frage einen Soldaten: «Was ist denn los?»
«Wir schlachten sie ab. Wir haben sie abgeschlachtet.»
Es war kein Israeli, es war ein Mann der Kommandos des Major Saad Haddad, die israelische Uniformen trugen, aber mit einer Libanon-Zeder als Kokarde.
Sie sind mit ihren Bulldozern und Planierraupen über Lebende und Tote einfach weggefahren.
Eine Frau mit zerrissenen Kleidern kommt mir die Lagerhauptstraße entgegengelaufen und schreit unverständlich.
Sie reißt sich die Kleider vom Leibe,
schlägt sich den Kopf und die Brust.
Ich will meine Mutter besuchen,
ich lebe in West-Berlin,
mit einem Deutschen verheiratet.
Es laufen Leute mit Gasmasken herum, die Leichen zu bergen. Ein älterer Mann hat Teile einer Kinderleiche in einem

Bierkasten gesammelt und ladet ihn in einen Fahrradanhänger.
Ich finde das Haus nicht und nicht die Straße.
Ich kann den Gestank nicht ertragen,
binde mir Taschentücher vor Mund und Nase.
Es sind mehr als dreißig Grad.
Jemand zeigt mir die Straße.
Unter Betonteilen buntes Bettzeug und ein zerquetschter Fernseher.
Ein aufgedunsener Oberschenkel,
ein Schuh, den ich wiedererkenne.
Ich versuche, meine Mutter unter den Betonteilen herauszuziehen. Ich erbreche mich vor dem Gestank der Verwesung über der unkenntlichen Leiche.

d

Der Verteidigungsminister Scharon gibt nach starken Protesten in der Welt und in Israel eine Erklärung der israelischen Regierung zu dem Massaker in den Flüchtlingslagern ab.

SCHARON: Am jüdischen Neujahrstag wurden der jüdische Staat und seine Regierung sowie die israelischen Verteidigungskräfte verleumderisch einer Bluttat bezichtigt. An einem Ort, wo es keine Stellungen der israelischen Armee gab, betrat eine libanesische Einheit ein Flüchtlingslager, wo sich Terroristen versteckt hielten, um sie zu ergreifen. Diese Einheit verursachte viele Verluste unter unschuldigen Opfern. Wir stellen diese Tatsache mit tiefem Kummer und Bedauern fest. Zu einem Zeitpunkt, da internationale Aufwiegler in der Welt zum Mord an dem Judenstaat, seinen Einwohnern und seiner Armee aufrufen, rufen wir das Volk Israels auf, sich einig um seine demokratisch gewählte Regierung und ihren Kampf für Sicherheit und Frieden Israels zu scharen.

e

Meldung der Tagesschau vom 25. Oktober 1982:
Der israelische Verteidigungsminister Scharon hat vor einem Untersuchungsausschuß zugegeben, den christlichen Milizen das Betreten der Palästinenserlager Shatila und Sabra erlaubt zu haben, weil er in den Lagern Waffen und Munition vermutet habe.

6. Szene

Besucherzelle. 10 Uhr nachts.
Frau Vera Eichmann, zwei Beamtinnen, Ofer.
Eichmann wird auf der anderen Seite des Raumes hereingeführt, er ist nicht gefesselt und trägt den dunkelblauen Anzug. Zwei Wachen rechts und links von ihm, eine weitere an der Zellentür. Eichmann bleibt hinten stehen und betrachtet seine Frau Vera, und sie betrachtet ihn. Unter starken facialen Gesichtszuckungen lächelt Eichmann, und seine Frau lächelt zurück. Er geht zu der Glaswand und hält seine Hand an das Glas, und seine Frau legt ihre Hand an das Glas, dort, wo Eichmanns Hand liegt. Sie schweigen längere Zeit, dann erst setzt sich Eichmann die Kopfhörer auf.

EICHMANN: Uns kann keine Glaswand trennen.

FRAU EICHMANN: Ich werde nie vergessen, daß Adolf Eichmann meine erste Liebe war – und bleibt.

OFER: Sie müssen in das Mikrofon sprechen, Frau Eichmann.

FRAU EICHMANN: Ich werde nie vergessen, daß Adolf Eichmann meine erste Liebe war und bleibt.

EICHMANN: Ich freue mich, daß du gekommen bist. Ich wollte dich nicht als Zeugin, ich wollte dich nicht dem Haß aussetzen, der gegen mich entfesselt worden ist weltweit.

FRAU EICHMANN: Ich habe es gewußt.

EICHMANN: Was?

FRAU EICHMANN: Als du nicht heimkamst, nirgends zu finden warst, nicht im Krankenhaus, nirgends, da habe ich gesagt: «Die Israelis haben ihn gekidnappt.» Aber es hat mir niemand geglaubt.

EICHMANN: Wieso hast du es gewußt?

FRAU EICHMANN: Wenn ein Unglück bevorsteht, dann fühle ich das. Unsere ganze Familie. Es kam wochenlang ein Obsthändler mit einem Pferd vor der Karre, ein dicker Mann, der mich fragte, wo du bist, wo du arbeitest. «Sind Sie schon lange hier?» Ich hatte Äpfel bei ihm bestellt, die wollte er an dem Mittwoch bringen, als das war, aber er ist nicht mehr gekommen. In der Nacht davor hatte ich einen bösen Traum, du gingst aus dem Haus zum Bus, zu Mercedes, aber statt des Mantels hattest du dir ein Nachthemd übergezogen, und das Nachthemd war voller Blut. Was für ein komischer Traum, dachte ich, aber ich wollte dich auch bitten, vorsichtiger zu sein. Ich habe es nicht gesagt, weil ich mir mit meinen Ahnungen lächerlich vorkam. – Ich wollte die Polizei einschalten, die großen Söhne auch, aber unsere Freunde meinten: «Nur keine Polizei! Da kann wer weiß was in Gang kommen.» So kam gar nichts in Gang, außer daß einer nach dem anderen verschwand. Ich nenne keine Namen.

EICHMANN: Dr. Servatius hat Sassen auf den Kopf zugesagt, daß er mich verraten hat, um seine «Life»-Geschichte zu verkaufen.

FRAU EICHMANN: Die ganze Zeit, ich habe ihm nie getraut, ich nie.

EICHMANN: Ein Lump mehr. Es macht mir nichts mehr aus. Unsere Ehre heißt Kasse.

FRAU EICHMANN: Du siehst gut aus, nicht wie ein Häftling, du hast etwas abgenommen und siehst noch durchgeistigter aus. – Ich möchte dich ganz sehen, kannst du dich einmal auf den Stuhl stellen?

Eichmann stellt sich auf den Stuhl und dreht sich langsam um die eigene Achse. Er steigt vom Stuhl herunter, setzt die Kopfhörer wieder auf und bleibt stehen.

Wie ein Senator, wie ein Mann, dem das Gefängnis nichts anhaben kann.

EICHMANN: Mein erstes Gefängnis hieß Festung Yar, Festung Mai, nach dem Monat, in dem ich gekidnappt wurde, und bei den Wachen: Eichmannigrad. – *Er lächelt.* – Ich fühle mich dir so nahe wie immer, wie jeden Abend zwischen sieben und acht. – Kannst du ein Stück zurücktreten?

Vera Eichmann geht bis zur Wand zurück, parallel zur Wand, ein Stück hin und zurück.

Ist das ein neues Kostüm?

FRAU EICHMANN: Ich habe es mir in München für dich machen lassen, ich habe nichts dafür bezahlt.

EICHMANN *auf einen Zettel mit Notizen schauend*: Wie gehts den Kindern? Was sagen sie dazu?

FRAU EICHMANN: Horst hat zu mir gesagt, als er das Urteil hörte: «Wie kannst du an einen gerechten Gott noch glauben, Mama, wie kannst du jetzt noch beten.» *Sie weint.*
Sie wissen alle, welches Unrecht man dir antut, auch die Schwiegertöchter und auch Hasi, den immer einer in die Schule bringt, weil er auch jetzt noch Angst hat, entführt zu werden wie der Papa.
Sie kann ihre Tränen nicht zurückhalten.

EICHMANN: Es wird nicht geweint, Vera.

FRAU EICHMANN: Ich bin seit acht Uhr früh heut unterwegs, die Anspannung, nicht daß ich müde wäre, ich halte viel aus, es gibt auch keinen Grund. Entschuldige.

EICHMANN: Hat Dieter das Gitter um den Pozo gemacht?

FRAU EICHMANN: Ja.

EICHMANN: Und erfolgreich?

FRAU EICHMANN: Er hat uns sehr geholfen, ja.

EICHMANN: Ich habe mir Vorwürfe gemacht, nicht gut genug für meine Familie gesorgt zu haben. Wirst du in Argentinien zurechtkommen?

FRAU EICHMANN: In Deutschland fühle ich mich besser. Ohne diese Angst.

EICHMANN: Aber dort hast du die Kinder.

FRAU EICHMANN: Ja, die Kinder, aber unsere Hauptsorge ist, daß du schnell wieder zu uns kommst.

EICHMANN *lacht*: Du bist eine Optimistin! Glaubst du wirklich, daß ich schnell heimkomme?

FRAU EICHMANN: Natürlich. Du hast niemanden getötet, du hast niemandem befohlen zu töten, man kann niemanden verurteilen, der unschuldig ist.

EICHMANN: Was denkt Servatius darüber?

FRAU EICHMANN: Auch er glaubt, daß du freikommst. Es hat sich der vierundachtzigjährige jüdische Philosoph Martin Buber für deine Begnadigung eingesetzt, die Vereinigung der amerikanischen Rabbiner und viele andere. Ich weiß, daß du bald kommst.

EICHMANN: Heute morgen habe ich geträumt, ich wäre auf Ehrenwort freigelassen worden. Ich war in Argentinien, ging bei uns in San Fernando spazieren und wollte dich an einem kleinen Waldstück treffen. Aber das war ein Traum, Vera.

FRAU EICHMANN: Ich bin ganz sicher, daß du kommst. Ich habe diese Gabe.

EICHMANN: Was immer passiert, wenn ich – gehängt werde, die Geschichte wird das als ein schweres Fehlurteil erkennen und mich freisprechen, denn meine Schuld war einzig, daß ich gehorcht habe. Aber Preußen ist durch den Gehorsam groß geworden, und mein Gewissen ist rein. Wenn es das Schicksal will, ist man machtlos.

FRAU EICHMANN: Schicksal, Schicksal, ich weiß, daß du mir bald wie jedes Jahr an unserem Hochzeitstag den Strauß aus roten und aus blauen Astern bringst ... – *Zu Ofer:* Können Sie uns nicht bis morgen zusammen einschließen lassen? Ich bitte Sie darum.

OFER: Das ist nicht möglich, gnädige Frau. Die Anordnungen lassen das nicht zu.

FRAU EICHMANN: Ich bin aus Argentinien gekommen, unter fremdem Namen, ich sitze dreizehn Stunden im Flugzeug, ich muß mich ausziehen, ich muß mich anziehen, was habe ich getan, daß ich mich von meinem Mann nicht verabschieden kann?

EICHMANN: Wir bitten nicht, wir flehen niemand an. – Wir sind vereint und glücklich, was immer geschieht. Grüß mir das schöne Argentinien und gehe dorthin zurück, Vera!
Er drückt einen Kuß auf seine Innenhand und hält sie an die Scheibe. Auch Vera Eichmann küßt ihre Innenhand und legt sie an die Scheibe, wo Eichmanns Hand liegt.

EICHMANN: Es war immer etwas Schamvolles in mir.

7. Szene

11. Besuch des Predigerpaars Hull.
Die Besucherzelle. Abend. Künstliche Beleuchtung.
Eichmann, Hull, Frau Hull, Gefängnisdirektor Ofer, Wachen.
Eichmann sitzt bereits an seinem Platz, wenn Hull und Frau
Hull mit Ofer hereinkommen.

HULL: Sie haben uns sicher nicht um diese Tageszeit erwartet.
EICHMANN: Nein.
HULL: Ich habe das Schriftstück so schnell wie möglich ausgefertigt, damit es veröffentlicht werden kann, bevor der Berufungsentscheid da ist.
EICHMANN: Ja.
HULL: Hören Sie sich den Text aufmerksam an, ob Sie übereinstimmen und das unterschreiben können.
Eichmann nimmt eine Zigarette, die ihm angezündet wird, und hört mit großer Konzentration zu.
FRAU HULL *liest*: «In dem Wunsch, mich mit Gott und den Menschen zu versöhnen, bereue ich, Adolf Eichmann, nunmehr alle meine Sünden und bekenne, daß ich die Vergebung Gottes und der Menschen nicht verdient habe.»
EICHMANN: Dürfte ich einen Kaffee?
Es wird ihm ein Kaffee gebracht. Er hört weiter zu.
FRAU HULL *liest*: «Ich gestehe, daß ich auf Befehl meiner Vorgesetzten als Obersturmbannführer der SS und Chef des Amtes IV B 4, Reichssicherheitshauptamt, folgendes getan habe: 1. Ich habe den Transport von Juden und anderen aus verschiedenen europäischen Ländern in die Vernichtungslager in Deutschland und Polen organisiert, woraufhin Millionen zu Tode gebracht worden sind.
2. Ich habe meine Diensttätigkeit so ausgeübt, daß für alle Juden, die in meinen Machtbereich kamen, kaum eine Chance bestand, am Leben zu bleiben. Ich bezeuge –»
EICHMANN: Darf ich das sehen?

Der Direktor bringt Eichmann das Blatt.
Das ist falsch. Das stimmt nicht. Was heißt «und anderen»? Chef des Amtes? Organisiert? Ich war Abteilungsleiter. Das kann ich nicht unterschreiben, es ist nicht wahr. Auch Punkt zwei ist nicht wahr, in dieser Form nicht, Leiter für die «Endlösung», stimmt nicht. Ich unterschreibe nicht. *Zitiert:* «Ich nehme hiermit Jesus Christus als meinen Erlöser ...», absurd, ich glaube nicht, daß Jesus Gottes Sohn ist.

HULL: Wenn Sie nicht an Jesus Christus glauben, können Sie den unteren Teil des Blattes abtrennen.

EICHMANN: Es stimmt in keinem Punkt. Nicht mal vor Gericht hat man mir das vorgeworfen.

HULL: Sie haben doch auch im Prozeß zugegeben, daß Sie die Transporte organisiert haben.

EICHMANN: Auf Befehl!

HULL *zeigt ihm die Stelle durch die Glaswand*: Das steht doch hier im zweiten Absatz «auf Befehl».

EICHMANN: Ein Gericht, das so ein Schriftstück bekommt, sagt klarerweise: «Da steht es ja, er ist schuldig.» Ich habe aber keine Schuld im juristischen Sinne.

FRAU HULL: Aber Sie haben selbst gesagt, Sie hätten Fehler gemacht und bereuen das.

EICHMANN: Es war ein Fehler, in die Partei einzutreten, habe ich gesagt, und daß ich das bereuen würde.

FRAU HULL: Sehen Sie sich den Text doch bitte noch mal an. Es ist ausdrücklich gesagt «auf Befehl», «auf Anweisung», und denken Sie an die Welt der Christen, die für Sie betet und darauf wartet, daß Sie Ihre Schuld vor Gott bekennen.

EICHMANN: Es ist sehr schwer, durchs Mikrofon über diese Dinge zu reden – jedes Wort wird mitgehört und nachher steht es in den Zeitungen. Ich muß mit Dr. Servatius darüber sprechen wegen der juristischen Seite.

HULL: Hoffentlich wird er früh genug hier sein, ich meine vor dem Berufungsentscheid.

EICHMANN: Ich bin darauf nicht so gespannt wie Sie. – Sie haben meinen Namen schon hierhergesetzt, gezeichnet Adolf Eichmann.

Er reißt den Teil von dem Blatt.
HULL: Der Name ist mit der Maschine getippt, damit Sie wissen, wo Sie unterschreiben sollen.
EICHMANN: Für manche würde das schon genügen. Auf dem Papier sind meine Fingerabdrücke.

8. Szene

Schilch: «Warum wurde eigentlich nie ein Attentat gegen mein Leben durchgeführt, Frau Doktor? Ich lebte doch gar nicht so im verborgenen. Warum bin ich nicht verschwunden, nach Paraguay oder sonstwohin, als ich wußte, daß ich observiert werde? Ich wußte es längst, ehe ich gekidnappt wurde, warum, Frau Doktor, trug ich keine Waffe?»
Weil er seinen Tod vielleicht herbeiführen wollte, antworte ich ihm. «No, no, no, no.» Denn seinen Tod könne er jederzeit herbeiführen, auch jetzt noch, hier in der Todeszelle. Er wandte sich von mir ab, als wolle er zwischen seinen Zähnen eine Fleischfaser entfernen, und reichte mir eine winzige Ampulle, die ich dem Justizminister übergeben solle, denn er verabscheue den Selbstmord als einen bewußten und untauglichen Störversuch der Weltordnung. Es sei ihm um die Nachwelt gegangen, was die Historiker einmal wahrheitsgemäß über ihn schreiben würden, um seine Ehre wiederherzustellen, die Ehre seiner Generation. In seinem Bewußtsein habe er wie jeder andere Soldat gehandelt. Es mußte nur der kleine Schritt im Kopf vollzogen werden, daß der Jude ein Feind im Krieg wie die anderen sei, aber als internationaler Drahtzieher der allerschlimmste. Seit ihm dieses Feindbild abhanden gekommen sei, wolle er sein Schicksal annehmen. Welches Schicksal er meine?
«Das Urteil.» Wie ihm diese Zigeunerin prophezeit habe, daß er dieses Lebensjahr nicht überleben werde.
Ich fragte Eichmann, was wäre, wenn er dennoch begnadigt würde. Er dachte eine längere Zeit darüber nach und antwortete dann: «Das wäre ein großes Unglück, aber ich glaube nicht daran.» Er fügte dann hinzu, er könne vielleicht in einem Kibbuz arbeiten, «mein Leben lang habe ich gern gebaut».
Als er sich dabei ertappte, nach meinem Busen zu sehen und bemerkte, daß ich das bemerkte, zwang er sich, mich bis zum Ende des Gesprächs nicht mehr anzusehen, auch nicht, als ich mich von ihm verabschiedete.

9. Szene

Besucherzelle.
Gefängnisdirektor Ofer, Hull, Frau Hull.

OFER: Es sollte eine nichtjüdische Instanz anwesend sein, gegebenenfalls.
HULL: Ja.
OFER *zu Frau Hull*: Wird Sie der Gang zur Richtstätte nicht allzusehr belasten?
FRAU HULL: Ich habe in der Sozialfürsorge gearbeitet.
OFER: Sie werden zwei Stunden vorher benachrichtigt. Die Ablehnung des Gnadengesuchs würde der Öffentlichkeit erst nach der Hinrichtung bekanntgegeben. – Sie waren der einzige Geistliche, der der Haganah geholfen hat, den Staat aufzubauen, jetzt sind Sie der Seelsorger Eichmanns. Ich sehe, daß Gott die Ironie schätzt.
Eichmann wird gebracht. Er verbeugt sich kühl und nimmt Platz. Mit ihm sind die Wachen gekommen.
HULL: Geht es Ihnen gut?
EICHMANN: Ja, sehr gut.
HULL: Erwarten Sie noch immer von den Menschen Hilfe und Vergebung?
EICHMANN: Die Menschen interessieren mich nicht, es ist mir egal, was sie denken.
FRAU HULL: Die Berufung muß für Sie sehr bedrückend gewesen sein.
EICHMANN: Nein, sie war nicht bedrückend, denn sie war das Ende des Stellvertreterprozesses, der gegen mich geführt wird. Die Befehlsgebenden sind tot, und der Staat hat sich aus dem Staube gemacht. – Es ist jetzt alles klar.
FRAU HULL: Es geht um Ihre Seele, die, wenn Sie nur wollen, jetzt gerettet werden kann.
EICHMANN: Warum interessiert Sie meine Seele?
FRAU HULL: Aus Nächstenliebe.
EICHMANN: Mich interessiert die Fernstenliebe. Nächstenliebe

ist zuwenig. Die Entwicklung zur Vollkommenheit, das einzige Gesetz göttlicher Herkunft, das kosmische Gesetz.

Frau Hull: Warum wollen Sie keine Hilfe?

Eichmann, der in der Szene stark bemüht ist, seine facialen Gesichtszuckungen zu unterdrücken, läßt den Kopf auf seine Arme sinken, verharrt in dieser Haltung und schweigt.

Jesus ist für jeden Menschen am Kreuz gestorben. Jeder hat sein Golgatha. Nehmen Sie das Kreuz auf!

Hull: Adolf Eichmann, ich habe hier vier Blätter über Weissagungen, die sich auf Ihre Lage beziehen.

Er hält sie an die Trennscheibe. Da Eichmann nicht aufschaut, bringt ihm Ofer die Blätter und seine Lesebrille.

Ofer *zu Eichmann*: Möchten Sie eine Erfrischung?

Eichmann: Zigarette und einen «großen Braunen», hieß es im Café Kraxlmeier, Linz.

Ofer gibt ihm eine Zigarette und Feuer. Ein Kaffee wird von einer Wache gebracht. Eichmann geht einmal im Kreis durch seinen Zellenteil, schaut der Wache auf dem Balkon ins Gesicht, kehrt an seinen Platz zurück, setzt die Kopfhörer wieder auf und betrachtet Hull ziemlich hochmütig.

Hull: Er beginnt mit Genesis 3, 15.

Eichmann *indem er das erste Blatt überfliegt*: Das sind die Sachen, die ich vor 25 Jahren glücklich hinter mir gelassen habe. – Wer hat die Genesis geschrieben?

Hull: Moses.

Eichmann: Moses war ein Mensch. Er hat die Bibel nicht geschrieben.

Hull: Woher wissen Sie das? – *er lächelt* – Waren Sie dabei?

Eichmann *lächelt*: Waren Sie dabei?

Hull: Nein. Aber ich weiß, Gott kann durch Menschen reden.

Eichmann: Er hat sogar durch einen Esel gesprochen.

Frau Hull: Aber nur, weil sonst niemand da war, lieber spricht er durch Menschen. «Denn so sehr hat Gott die Welt geliebt, daß er seinen eingeborenen Sohn gab, auf daß alle, die an ihn glauben, nicht verloren werden, sondern das ewige Leben haben.» Amen.

Hull: Johannes 3, 16.
Eichmann: Gott spricht zu mir durch die Natur.
Hull: Haben Sie schon einmal einen Baum sprechen hören?
Eichmann: Ja, das habe ich. Ich lag nächtelang unter dem südlichen Sternenhimmel, ich bin auf den 5300 Meter hohen «El Ponchudo» im Norden Argentiniens gestiegen, ich sah durch Teleskope die als Nebelgebilde sich darbietenden fernen kosmischen Welten, Billionen von Sonnen, Trillionen von Planeten. Gott hat in den letzten drei bis fünf Jahrtausenden nur durch die Natur gesprochen.
Frau Hull: Nein! Jesus ist die Tür!
Eichmann: Die Messung der Radiumhalbwertzeit hat die mutmaßliche Werdung unseres engeren Universums auf die Zeit vor etwa fünf Milliarden Jahren angesetzt. Auch der Mensch ist nicht von Gott geschaffen worden, sondern er ist durch Entwicklung entstanden, durch zahllose Stadien der Entwicklung. Ich erstarre in Ehrfurcht vor der exakten Ordnung dieser gigantischen, planenden, die Bewegung der Welten wie der Atome lenkenden Macht. Und dies, für mich, ist Gott. Den die Freimaurer den «Baumeister aller Welten» nennen.
Ofer geht durch die Tür und setzt sich neben Eichmann, weil er ihn für erregt hält, zündet ihm eine neue Zigarette an, sobald Eichmann ausgeraucht hat.
Hull: Zum Glück geriet ich nie in den Bann philosophischer und evolutionistischer Bücher.
Frau Hull: Wo hat Sie Ihre Denkart hingebracht? Hätten Sie an Ihrem Kindheitsglauben festgehalten und sich nicht mit den philosophischen Ideen Spinozas und Kants eingelassen, dann könnten Sie jetzt ein glückliches, normales Leben führen.
Eichmann: Ich würde gerne glauben, aber es ist nicht vernunftgemäß.
Frau Hull: Der Satan streitet gegen Gott, und der Satan ist es, der Sie in die Irre führt.
Eichmann: Dazu habe ich ein zu rechtschaffenes Leben geführt. Es gibt keinen Satan.

Frau Hull: Man kann ein Knecht Satans in der Maske der NSDAP sein.
Eichmann: Spinoza lehrt: Es gibt unter dem Himmel nichts Böses an sich. Ich bin nicht beunruhigt.
Hull: Haben Sie sich mit Ihrem Schicksal abgefunden?
Eichmann: Ich habe keine Angst, ich bin bereit zu sterben.
Hull: Sollen wir Ihnen nicht helfen, sich darauf vorzubereiten?
Eichmann: Ich bin nicht interessiert an jüdischen Erzählungen. Das Urteil ist jetzt klar. Ich werde gehängt. Ich bin nicht daran interessiert, ein falsches Glaubensbekenntnis abzulegen, um Eindruck auf die Weltöffentlichkeit zu machen.
Hull: Machen Sie sich keine Gedanken, was nach Ihrem Ende sein wird?
Eichmann: Das ist für mich ohne Belang. Es gibt kein Ende.
Frau Hull: Aber Sie werden in die Hölle kommen!
Eichmann: Es gibt keine Hölle. Das sind Phantasien von Menschen.
Hull: Sie werden bald vor Gott stehen und sind nicht gerüstet.
Eichmann: Ich bin gerüstet durch meine Philosophie. Es ist im Grunde Goethes «Stirb und Werde». Ich bin sehr glücklich und zufrieden.
Hull: Wir sind jetzt dreizehnmal zu Ihnen gekommen, weil wir Ihnen helfen wollten. Heute ist vielleicht das letzte Mal – wir hoffen noch auf Ihr Gnadengesuch –
Eichmann: Erzählen Sie mir doch nicht, Sie wären dreizehnmal wegen mir hergekommen. Mir haben Sie keinen Gefallen getan. Gleich zu Anfang habe ich Ihnen geschrieben –
Frau Hull: Bedeutet es Ihnen gar nichts –
Eichmann: Unterbrechen Sie mich nicht, lassen Sie mich reden! Gleich als es losging, habe ich Ihnen geschrieben, was ich glaube, und Sie hätten gar nicht zu kommen brauchen! Zu Dank bin ich Ihnen nicht verpflichtet.
Frau Hull: Bedeutet es Ihnen gar nichts, daß Millionen von Christen für Ihr Seelenheil beten?
Eichmann: Weil Leute für mich beten, kann ich nicht meine

Ansichten ändern. Die mir verbleibende Zeit kann ich nicht mit den Ideen anderer vertun.

HULL: Wissen Sie, daß Dr. Hans Frank in Nürnberg bereut hat?

EICHMANN: Ja, aber Frank war ja auch schuldig. Er stand im Range eines Generals. Frank ist zur Kirche zurückgekehrt, und wie ich gehört habe, auch Kaltenbrunner. Sauckel schloß sein Herz dem Evangelium auf und Keitel, Schirach und Göring. Und es erbaten das Abendmahl Ribbentrop, Papen und Speer.

FRAU HULL: Uns liegt nicht an Ihrer Rückkehr zur Kirche, sondern daran, daß Sie Jesus Christus als Erlöser annehmen.

EICHMANN: Ich brauche keinen Mittelsmann, ich gehe direkt zu Gott selbst. Darin bin ich sehr dogmatisch, und deshalb glaube ich nicht an Jesus Christus.

HULL: Beten Sie immer noch?

EICHMANN: Wenn wir ans Ende kommen, habe ich der Welt vielleicht noch etwas zu sagen.

HULL: Wir bleiben bis zum Ende Ihres Weges bei Ihnen.

FRAU HULL: Wir kommen wieder, bis zum Ende, und hoffen.

EICHMANN: Ich sehe schon, die Christen scheinen alle sehr besorgt darüber, wie ich sterben werde. Könnten Sie mich hören, wenn ich zu meinem Gott spreche, dann würden Sie sehen, daß ich Frieden habe.

OFER: Ich bitte, den Besuch zu beenden.

Eichmann wird in seine Zelle zurückgebracht.

OFER *zu Hull:* Die amerikanische Fernsehgesellschaft hat für heute nacht um ein Interview mit Ihnen gebeten. Reuter hat angerufen und auch «Herald Tribune».

HULL: Ich möchte jetzt keine Interviews und bitte mit der Begründung, weil sich unsere Gespräche ausschließlich auf geistliche Dinge beziehen.

10. Szene

Die immer erleuchtete Todeszelle. Abends.
Eichmann liegt auf dem Bett und liest unruhig. Eine Wache am Kopfende, die andere an der Tür. Eichmann steht auf, macht am Tisch eine Notiz, geht infolge der Fesselung in kleinen Schritten im Kreis und gibt bruchstückweise Gedanken von sich.

EICHMANN: Kreise enger ziehn, kreisen, es gibt nichts Böses, Ordnung bleibt unveränderlich. Diätköchin Hitlers ein Zweiunddreißigstel jüdisch – *lacht* – geheim, Massentier, Gewohnheitstier, Herrenrassenblödsinn, Herrenrassenblödsinn, Zigarette –
Neuhebräisch – bitte. – Wie hieß die Diätköchin Hitlers? Sie hieß Eva Braun. Herrenrassenblödsinn.
Die Wache bringt ihm eine angezündete Zigarette, Eichmann bleibt bei ihr stehen, spricht zu ihr hin.
Biologisch wertvolles Material, der stellt sechs Kinder drauf. «Der unstillbare Blutdurst des Berufungsklägers» –
Er geht weiter im Kreis.
Wie sieht eine Nacht aus, Tod, Angst, war das Angst, Frau Doktor? Ich wußte aber nicht wovor? Längstes Kreuzverhör der Weltgeschichte. Gebraten, bis das Rumpsteak eben gar war. – Halbjüdische Cousine noch geküßt. «Das sind die Kinder dieses Schweins», sagt Onkel Fritz, sagt dieser Schweinehund. Kain! Kain! – *Er lacht*: Rabbiner setzen sich ein. «Ich werde nie vergessen, daß Adolf Eichmann meine erste Liebe war.»
Er geht wortlos und beunruhigt im Kreis. Ofer tritt in die Zelle, bleibt an der Tür stehen und betrachtet Eichmann, bis dieser ebenfalls stehengeblieben ist.
OFER: Ich habe Ihnen etwas Wichtiges mitzuteilen: Der Präsident des Staates Israel, Itzhak Ben Zwi, hat Ihr Gnadengesuch heute abgelehnt.
EICHMANN: Jawohl, jawohl, das habe ich erwartet und erhofft, ich bedanke mich. Ich möchte dann schlafen gehen.

OFER: Ja.
Eichmann läßt sich die Fesselung abnehmen, zieht sich ruhig aus und legt sich tief befriedigt schlafen.
OFER *zu der Wache an der Tür:*
Die Hinrichtung ist für Mitternacht angeordnet. Ich werde ihn selbst wecken.

11. Szene

Todeszellentrakt.
Todeszelle. Vor Mitternacht.

Eichmann, Gefängnisdirektor Ofer, Gefängnisarzt, Wachen.
Entfernte Baugeräusche.
Der nackte Oberkörper Eichmanns wird von dem Gefängnisarzt abgehorcht. Als der Arzt seine Sachen einpackt, wird Eichmann von einer Wache der grellrote Anzug angezogen.

GEFÄNGNISARZT *zu Ofer*: Ärztlicherseits keine Bedenken.
EICHMANN: Gesund genug, gehängt zu werden?
GEFÄNGNISARZT: Ich möchte mich von Ihnen verabschieden.
  Er gibt Eichmann die Hand.
EICHMANN: Ich bedanke mich. Wenn ich noch um ein Glas bitten dürfte.
  Ofer bringt ihm ein weiteres Glas Rotwein.
  Ich bedanke mich auch bei Ihnen, Herr Direktor, und Ihren Beamten, die sich jederzeit korrekt verhalten haben. Meine Hochachtung.
  Ein Friseur putzt seinen Hals ein bißchen aus, eine Wache serviert ein Essen.
  Was mir nach Kriegsrecht zugestanden hätte: Erschießen. Es ist sehr eilig, scheints.
OFER: Ihr Mahl, ein Tafelspitz. Ist das recht?
EICHMANN *gerührt*: Ich esse nicht, ich bin kein starker Esser.
  Das Essen wird weggebracht, Ofer bringt ihm ein neues Glas Rotwein.
OFER: Das Ehepaar Hull, wenn Sie einverstanden sind.
EICHMANN: Der Kampf um meine Seele. Ich habe wenig Zeit. Ist mein Anwalt informiert?
OFER: Um jedes Aufsehen zu vermeiden, nein.
EICHMANN: Das kenne ich. Das ist mir bekannt.
  Der Pfarrer Hull und seine Frau werden hereingebracht.
HULL: Guten Abend.
EICHMANN: Guten Abend. Sie sehen so betrübt aus. Warum?

HULL: Weil Ihr Ende gekommen ist. Wann hat man es Ihnen mitgeteilt?

EICHMANN: Vor zwei Stunden. Ich fürchte den Tod nicht, ich begrüße ihn, denn ich weiß, daß er es ist, der meine Seele frei macht. Sie sehen, ich bin nicht traurig.
Sein Gesicht leuchtet auf.
Es ist wie das Einschlafen, der Genuß, das Reich des Todes zu betreten.

FRAU HULL: Sie sind blind und hochmütig. Ich stehe hier als Stellvertreterin Ihrer Frau, die wie ich wünscht, daß Sie Christus als Erlöser annehmen. Denken Sie an den Schächer! Wenn Sie bereuen, wird man auch Ihren Angehörigen mit Mitgefühl begegnen. Aber Ihnen ist das ganz gleichgültig, Sie denken nur an sich, Sie sind ein äußerst egoistischer und eingebildeter und eitler Mensch!

EICHMANN: Das bin ich nicht! Gerade eitel bin ich nicht! Ich habe vier Monate hier zugebracht, ohne mich in einem Spiegel sehen zu können. Mein ganzes Leben war ein Opfer im Dienst eines geglaubten Reichs!

FRAU HULL: Des Satans! Des Satans! Rufen Sie den Namen Jesu an! Rufen Sie den Namen Jesu an, der Macht hat über Himmel und Erde, statt in die Hölle zu fahren!

EICHMANN: Ich möchte mit mir jetzt allein sein, mit meinem Gott. Entschuldigung.

FRAU HULL: Haben Sie Ihrer Frau noch etwas zu sagen?

EICHMANN: Bestellen Sie ihr, ich hätte in meinem Inneren Frieden gehabt.

HULL: Möchten Sie, daß wir Ihrer Frau die Bibel schicken, die wir Ihnen gegeben haben?

EICHMANN: Schicken Sie sie ihr. Ich schreibe etwas hinein. – –
Zu Hull und dessen Frau:
Auch wenn wir nicht zusammenkommen konnten, alles Gute.
Er dreht sich von allen ab zur Wand, als bete er. Hull und seine Frau verlassen die Zelle. Wenn Eichmann sich umwendet, trinkt er das Glas mit Rotwein aus.

OFER: Ich glaube, es ist Zeit.

Es werden ihm die Hände auf den Rücken gefesselt, als man ihm die Füße fesseln will, sagt er:
EICHMANN: Ich kann damit nicht gehen. Ich werde Ihnen nicht mehr weglaufen. Ich will es ja.
Die Hände auf den Rücken gebunden, wird er an zwei Wachen gefesselt.
OFER: Ich gehe den Gang entlang voraus.
Sie verlassen die Zelle, Eichmann bleibt unterwegs stehen und bittet die Wärter, ihm die Nase zu wischen. Einer nimmt ein Taschentuch aus Eichmanns Brusttasche, und Eichmann schneuzt hinein. Er scheint einen Augenblick zu schwanken. Es ruft jemand vom Ende des Gangs in neuhebräisch: «Warten, es ist noch nicht soweit!»
OFER *neuhebräisch*: Es muß fertig sein! – *zu Eichmann* – Kommen Sie.
Als sie am Ende des Gangs ankommen, wird der Durchbruch zu der Hinrichtungskammer krachend freigelegt, sie gehen über Ziegel und Staub in die hellerleuchtete Hinrichtungskammer, ein kleiner Raum. Eichmann wird unter ein eisernes Gerüst auf eine hölzerne Plattform geführt, die in den Fußboden gebrochen worden ist. Von dem Gerüst hängt ein schweres Seil aufgerollt über seinem Kopf. Es sind Polizei- und Regierungsbeamte anwesend, der Gefängnisarzt und zwei Henker. Eichmann steht auf der Plattform mit dem Rücken zum Publikum. Es werden jetzt Journalisten hereingelassen, Fotografen und der Pfarrer Hull mit seiner Frau. Die Journalisten beginnen sofort zu schreiben. Hull und Frau Hull stehen schräg vor Eichmann und rufen zu ihm hin: «Jesus! Jesus! Herr Jesus, mein Heiland!» *Eichmann wendet sich von ihnen ab und sagt:* «No.» *Als ein Henker ihm die Füße zusammenbinden will, sagt Eichmann:* «Ich kann so nicht stehen.»
OFER: Adolf Eichmann, nachdem das Urteil des Obersten Gerichts des Staates Israel rechtskräftig geworden ist, hat der Justizminister dessen Vollstreckung angeordnet. Ramleh, der 31. Mai 1962, Donnerstag, 23 Uhr 50.
Ein Henker will ihm eine schwere Kopfhülle überziehen, Eichmann weist sie zurück.

EICHMANN: Ich brauche das nicht. Ich kann als Soldat dem Tod ins Auge sehen. –
Es lebe Deutschland! Es lebe Argentinien! Es lebe Österreich!
Mit diesen drei Ländern war ich eng verbunden. Ich werde sie nicht vergessen. Ich grüße meine Frau, meine Kinder und meine Freunde. Ich mußte den Kriegsgesetzen und meinem Fahneneid Folge leisten.
Ich bin bereit. – – Im übrigen, meine Herren, wir werden uns bald wiedersehen, das ist das Schicksal aller Menschen. Ich habe mein ganzes Leben lang an Gott geglaubt, ich sterbe im Glauben an Gott.
Die beiden Henker ziehen die mit Schaumgummi gepolsterte Schlinge des etwa vier Zentimeter dicken Seils herunter und legen sie als Doppelschlinge wie einen engen Kragen um den Hals von Eichmann, so daß er den Kopf hochrecken muß.
FRAU HULL: Jesus wartet! Jesus! Rufe Jesus, meine Rettung!
Sie kniet mit Hull nieder, und sie beten. Eichmann bemerkt sie nicht. Die Henker ziehen einen Vorhang um Eichmann. Der eine Henker ruft: «Mouchan!» (fertig!), der andere ruft: «Paal?» (los!) Er zieht einen Metallhebel, die Plattform klappt herunter, und Eichmann stürzt durch den Fußboden in die Tiefe.
Dunkel.
HULL *ad spectatores*:
Im Dienstzimmer des Direktors lagen vier Schriftstücke über die Hinrichtung, die ich als Zeuge unterschrieb. Er fragte mich, ob ich bereit sei, Eichmanns Leiche zu identifizieren, und ich sagte zu.
Wir fuhren kurz nach eins von der Nordausfahrt des Gefängnisses zu einem nahe gelegenen Gehölz. Ein großes Polizeiaufgebot in Lastwagen und Mannschaftswagen sperrte alle Zugänge. Ein Polizeiposten kontrollierte unsere Ausweise. Über den Weg lag ein vierzölliger Feuerwehrschlauch. Durch das Gedränge sah ich links von mir einen hellen Feuerschein. Wir gingen durch den Polizeikordon auf etwas zu, das wie ein großer Backofen aussah. An der Vor-

derseite war eine Eisentür, die durch einen seitlichen Hebel zu bedienen war. Es führten Laufschienen zu ihr hin. Auf einem flachen, wie eine zweizinkige Gabel aussehenden Gestell lag eine in graue Wolldecken gewickelte Gestalt. Ofer hob die Decke über dem Gesicht auf und bat mich, die Leiche zu identitifizieren. Ich bestätigte, daß dies die Leiche Adolf Eichmanns sei.
Die Tür des Ofens wurde aufgemacht, und ich erinnere mich, wo ich den Ofen, die Laufschienen, das Gestell gesehen hatte. Auf Fotos der Nazi-Krematorien in den Vernichtungslagern.
Dann kam der Befehl, die Leiche in den Verbrennungsofen zu schieben. Dabei sprang das Gestell aus den Laufschienen, der nackte Leichnam glitt aus den Decken auf den Boden. Mit einigen Schwierigkeiten wurde die Leiche vor dem glühenden Ofen hochgehoben und wieder auf das Gestell gelegt. Schließlich wurde es in den Ofen geschoben und wieder herausgezogen, wobei die Leiche abgestreift wurde. Bei einem Beamten, der seine Sommeruniform mit aufgerollten Ärmeln trug, konnte ich die tätowierte KZ-Nummer sehen. Aus dem drei Meter hohen Schornstein quoll schwarzer Rauch.
In einem Gefühl der Erleichterung fuhren wir in das Dienstzimmer des Direktors zurück. Ich unterschrieb ein Dokument über die Identifizierung der Leiche. Man brachte uns nichtalkoholische Getränke. Um zehn vor drei kam ein Telefonanruf, wir wurden noch einmal zu dem Verbrennungsofen gebeten. Es waren nur noch wenige Beamte dort. Alles war dunkel und still. Es wurde die Eisentür geöffnet und ein kleiner Aschenhaufen zusammengekehrt. Die Asche wurde in ein flaches Metallbecken geschoben und vorsichtig in eine vernickelte Milchkanne von sieben oder acht Litern Inhalt geschüttet. Sie hatte einen festschließenden Deckel und einen umlegbaren Henkel.
Ofer sagte mir, daß die Asche außerhalb der israelischen Hoheitsgewässer ins Meer gestreut werden sollte, und bat mich, ihn zu begleiten. Als der Wagen kam, war es drei Uhr. Ich

saß mit dem Landrat von Ramleh hinten, Ofer neben dem Fahrer, die verschlossene Milchkanne zwischen den Füßen. Wir fuhren zum Hafen von Jaffa, wo ein Tender bereit lag. Auf offener See wurden wir von einem Polizeischiff übernommen, das ungefähr sechs Meilen weit hinausfuhr. An der Reling stehend, sahen wir, wie Ofer das Behältnis feierlich öffnete und die Asche langsam in die wirbelnden Wasser am Heck schüttete. Es war kurz nach halb fünf und ganz hell. Ofer füllte die Kanne mit Seewasser, damit auch die letzten Aschenreste fortgespült wurden. Die sterblichen Reste Adolf Eichmanns sanken in die Tiefe des Meeres, um den Tag der Auferstehung zu erwarten.

Materialien

A. Entwürfe und Arbeitsnotate
(1965–68)

Bruder Eichmann. Stoffbeschreibung zu einem Film

Der Film beschreibt das persönliche, das berufliche, das politische Leben des Schreibtischmörders Adolf Eichmann aus dessen eigener Sicht und mit dessen Kommentaren. Er geht von dem umfangreichen Protokoll der Verhöre aus, denen sich Eichmann vor dem Beginn des Jerusalemer Prozesses freiwillig unterworfen hat. Das Verhör wurde hauptsächlich von dem israelischen Sicherheitsoffizier Avner Less geführt, Gespräche fanden außerdem mit einem Gefängnispsychologen und einem Gefängnisgeistlichen statt. Es werden auch andere Dokumente zu Eichmanns Leben und andere autobiographische Darstellungen benutzt. In den Verhören wird Eichmann mit Zeugenaussagen einiger seiner Mitarbeiter und einiger seiner Opfer konfrontiert. Der Film macht eine Anstrengung, Eichmanns Leben, seine Gedanken- und Gefühlswelt aus seinen persönlichen Bedingungen und aus den Bedingungen der Zeit hervorgehen zu lassen. Ein bürgerlicher Pflichtmensch ohne jede Dämonie.

Typoskript im Nachlaß Kipphardts, Angelsbruck. Entstanden vermutlich 1965.

[Ein merkwürdiges Wesen]*

Um ‹Bruder Eichmann› für die Bühne eine analytische Leichtigkeit zu geben, denn es ist eine Legende zu zerstören, kann das Ganze in einer Art von Philosophenstreit gegeben werden.

Die streitenden Philosophen – und da müssen die ergiebigsten Vertreter gesucht werden – legen die erdrückende Fülle

---

* Titel in eckigen Klammern stammen vom Herausgeber dieses Bandes.

ihres Materials belegweise vor. Sie rekonstruieren Szenen, die auf Spielflächen von Schauspielern gegeben werden, die vielleicht auch gefilmt sind. Sie führen auch dokumentarisches Material ein, Filme, Rekonstruktionen von Exekutionen zum Exempel, die Eich gesehen hat, Minsk u. s. fort; sie legen Tests vor, Gutachten von Psychiatern, Psychologen, Sprachuntersuchern, Kriminalwissenschaftlern, Soziologen.

Der ganze Streit muß ernsthaft geführt sein, aber es muß gewährleistet bleiben, daß Einsichten heiter in die Gehirne schweben.

Dieses Vorgehen erlaubte die Analogie zu gegenwärtigem Verhalten, das dem Eichmanns nicht unähnlich ist.

Die Scene könnte ein Hörsaal sein, der Zuschauerraum ein Teil des Hörsaals, im Hintergrund das Spielgerüst.

Es ist zu prüfen, ob der Streit der Philosophen nicht tunlich weit in der Zukunft liegen solle. Die Distanz wäre größer. Eichmann könnte wie ein merkwürdiges Wesen vergangener Zeit vorgeführt werden. Sein Modell im Glaskasten, eine naturgetreue Puppe. Wenn der Streit der Philosophen nach der Zerstörung unserer Zivilisation in einer neuen Zivilisation sich begeben würde, was brächte das? Die Schwierigkeit, eine neue Zivilisation zu beschreiben. Ist man dann nicht im Dilemma Huxleys oder Majakowskis? Fliegt das nicht ins Spielerisch-Unverbindliche wie schöner Rauch?

Aus Kipphardts Notatheften, Nachlaß in Angelsbruck. Datiert 11. Februar 1966.

Stücktitel Eichmann

Diskurs der Eierköpfe
Der Streit der Eierköpfe
Leben des A. E.
Der Kongreß
Der Streit über A. E.
A. E.

Bruder E.
Eichmann. Forschungen
Untersuchungen über E.
Die Untersuchung
Versuch über E.
Reflexionen über E.
Fragen zu E.

Aus Kipphardts Notatheften, Nachlaß in Angelsbruck. Datiert: 7. März 1966.

Der Kongreß

Intellektueller 1
Wir nehmen an, ein Kongreß
Markttag gelehrter Erklärer
der Eierköpfe
Soziologen, Historiker, Juristen,
Psychiater und Philosophen
Politologen auch, Theologen
gelehrte, gelehrige Zungen,
die besten aus Ost und West
und auch das Fernsehn dabei
Schüler auf Galerien
und in der Mitte das Tier
Eichmann die Bestie
in seinem Glashaus und
ausgestopft.
Adolf Otto Eichmann, geb. am 19. 3. 1906 in Solingen,
(Personalien)
Dämon
Teufel
Sadist
Buchhalter des Todes
Transporteur des Todes
(Presseformulierungen)

das Böse
der Antichrist
schuldig des Todes an ... Millionen Juden
hingerichtet in Jerusalem
am 1.Juni 1962
und hinterlassend
eine Haltung.
Synonym des Systems
welches?
Eichmann das Unerklärliche
E. der Kranke
Personifikation des Bösen
Sadistischen
des Hasses
der Aggression,
der mit uns nichts zu tun habende
Befehl-ist-Befehl besessene
andererseits
Eichmann in Vietnam
im Kongo
in Amerika
in Griechenland
in Bolivien
in den Zeitungsredaktionen
Bürger Eichmann
Bruder Eichmann

Typoskript im Nachlaß Kipphardts, Angelsbruck.

Bruder Eichmann. Notizen zur Form

Die Fabel des Stückes könnte sein, daß eine Gruppe von Schauspielern mit dem Regisseur und Mitarbeitern das Stück probiert. Bühne als Arbeitsraum, ohne Kostüme, ohne Masken. Es wird erörtert, wie das Stück anwendbar zu machen ist, zitierende Spielweise, Proben, in eine Scene hineinzugehen, Unterbrechung. Die Schauspieler erörtern die Substanz der Scene, was der Autor will, eigene Gegenempfindungen. Sie äußern sich zu Analogien, junge Schauspieler suchen Material aus eigenen Erfahrungen (Beispiel des Studenten, der sich nicht vorstellen kann, daß man gegen seine Interessen unkonform sich verhalten könne).

Zwischenscenen, Umbau etc. Alltagsscenen, politische Realitäten der Gegenwart von ihnen reflektiert.

Personen:

Regisseur Typus Wekwerth oder Sarrazin, spielt wie Wekwerth vor, unschauspielerisch, übertreibend.

(Eichmann als Wachsfigur im Glaskasten.)

1. Schauspieler, älter, war, wie sich ergibt, mit einer Tournee in Auschwitz bei den SS-Mannschaften, behauptet, von dem Lager nichts bemerkt zu haben, gegen die Nazis gewesen zu sein, hat es aber nicht bemerken wollen (Typus Borsche), ist ein Fremdkörper in der Gruppe junger Schauspieler, die extreme junge Leute sind, Hippies, Beatniks, linke Sektierer anarchistischer, castroistischer, maoistischer Art.

2. Schauspieler (Typus Schall), still, gehemmt, nicht klar redend, legt Wert auf die Analogien zu sich, auf das «Brüderliche» in Eichmann. Sehr artistisch, Hinrichtungsscene, Clownerie blutiger Art.

(Elly Ney, die sich noch jetzt zu Auschwitz bekennen möchte, indem sie Heß zu Weihnachten Beethoven vorspielt. Vorschlag von Schauspielern für eine Scene, Auschwitzfilm mit Leichenbagger im Fond, davor der Häftling Heß versunken, Ney eine Klaviersonate spielend, wird verworfen.)

Titel: Die Probe
Proben
Die Untersuchung
Haltungen

Schauspielerin, kann wie Jane Mansfield aussehen, naiver Typus, lebt in einer Kommune, will aber wegen der Schwierigkeiten, sich auch in andere zu verlieben, ausziehen, sie singt ein englisches Chanson der Mansfield vor GIs. Analogie Steinbeck, Bob Hope. Interessiert sich für Intimsphäre Eichmanns,

Tests, soll aber die Frau Hull darstellen, hat kein Material in ihrem Leben für die Figur, findet Religion irgendwie obszön. (Drexel?) In Anbetracht von Vietnam ist Weihnachten obszön. Kriegsweihnacht, Pfarrer, die alles segneten, wie Eichmann Hull gegenüber sagt.

Regisseur findet Versstilisierungen, Zitat des Chores im Anfang, kalter Kaffee, das ist wie bei Hacks, wo die Wirklichkeit durch die Verseln rutscht. Das Poetische – das Charakteristische.

Älterer Schauspieler fragt, wo das Theater bliebe, wenn Schauspieler dazu dienten, einen Essay herzustellen.

Andere Personen:

Regieassistentin, sehr schönes, bebrilltes Mädchen, das sich ganz maskulin gibt, junge Jüdin vielleicht, gegen Israel, versucht immer Analogien zu Dajan, der Regisseur will keine Israel-Diskussion, die aber stattfindet. Kontrahent des Mädchens der ältere Schauspieler, ein Philosemit. Philosemitismus als Kehrseite des Antisemitismus. Über den Zionismus Eichmanns. Warum haben sich die Juden nicht gewehrt, wiederkehrende Frage Hausners, Unsinnigkeit der Frage, die das Mädchen aber nicht unsinnig findet. Hausner zu E: Er hat uns auf unserem Gebiet geschlagen (Gettomentalität), wir schlugen ihn auf dem seinen. (Geheimdienstarbeit, Kidnapping, das Eich imponiert.) Quisling – Bourgeoisie in Vietnam – Judenräte?

Autor, ein immerzu rauchender und Tee trinkender Mensch, der Behauptungen aufstellt, die nicht im Stück stehen, und vom Theater verlangt, wozu es angeblich nicht taugt. Theater als Werkzeug, das eben dann geändert werden muß, wenn das Werkzeug nicht zureicht. Sollen Produkte den Werkzeugen abgeleitet werden oder dem Nutzen. Individuum – Geschichte – die es andererseits macht. Eichmann als Haltung, die der Kultur entspringt, die auf Lohnarbeit basiert. Kahns Scenarien. Das Drama nimmt die Tatsache auf, daß seine Formen die Formen strategischer Spiele sind. Scene mit Kahn und entwickelten Zuhörern aus Eskalation.

Psychiater, den Regisseur um Rat gebeten hat, Scene mit Kulcsar. Szondi-Test, Intelligenz, Indianerkopf, weißes Blatt –

Horror Vacui – Astrologie – autoritäre Struktur – Schicksalsbegriff.

Tonbänder, die aufgenommen wurden, was denken heutige Leute über Eichmann? Film des Interviewten.

Tonbänder mit Stellungnahmen von Informierten, Hausner, Arendt, Less, Wechtenbruch, Servatius, Bauer.

Typoskript im Nachlaß Kipphardts, Angelsbruck. – Zur Erläuterung einiger Namen:

Wekwerth, Manfred: Regisseur und Brecht-Schüler, war mit Kipphardt befreundet. – Sarrazin, Maurice: französischer Theaterregisseur und -leiter. – Schall, Ekkehard, und Borsche, Dieter: Schauspieler, beide spielten in verschiedenen Inszenierungen die Titelrolle in Kipphardts ‹Oppenheimer›-Stück. – Drexel, Ruth: Schauspielerin, sie wirkte in der Münchener Uraufführung von ‹Bruder Eichmann› 1983 als Frau Eichmann mit. – Hausner, Gideon: Staatsanwalt, vertrat die Seite der Anklage im Jerusalemer Prozeß gegen Eichmann 1961. – Kahn, Herman: amerikanischer Futurologe und Militärstratege; Kipphardt plante zeitweilig, Kahns Schriften in einer Analogie-Szene zu verwenden. – Kulcsar, Istvan S.: Psychiater, führte 1961 mehrere Gespräche mit dem inhaftierten Eichmann; auf Kulcsars Bericht darüber (siehe Bibliographie) griff Kipphardt später bei der Gestaltung der Frieda Schilch zurück. – Szondi, Lipot: Psychologe, wurde von Kulcsar für eine Blindanalyse Eichmanns herangezogen; vgl. Bibliographie. – Arendt, Hannah: Publizistin, vertrat in ihrem berühmt gewordenen Prozeßbericht ‹Eichmann in Jerusalem› die Auffassung, Eichmann sei ein Beispiel für die fürchterliche «Banalität des Bösen». – Wechtenbruch, Dieter: arbeitete als Assistent von Eichmanns Verteidiger Servatius im Jerusalemer Prozeß. – Bauer, Fritz: hessischer Oberstaatsanwalt, beantragte bei der Bundesregierung vergeblich, ein Verfahren zur Auslieferung Eichmanns an die Bundesrepublik anzustrengen.

Eichmann-Haltung

Was ist das Böse? Das Böse als historische Kategorie. Die Sklavenhaltung – Grundlage alter Kulturen – wird heute sicher als böse verworfen, der Kauf von Arbeit gegen Lohn – Grundlage der bürgerlichen Kultur – wird einer späteren Gesellschaft böse erscheinen vermutlich.

Aus Kipphardts Notatheften, Nachlaß in Angelsbruck. Datiert: 26. April 1967.

Eichmanns Religiosität

Sein Austritt aus der christlichen Kirche ist der Übertritt zu einer anderen Religion, einer neuheidnisch-heroischen, die für die Barbarei dieser Phase des Kapitalismus besser taugt. Die gesellschaftlichen Grundlagen der Religionen. Es gibt Gründe, die nationalsozialistischen Theorien im Vagen, Widerspruchsvollen, Irrationalen stecken zu lassen, so auch diese Art von Religion, eine besonders armselige. Sie kann geglaubt, sie kann nicht untersucht werden. Vielleicht muß morgen etwas anderes geglaubt werden, da braucht man Theorien, die eher hieroglyphisch vorgehen als alphabetisch.

Aus Kipphardts Notatheften, Nachlaß in Angelsbruck. Datiert: 16. Oktober 1967.

Klassenbewußtsein bei Eichmann

Bürgerliche Familie, Vater kaufmännischer Direktor, eine Art Prokurist, ehemals Buchhalter, Presbyter, Monarchist, ohne politische Aktivitäten, Mutter ebenfalls aus bürgerlicher Familie, fromm bis zu betschwesterhaften Zügen, sektiererisch, puritanisch, Tugendhaltungen der Bürger vor dem Ersten Weltkrieg.

Eichmann übernimmt die Vorstellungen des Elternhauses, monarchistische Ideen, ihm imponiert der Adel, Etikette, Reichsgräfin sowieso, Eich lernt schlecht, keine geistigen Interessen, vier Jahre höhere Schule ohne Abschluß, Praktikant, vier Semester Polytechnikum ohne Abschluß, Arbeit im Bergwerk des Vaters, das bankrott geht, kaufmännische Lehre ohne Abschluß, Vater erkennt ihn nicht an, bemängelt die fehlenden Interessen der Söhne, Eichmann wird Vertreter durch Fürsprache des Onkels, Reisender. In der Zeit seines Reifens muß er seine Deklassierung begriffen haben, er teilt mit anderen Unterklassen den Neid auf die Besitzenden, er sucht Anerkennung in Vereinen, Gesellschaften, Frontkämpferbund, Schlaraffia, SS. Er sucht Anschluß bei Pseudo-Eliten, seine Bürgerfeindschaft entsteht mit einem illegitimen Elitebewußtsein. Ihm gefällt die Idylle alter Zustände, das Mühltal, Naturschwärmerei, fühlt sich anderen gegenüber unterlegen, hat keine wirklichen Freunde, erkauft sich Geltung, indem er im Braunen Haus für andere etwas ausgibt. Traut sich nicht, Geschäfte auf eigene Faust zu machen, will geleitet sein. Sein Gefühl, deklassiert zu sein, wendet sich nicht in eine Kampfhandlung gegen das Bürgertum, er begreift das Bürgertum nicht als ökonomische Klasse, sondern als eine Haltung, er ist ein Bürger mit schlechtem Gewissen, dessen Unbehagen sich in autoritäre, militärische Strukturen flüchtet.

Eichs Anwandlungen, alle Schuld des Rassismus auf sich zu nehmen, sich als warnendes Beispiel hängen zu lassen.

Eich lernt nur als Fachmann, Judaica, fühlt sich als Judenreferent zum erstenmal wohl, selbständiger Fachmann, Karriere, in einer Hierarchie stehend, die ihm Sinn gibt, viel Freiheit ängstigt ihn. Sein Lebensziel: Polizeipräsident von Linz zu werden. Verehrt das Geniale in Heydrich, das ihm fehlt, Müller ist das Vorbild, weil er, ebenfalls ohne Vorbildung und von unten, General und Leiter der Gestapo geworden ist. Eich wird fleißig, gewissenhaft. Am Nationalsozialismus gefällt ihm die revolutionäre Gebärde gegen das Bürgerliche, dessen wirtschaftliche Interessen gleichzeitig terroristisch wahrgenommen werden.

Typoskript im Nachlaß Kipphardts, Angelsbruck.

Eichmann-Haltung

Als Eichmann während der Verhöre durch die politische Polizei in Jerusalem gefragt wurde, ob er besondere Wünsche habe, bat er den vernehmenden Offizier, seine tägliche Zigarettenration von sechs auf zehn Zigaretten erhöhen zu lassen. Auch solle man, wenn dies möglich wäre, ihm zum Frühstück nicht mehr als drei Scheiben Brot geben und das Häufchen geschnittene Zwiebel beiseite lassen. Er sei kein starker Esser, und da er zu Zahnfleischentzündungen neige, würden sich die Zwiebelstückchen leicht in den Taschen seines Zahnfleisches festsetzen. Bis dahin hatte er stets alles Brot und auch die Zwiebeln gegessen. Er hatte als Kind gelernt: Was auf dem Teller ist, wird gegessen.

Veröffentlicht im Kursbuch 51, März 1978.

[Über Schönheit]

Was ist an einem Theaterstück schön, was verschafft mir Genüsse?

Die Beschreibung von etwas Charakteristischem bestimmter Leute in einer bestimmten Zeit, das ich bisher nicht bemerkt habe, wenigstens nicht mit der gleichen Genauigkeit, und das ich prüfend akzeptieren kann.

Der Wert der Beschreibung charakteristischen Verhaltens ist größer, wenn sie Einsichten in Ursachen ermöglicht, wenn sie mir Lust macht, Analogien anzustellen und Folgerungen zu ziehen, wenn sie mich also denkend zu Eingriffen provoziert.

Die Beschreibung des Charakteristischen ermöglicht das Lösen von Schwierigkeiten, indem es das Denken zu Folgerungen, also Handlungen ermuntert. Ein Denken, das in die Wirklichkeit eingreifende Folgerungen nicht für möglich hält, degeneriert zum Spiel, das bald langweilt, eben infolge seiner Folgenlosigkeit. Es stellt den Betrieb ein.

Die Schönheit enthält die Kategorie des eingreifenden Handelns. Das Schöne liegt in der Anregung zu Veränderungen.

Aus Kipphardts Notatheften, Nachlaß in Angelsbruck. Datiert: 12. November 1967.

B. Nicht verwendete Analogie-Szenen (1967–68)

John Steinbeck

(Was der Schriftsteller John Steinbeck in Vietnam bei der 1. Schwadron der 10. Kavalleriedivision mit Major Shaughnessy erlebte:)

Als sein Hubschrauber auf unserem Pfad einfiel wie eine Fasanenhenne und er sich hinauslehnte und sagte: «Ich höre, Sie möchten gerne auf Koboldjagd gehen», da antwortete ich: «Genau das, Sir.»

«Well, zufällig haben wir gerade ein Knusperhäuschen oben in den Bergen gefunden. Springen Sie auf!»

Springen ist für mich im Kampfanzug und Feldstiefeln eher wie Kriechen, aber ich schaffte es und schnalle mich auf den Sitz, den ich am liebsten habe, weil man direkt hinunterblicken kann.

Ich nicke dem Schützen an meiner Seite zu und tätschele den Doppelgriff seiner Waffe, jetzt ungeladen und nach unten zeigend.

Sobald wir in der Luft sind, wird er die Mündung hochdrehen, die Sicherung zurückschnippen, die erste Granate des Gurtes in die Kammer führen, den Deckel herunterklappen und sich dann zurechtsetzen, um jede Bewegung auf dem Boden zu überwachen. Es ist eine Freude, ihn bei sich zu haben. Der Schwarm gezielten, explosiven Eisens, den er jederzeit loslassen kann, dürfte durchaus abschreckend wirken auf Gelegenheits-Heckenschützen, die Albernheiten im Sinne haben.

Ich weiß, daß die «Kobolde» hier die «Charleys» sind, und hoch in den Dschungelbergen haben amerikanische Stoßtrupps ein «Knusperhäuschen» gefunden, nämlich ein großes Reislager der «Charleys» genannten Vietkong, und wir sind unterwegs, um es zu besichtigen.

Ach, diese Piloten! Sie machen mich krank vor Neid. Sie reiten ihre Maschinen wie Jockeys ein prächtiges, durchtrainiertes Rennpferd. Sie drehen und wenden sich und tauchen wie Turmschwalben in der Abenddämmerung. Ich beobachte ihre Hände und Füße an den Instrumenten, und die delikate Feinheit ihres Zusammenspiels erinnert mich an die sicheren und scheinbar langsamen Hände von Casals auf dem Cello. Es sind wirkliche Musikerhände, und sie spielen auf ihren Instrumenten eine Melodie, und sie tanzen sie wie Ballerinen, und sie machen mich eifersüchtig, weil ich es ihnen so gerne nachmachen möchte.

Plötzlich steigt vor und über uns purpurner Rauch auf: unser Landesignal. Aus dem Unterholz tauchen Gesichter auf – oder besser nur Augen. Als wir aufsetzen und der Rotor stoppt, öffnen sich die Münder, und die Gestalten sind Männer, und was für Männer. Wer kann dieses plötzliche Aufglühen des Stolzes verstehen, das ich empfinde, nur weil ich zu derselben Art gehöre wie diese Männer? Es ist wohl das Gegenteil des Schauders, der Scham, der mich zu Hause überläuft, wenn ich die Vietnik-Protestierenden gegen den Vietnam-Krieg sehe: schmutzige Kleider, schmutzige Geister, sauer riechende Widerlinge mit ihren unglücklichen dürren Weggefährtinnen.

Ihre schlurfenden Protestmärsche sind so dümmlich wie ihre ewige Beteuerung, ihr Gewissen verbiete ihnen das Töten. Diese Gefahr droht ihnen gar nicht. Sie brächten ja doch keinen Schlag an, zum Teufel. Die Männer dieses Stoßtrupps hier im Dschungel rochen nach Schweiß, dem Schweiß harter Arbeit.

(Im Mekong-Delta begleitet John Steinbeck einen Suchtrupp durch die Dörfer der Reisbauern. Er berichtet:)

Wir stolperten auf eine Art Insel, die an dem Pfad lag, überstiegen ein niedriges Tor und kamen zu einem Haus mit Schindeldach, das unter einer Gruppe üppiger, fruchtbehangener Bäume lag. Ein Verhör war im Gange, von den vietnamesischen Armeedolmetschern in eine Art Universal-Kauderwelsch übersetzt.

Da war ein älterer Mann mit einem langen und dünnen weißen Bart. Seine Frau war alt und zerknittert, und die bloßen Füße der beiden waren so breit wie lang.

Ein Sergeant in Helm und Stahlweste führte das Verhör der alten Leute.

«Wo sind die jungen Männer und Frauen? Wo sind die Kinder?»

«Er sagen, weggegangen. Sie fürchten sich.»

«Wohin gegangen?»

«Er sagen, weiß nichts.»

«Frag ihn, wer die Reisernte einbringt.»

«Er sagen, er.»

«Unsinn. Schafft er gar nicht allein. Frag ihn, ob die Vietkong oft kommen.»

«Manchmal.»

«Was machen sie dann? Halten sie Vorträge?»

«Manchmal. Wir müssen für sie kochen.»

«Wann kommen sie?»

«Er sagen, nachts, verschwinden vor dem Morgen.»

«Wohin?»

«Er sagen, weiß nichts.»

«Einige von ihnen liegen bestimmt gleich hier draußen unter Wasser und atmen durch Schilfrohre. Sie können stundenlang da unten bleiben», sagte der Sergeant bitter.

Ich fragte: «Erwischen die Blutegel sie nicht?»

«Sicher. Alles erwischt sie – Blutegel, Schlangen, Malaria, Tuberkulose. Sie sind fast alle krank.»

«Wie überleben sie?»

«Tun sie nicht. Sie sterben jung.»

«Aber hier sind alte Leute.»

«Zwei», sagte der Sergeant, «in einem Haus, das für zwanzig gebaut worden ist.»

(John Steinbeck schloß seine Artikelserie in der *New York Herald Tribune* mit einer politischen Betrachtung:)

Von zu Hause höre ich immer wieder die Frage: Wann wird es endlich vorüber sein? Nun, vielleicht kommt es bald zu einem Waffenstillstand. Aber das wäre erst der Anfang. Vorerst wird das Land verseucht bleiben von den wohltrainierten, hartgesottenen Drei-Mann-Zellen des Vietkong. Sie müssen eine nach der anderen ausgerodet werden, bis die Dörfer und Weiler sich selbst verteidigen können. Und das kann ein Menschenalter dauern. Aber jeder, der bezweifelt, daß es überhaupt zu schaffen ist, sollte sich Südkorea ansehen. In einer Generation ist hier ein verändertes Volk entstanden, stolz, tüchtig und selbstbewußt.

Veröffentlicht im Kursbuch 51, März 1978. Entstanden vermutlich 1967.

Gesundes Volksempfinden (Anti-Schah-Demonstrationen am 2. Juni 1967 in Berlin)

Regierender Bürgermeister Klaus Schütz (*Pardon*-Umfrage, Januar 1968):

– Wir haben Demonstrationsrecht. Wir demonstrieren zum Beispiel alle zum 1. Mai. Ich könnte mir auch andere Anlässe vorstellen, aber grundsätzlich führe ich tagespolitische Auseinandersetzungen nicht auf der Straße. Mit denen ist nicht zu sprechen. Ihnen wird spürbar auf die Finger geklopft werden.

Da müßt ihr diese Typen sehen, da müßt ihr ihnen ins Gesicht sehen, und dann wißt ihr: Da geht es weder um links, um rechts, um Vietnam, um Anerkennung, um Springer, da geht es um keinen dieser Begriffe ... denen geht es darum, unsere freiheitliche Grundordnung lahmzulegen.

CDU-Abgeordneter Heinschke (Westberliner Senat):

– Wenn der Blinddarm schmerzt, und wenn die Qualen nicht mehr auszuhalten sind, dann bleibt nichts anderes übrig, als ihn herauszuoperieren, wenn man das eigene Leben nicht riskieren will.

Antworten auf die Frage: Was halten Sie von den Demonstrationen der Studenten und von dem Verhalten der Polizei?

– Denen fehlt bloß eine richtige Diktatur, da müßten die arbeiten wie wir und könnten nicht demonstrieren.

– Einen Kaiser mit Steinen und Dreck bewerfen, eine Schande für ganz Deutschland.

– Alle diese Parasiten – aus denen ja nie Geistesheroen werden – sollten ins Arbeitshaus gesteckt werden.

– Die Studenten sollten mal auf unsere Baustelle kommen. Wenn die uns weiter aufhetzen, können sie erleben, wie wir für Ruhe und Ordnung sorgen. Wer dann immer noch nicht kuscht, kommt auf den Bagger und nichts wie rüber mit ihm über die Mauer.

– Wir alle wünschen nur, daß die Schreihälse nach Israel eingezogen werden.

– (Die Polizei) faßt die Studenten viel zu sanft an. Bis 1945 hat es auch Studenten gegeben, aber man hat nie etwas von einem Studentenaufruhr gehört.

– Viel zu human. Wer war denn im Dritten Reich für die vielen Todesurteile verantwortlich und für die Versuche an Juden? Das waren doch alles ehemalige Studenten.

– Nur ein Student erschossen, das ist viel zuwenig. Durch den Ofen jagen, das ganze Pack.

– Euthanasie für studentische, politische, selbstmörderische Idioten gibt es ja nicht bei uns.

– Unsere Regierung soll sich begraben lassen. Mir graust, wenn ich daran denke, daß dieser Pöbel später mal die Führungsschicht in unserm Vaterland stellen soll. Hier fehlt ein Innenminister wie Hermann Göring, der ist mit den Ganoven im Scheunenviertel anders fertig geworden.

– Wenn ich das schon höre – Studenten, wird doch alles von den Kommunisten gelenkt. Mit dem Maschinengewehr sollte man sie alle umlegen. Einen nach dem anderen. Anders wird man mit Kommunisten und Sozis nicht fertig. Ich habe Weimar erlebt. Die Freikorps haben es richtig gemacht.

Frage: Verzeihen Sie ...

Antwort: Da gibt es kein Verzeihen, da hilft nur Abknallen.

Film-Interview:

Reporter, zu einem älteren Mann: Was meinen Sie zu der Demonstration?

Älterer Mann: Drecksvolk, da hilft nur noch Flammenwerfer –

Reporter: Sie meinen Wasserwerfer –

Älterer Mann: Flammenwerfer, mit Flammenwerfer rein –

Reporter: Die Polizei sollte mit Flammenwerfern –

Älterer Mann: Hilft da weiter nischt, Flammenwerfer –

Reporter: Würden Sie einen solchen Flammenwerfer bedienen?

Älterer Mann: Würd ich bedienen, als Rentner, jawohl, würd ich reinhalten.
Reporter: Wissen Sie, was die Studenten wollen?
Älterer Mann: Kaputtmachen, alles was wir hier aufgebaut haben, kaputtmachen wollen die.
Reporter: Kennen Sie Studenten?
Älterer Mann: Die haben wir ja nu hier kennengelernt.
Reporter: Ich meine persönlich, ob Sie persönlich –?
Älterer Mann: Persönlich direkt nicht, aber man sieht ja hier und liest – das genügt mir.
Reporter: Welche Zeitungen lesen Sie?
Älterer Mann: Ich lese erstens jeden Tag die Zeitung *Bild*, lese ich und zweitens neun Illustrierte.

Veröffentlicht im Kursbuch 51, März 1978. Entstanden vermutlich 1967/68.

Einübung in Vergasung

Meldung von UPI, 13. November 1968:
Rund dreißig farbige Kinder, die singend in das Gericht von Hyde Country in Swan Quarter (North Carolina) marschiert waren, um gegen die Schulzuweisungen zu demonstrieren, wurden von der Polizei mit Rauchbomben beworfen und im Gebäude eingesperrt. Ein fünfzehnjähriges Mädchen sprang aus dem ersten Stock ins Freie, bevor die Polizei die Türen wieder öffnete und den Kindern gestattete fortzurennen.

Vernehmung vor dem Schnellrichter in Swan Quarter, North Carolina

Frage: Wie heißt du?
  Antwort: Joan Johnson.
  Wie alt?
  Fünfzehn.
  Du wirst beschuldigt, du seist mit dreißig anderen Kindern in das Gericht von Hyde Country eingedrungen und hättest dort mit einer Axt die großen Glasfenster im Flur des ersten Stockes eingeschlagen? Stimmt das?
  Ja.
  Warum seid ihr in das Gerichtsgebäude eingedrungen?
  Man hat uns nicht in unsere alte Schule gelassen. Man hat uns eine neue Schule zugewiesen, die für Farbige ist, und wir wollten in die alte, da sind wir zum Gericht marschiert und haben dort gesungen, auch gerufen, daß wir in unsere alte Schule wollen. Da ist die Polizei gekommen und hat uns verboten, daß wir Lärm machen und uns wegjagen wollen.
  Habt ihr da aufgehört?
  Nein. Es waren erst wenig Polizisten, und wir haben weiter gesungen.
  Sie haben euch aus dem Gericht nicht rausgekriegt?

Wir waren nicht im Gericht zuerst, das Gericht war zu, wir waren vor der Tür, und jemand hat gerufen, daß wir den Richter sprechen wollen. Das haben wir dann alle gerufen. Da ist die Polizei gekommen und hat uns aufgesperrt.

Die Polizei hat euch die Tür aufgeschlossen?

Ja. Ein Polizist hat aufgeschlossen, und wir sind in den Gang und haben jetzt dort gesungen. Da haben sie diese Dinger in den Gang geworfen und wieder zugeschlossen.

Was für Dinger?

Die haben geraucht, die haben in die Augen gebissen, und beim Atmen da haben wir alle gehustet und keine Luft mehr gekriegt. Da haben wir nicht mehr gesungen und wollten raus, war aber zugesperrt und haben immer mehr geraucht die Dinger, da haben wir keine Luft mehr gekriegt und geschrien und hatten alle Angst. Sie haben aber nicht aufgemacht. Da bin ich die Treppe rauf, wo auch schon alles voller Rauch war, und habe das Fenster eingeschlagen und bin rausgesprungen.

Aus dem ersten Stock?

Ja. Sie haben dann die Tür wieder aufgemacht und alle Kinder fortrennen lassen. Ich habe in der Zeitung gelesen, daß es nur Rauchbomben waren, wir haben gedacht Gas.

Gespräch mit dem Polizeibeamten S.B.S., Swan Quarter, North Carolina

S.B.S.: Na ja, Polizeieinsatz, es war ja mehr so eine kleine Lektion als ein Einsatz, Madam, es war so, daß wir das gerade vermeiden wollten, da heißt es wieder Kinder, die Cops schlagen Kinder zusammen, obwohl es ja Halbwüchsige waren, die meisten. Ich hab was gegen Schlagen. Da haben wir sie eben reingelassen mit ihrem «we shall overcome» in das leere Gerichtsgebäude, denn sie wollten ja rein, und haben ein paar Rauchentwickler hinterher und zugesperrt. Da ist ihnen das Singen dann ganz schnell vergangen, und zum Richter wollten sie auch nicht mehr. Als wir die Tür wieder aufgemacht haben, die waren schneller weg als wie beim Hunderennen, alle dreißig. Es waren ganz harmlose Rauchentwickler, was man jetzt draus macht –? Das Ganze war, daß ich einen harten Einsatz nicht gegen Schulkinder wollte. Jetzt machen Sie es allen recht.

Typoskript im Nachlaß Kipphardts, Angelsbruck.

Zum Beispiel Taylor

Frederick Winslow Taylor, ein wissenschaftlich arbeitender Industriemanager der Jahrhundertwende, doziert.

Taylor: Ich möchte die Grundsätze meiner wissenschaftlichen Betriebsführung am Beispiel des Verladens von Roheisen erörtern. Ich wähle diese Arbeit, weil sie die vielleicht roheste und einfachste Form von Arbeit ist. Die Hände sind das einzige Werkzeug. Ein Roheisenverlader bückt sich, nimmt einen Eisenbarren von ungefähr 42 kg auf, trägt ihn eine kurze Strecke weit und stapelt ihn auf einen Haufen. Einen intelligenten Gorilla könnte man zu dieser Arbeit abrichten. Doch liegt in dem richtigen Aufheben und Wegschaffen von Roheisen eine ganze Wissenschaft.

Mit Ausbruch des Spanisch-Amerikanischen Kriegs um die Insel Kuba 1893 waren die Preise für Roheisen gestiegen, und die Bethlehem Steele Compagny konnte ihr gesamtes Eisenlager von 80000 Tonnen verkaufen. Die Verladung des riesigen Eisenlagers gab uns Gelegenheit, die Vorteile der Pensumarbeit vor der althergebrachten Tages- und Stückarbeit zu beweisen.

Die Bethlehem Steele Compagny hatte fünf Hochöfen. Das produzierte Roheisen wurde seit vielen Jahren durch eine Arbeiterkolonne von 75 Mann verladen. Den Roheisenstapeln entlang war ein Eisenbahngleis verlegt worden. Jeder Arbeiter nahm einen Barren von 42 kg, ging damit über eine dicke Planke in den Waggon und stapelte ihn von hinten nach vorn auf. Auf diese Weise verlud jeder einzelne ungefähr 12½ Tonnen pro Tag.

Unsere eingehenden Untersuchungen ergaben aber, daß ein guter Roheisenverlader 47–48 Tonnen verladen könnte, ohne Aufstände oder Streitigkeiten mit den Arbeitern hervorzurufen. Unser Ziel war, daß die Leute beim Verladen von täglich 47 t sogar zufriedener waren als bei den 12½ t. Unser erster

Schritt war, die richtigen Leute für unser System zu finden. Nach einer viertägigen Beobachtung der Roheisenverlader wählten wir vier Leute aus, die uns körperlich besonders geeignet schienen. Wir studierten ihr Vorleben, ihren Charakter, ihre Gewohnheiten, ihre Ausdauer und ihren Ehrgeiz. Wir entschieden uns, mit einem untersetzten Pennsylvanier deutscher Abstammung anzufangen. Er hieß Schmidt. Nach unserer Beobachtung legte Schmidt nach Feierabend seinen halbstündigen Heimweg ebenso frisch zurück wie morgens seinen Anmarsch. Bei einem Lohn von 1,15 Dollar pro Tag war es ihm gelungen, ein kleines Stück Land zu erwerben. Morgens, ehe er zur Arbeit ging, und nach seiner Heimkehr am Abend arbeitete er daran, ein kleines Haus für sich und seine Familie zu bauen. Man sagte, für Schmidt sei ein Penny so groß wie ein Wagenrad.

Wir verhandelten jetzt mit Schmidt. Unser System verlangt, mit Arbeitern immer nur einzeln zu verhandeln, nie «en masse». Wir wollten Schmidt dazu bringen, 47 t Eisen pro Tag zu verladen und dabei froh und glücklich zu sein. Ich ließ Schmidt rufen und hatte mit ihm die folgende Unterhaltung:

(Der Roheisenverlader Schmidt tritt auf.)

Taylor: Sind Sie ein erstklassiger Mann, Schmidt?

Schmidt: Ich weiß nicht, was Sie meinen.

Taylor: Ich möchte wissen, ob Sie erstklassig sind oder durchschnittlich, Schmidt? Ob Sie 1 Dollar 85 am Tag verdienen wollen, oder ob Sie mit 1 Dollar 15 zufrieden sind, wie die billigen Leute.

Schmidt: Wenn erstklassig heißt, 1 Dollar 85 am Tag zu verdienen, dann bin ich so einer.

Taylor: Sehen Sie diesen Haufen Roheisen?

Schmidt: Ja.

Taylor: Sehen Sie diesen Waggon?

Schmidt: Ja.

Taylor: Wenn Sie erstklassig sind, dann laden Sie dieses Roheisen morgen für 1 Dollar 85 in den Waggon!

Schmidt: Ich bekomme 1 Dollar 85, wenn ich diesen Haufen Roheisen morgen auf den Wagen da lade?

Taylor: Für jeden solchen Haufen, den Sie verladen, bekommen Sie 1 Dollar 85, tagtäglich, jahraus, jahrein. Das ist das Pensum eines Mannes, der erstklassig ist.

Schmidt: Wenn ich das jeden Tag bekomme, dann bin ich erstklassig.

Taylor: Gut, dann werden Sie von morgen ab tun, was Ihnen mein Mann sagt, und zwar von morgens bis abends. Wenn er sagt, Sie sollen einen Roheisenbarren aufheben, dann heben Sie ihn auf, wenn er sagt: Gehen Sie!, dann gehen Sie, und wenn er sagt: Setzen und ausruhen!, dann setzen Sie sich hin und ruhen sich aus. Ist das klar, Schmidt?

Schmidt: Für 1 Dollar 85 ist das klar, Sir.

(Schmidt geht ab. Taylor doziert weiter)

Taylor: Vom nächsten Tage an tat Schmidt, was ihm der Mann sagte, der den Verladevorgang wissenschaftlich zerlegt hatte.

Heben. Gehen. Stehen. Absetzen. Er arbeitete, wenn ihm befohlen wurde, zu arbeiten, und ruhte sich aus, wenn ihm befohlen wurde, sich auszuruhen, und um halb sechs Uhr nachmittags hatte er 47½ t verladen. Er arbeitete tagtäglich in diesem Tempo und leistete das verlangte Pensum tadellos. Er verdiente etwas mehr als 1 Dollar 85 durchschnittlich, also 60 % mehr als die anderen Arbeiter, die nicht nach unserem System arbeiteten. In der Folge wurde ein Mann nach dem anderen ausgelesen und angelernt, 47½ t zu verladen, bis alles Roheisen auf diese Weise verladen war. Die Arbeiter erhielten 60 % mehr Lohn, und die Verladeleistung war um nahezu 400 % gestiegen. So war dem Arbeiter wie dem Unternehmer gedient. Mit unseren Untersuchungen hatten wir herausgefunden, was man von einem Roheisenverlader erwarten kann, ohne daß er dabei körperlichen oder seelischen Schaden leidet. Später konnten wir die Vorteile der wissenschaftlichen Betriebsführung auf nahezu allen Arbeitsgebieten erweisen. Es naht die Zeit, in der alle großen Dinge durch jenes Zusammenarbeiten zustande kommen, bei dem jeder einzelne die Arbeit tut, die für ihn am besten paßt, jeder seine Individualität wahrt und sein spezielles Gebiet voll beherrscht.

Typoskript im Nachlaß Kipphardts, Angelsbruck. – F. W. Taylor (1856–1915), ein amerikanischer Ingenieur, entwickelte eine Methode der Rationalisierung, bei der überflüssige Bewegungen und versteckte Pausen eliminiert werden: das Prinzip des Taylorismus.

C. Aus Briefen (1965–67)

An Karlheinz Braun   3. Februar 1965

Lieber Herr Braun,
[…] Piscator hat mir geschrieben, daß er an HUND nach wie vor interessiert sei und nichts Genaues wisse. Dieses Gesellschaftsspiel treiben wir schon einige Jahre, und es ist etwas bizarr, weil er mich erst kürzlich in Berlin wirklich bekniet hat, ihm doch möglichst HUND zu geben, das er schnell machen könnte etc. Ich spreche mit ihm, wenn ich in Berlin bin, und ich werd ihm da sagen, daß er um ein Ja oder Nein nicht mehr herumkommt. Er schreibt mir, daß er mich dringend zu einem Stück über den Auschwitz-Prozeß bereden wolle, um eine direkte Wirkung auf diesen Eiertanz um die Verjährungsfristen zu erzielen, und er übersieht, daß sowohl HUND wie JOEL BRAND eine solche Wirkung hätten. Ich denke natürlich nicht daran, ein Stück über den Auschwitz-Prozeß zu machen, weil ich keine Geschichte dazu habe, und weil mich die kleinen Nazitotschläger auch nicht so interessieren wie die großen Strategen und Aufsichtsräte in den mörderischen Geschäftsunternehmen, die sich der allgemeinen Wertschätzung erfreuen, seit der Wilhelmstraßen-Prozeß und die Industrieprozesse vergessen wurden, und das war bald. Ich bin sehr fasziniert von dem Material, das ich für die Arbeit an JOEL BRAND und dem Hitler-Stück studiere, und ich stoße ununterbrochen auf geniale szenische Einfälle der Weltgeschichte dieser Periode. Wenn ich dann so Stücke über die Einsamkeit und über den Tod und über die Lieblosigkeit lese, das hat dann schon eine komische Obszönität. […]
   Ich bin mit den herzlichsten Grüßen und den besten Wünschen

                                                    Ihr
                                            Heinar Kipphardt

Brief-Durchschlag im Nachlaß Kipphardts, Angelsbruck. – Karlheinz Braun war damals Lektor im Suhrkamp-Verlag, Frankfurt. Der Regisseur Erwin Piscator hatte 1964 an der Freien Volksbühne Berlin Kipphardts Stück ‹In der Sache J. Robert Oppenheimer› uraufgeführt. Mit «HUND» ist Kipphardts Bühnenstück ‹Der Hund des Generals› gemeint. Das im Brief erwähnte «Hitler-Stück» hat Kipphardt nie geschrieben.

An Siegfried Unseld   12. September 1965

Lieber Herr Unseld,
[...] Ich mache in der nächsten Zeit einen Film für Bavaria, der den Titel haben wird BRUDER EICHMANN. Das ist eine analytische Beschreibung der Entwicklung dieses bürgerlichen deutschen Pflichtmenschen, und ich gehe dabei von den überaus umfangreichen Vorverhören durch den israelischen Geheimdienstchef Avner Less in Jerusalem aus. Aller Wahrscheinlichkeit nach steckt in dem Stoff aber kein Stück, und ich würde auch nur daran denken, wenn sich eine Fabel entwickeln läßt, die sich mit Joel Brand gar nicht berührt. [...]
   Ich bin mit den besten Grüßen

                                    Ihr
                                    Heinar Kipphardt

Brief-Durchschlag im Nachlaß Kipphardts, Angelsbruck. – Siegfried Unseld ist der Leiter des Suhrkamp Verlages, Frankfurt, in dem Kipphardts Theaterstücke damals erschienen.

An Peter Hacks   3. November 1967

Lieber Peter,
[...] Ich saß der verhinderten Reise wegen, wo ich nicht sitzen wollte, zwischen verschiedenen Arbeiten, die mich trostlos anstarrten, denn es gelingt mir fast nie, den stacheligen Weg zu einer neuen Arbeit ohne Golgatha zu durchwatscheln. Meine

Depressionen zu diesen Zeiten verlaufen exakt so, wie es in den psychopathologischen Lehrbüchern steht, nur daß ich mir äußere Gründe liefern kann, an die ich allerdings nicht glaube. Ich bin davon überzeugt, nie mehr einen Satz schreiben zu können, öffne keine Briefe und fürchte mich vor dem Telefon, das ich aber funktionieren lasse. Zu Entschlüssen oder Tätigkeiten außerstande, bin ich auf einige Automatismen reduziert, eine Sorte von mechanischem Lesen und äußerst klebrigem Denken. Ich lese da gern Flottenkalender, aber ich würde auch zum Exempel Strittmatter lesen, wenn er mir in die Hand käme. Was mir aber der Gott der Zyklothymen noch nicht angetan hat. Die Schwierigkeit ist, ich weiß nicht, ob ich den Roman mache, was mir am leichtesten fallen würde, oder Eichmann oder Kyros gar, was auch wie alles Erfundene leichter geht. Gegen den Roman spricht, daß ich auch nach SOLDATEN noch ein Stück brauche, gegen Eichmann, daß ich keine rechte Fabel zusammenbringe. Es versteht sich, daß ich nicht Eichmann beschreibe, sondern die bürgerliche Normalität in ihrer wirklichen Konsequenz, monströs ist das Normale in unserer auf Lohnarbeit beruhenden Kultur. Da nahezu überall Lohnarbeit ist, ist nahezu überall Eichmann. Das kann ein schmerzhafter Beweis sein, wenn ich es beweisen kann. Die Fabel, verflucht, die mir hilft, streitende Gedanken auf dem Theater darzustellen wie streitende Heere. [...]

Mein Neid auf Deine Arbeitslust ist gallengelb.

Küß die Anna und sei umarmt von Deinem alten
Kipp

Brief im Besitz von Peter Hacks, Berlin/DDR. – Hacks und Kipphardt waren seit Mitte der fünfziger Jahre befreundet. Die «verhinderte Reise» war ein geplantes, nicht realisiertes Treffen beider in Prag. Der erwähnte «Roman» war ein Projekt über faschistische Konzentrationslager, Arbeitstitel «Die Tugend der Kannibalen», das Kipphardt nicht zu Ende führte; Vorarbeiten sind in die Erzählung ‹Der Deserteur› eingeflossen. Auch das Projekt «König Kyros» wurde nicht abgeschlossen.

Von Peter Hacks 12. November 1967

Lieber Heinar, glaube nur nicht, es ginge nur Dir schlecht. Thomas Mann schrieb dem Heinrich, daß ihm in seinem Leben nie mehr etwas einfallen könnte (es war etwa 1908), und er habe den Hofmannsthal getroffen, dem auch nichts mehr einfalle. Schmeichelhafterweise setzte er hinzu, die, denen nichts einfällt, seien die Begabtesten.

Ich habe bloß das Glück, daß meine Talsohlen somatischer Natur sind; ich kann halt meistens nicht arbeiten; so richtet sich mein Mißtrauen wenigstens auf meinen Leib und nicht auf mein Unsterbliches. Aber ich glaube, der Vorgang ist, wie er sich auch abspielt, immer derselbe: es ist einfach zu anstrengend, tagaus, tagein zu dichten, und so schützt sich die Natur und macht, daß man es oft läßt.

Du weißt, daß ich von Deinen Projekten den Roman am meisten schätze, aber vermutlich kann man davon nicht leben. Für die Moral, daß das KZ die höchste Stufe des Kapitalismus sei (aber es ist nicht «das Normale», es ist die äußerste Konsequenz, die ins Gegenteil umschlägt, so wie Schwejks Blödheit die äußerste Konsequenz von Soldatentugend) – für die Moral scheint mir der Roman das geeignetste Gefäß.

Ich wittere die Unterstellung, daß in der sozialistischen Wirtschaft Lohnarbeit und also eichmännische Möglichkeiten stecken. Ich würde da streiten. Unsere Gesellschaftsformation, die in der Erscheinung reine Warenproduktion vorführt, zeigt zugleich schon viel von ihrem Wesen, das in der Produktion von Gebrauchswert besteht. Es macht einen Unterschied, ob eine ganze Volkswirtschaft, aus Akkumulationsgründen, Mehrwert erzeugt, oder ob Privateigentümer aus Konkurrenzgründen dasselbe tun.

Ohne die Eichmann-Story sehr gut zu kennen, glaube ich nicht an die Tauglichkeit dieser Person fürs Drama. Er ist, wie Hitler, langweilig dadurch, daß er gar kein bißchen Recht hat, und er ist noch langweiliger als Hitler dadurch, daß er ein langweiligerer Mann ist als der. Ich sehe ja ein (ohne es auch zu glauben), wenn mir jemand erzählt, es sei die Pflicht der Kunst, in einer langweiligen Welt langweilig zu sein. Aber gesetzt, es wäre die Pflicht der Kunst, so ist es sicher nicht die des Theaters.

Streitende Gedanken kann man sicher ebensogut vorführen wie streitende Heere; ich meine aber, daß jedes von beiden ohne das andere von weniger Wert ist. Ein Gedanken-Schlachtfeld ist amüsant, wenn es dort, außer um die Wahrheit, auch um die Macht geht; jede Kampf-Aktion taugt nur was, wenn es außer um die Macht auch um die Wahrheit geht. Nicht um die Wahrheit geht es bei Eichmann, diesem vom Weltgeist Verlassenen.

[...]

Laß es Dir gut gehn.
Immer Dein
Peter

Brief im Nachlaß Kipphardts, Angelsbruck.

D. Interviews (1967)

«Wäre ich Eichmann geworden?»

Herr Kipphardt, Figuren und Handlung Ihrer neuen Komödie ‹Die Nacht, in der der Chef geschlachtet wurde› sind frei erfunden. Hat das Dokumentartheater für Sie ausgespielt?

Kipphardt: Nein, ich arbeite seit einiger Zeit an einem Stoff, der von faktischem Material ausgeht, mit Figuren aus der jüngsten Vergangenheit, Figuren wie Eichmann, und ich beschreibe die Fortsetzung der Eichmann-Haltung in unserer politischen Gegenwart.

Ist das Dokumentartheater die einzige Form, Historisches zu dramatisieren?

Kipphardt: Man kann bestimmte Verhaltensweisen der Historie auch mit dem Parabeltypus beschreiben, aber ich bin der Meinung, daß das dokumentarische Drama der unserer Zeit gemäße Typus des historischen Dramas ist.

Warum?

Kipphardt: Sie können kein Hitler-Drama oder kein Trotzki-Drama oder kein Drama über Auschwitz oder Churchill schreiben, ohne daß Sie die heutigen Informationsweisen berücksichtigen; unser Zeitgenosse ist in anderer Weise informiert als der Zeitgenosse Shakespeares oder Goethes.

Sie meinen, der Dramatiker, der bislang ästhetisch oder dramaturgisch überprüfbar war, muß auch historisch überprüfbar schreiben. Sollte man da den Leuten statt eines Theaterbilletts nicht lieber gleich ein historisches Werk in die Hand drücken?

Kipphardt: Ich weiß nicht, warum Exaktheit einen großen Stoff auf dem Theater langweilig oder unsinnlich machen soll. Ich finde Visionen und schöne Gefühle über eine Sache meist langweiliger als die Sache selber. Zum Historiker im Unterschied will ein Dramatiker ein historisches Geschehen nicht bloß beschreiben; er versucht, dem historischen Vorgang die Bedeutung für die eigene Zeit zu entreißen.

Das heißt, er interpretiert die Historie, färbt sie ...

Kipphardt: Interpretiert ja – färbt nein. Natürlich bringt der Dramatiker seine Betrachtungsweise zur Geltung. Wie der Wissenschaftler auch, übrigens. Wissenschaftler, die auf derselben Faktengrundlage und mit denselben Dokumenten arbeiten, kommen zu unterschiedlichen Ergebnissen.

Ist denn der Dramatiker auch so eine Art Wissenschaftler?

Kipphardt: Ein heutiger Schriftsteller muß bei der Behandlung großer Stoffe viel mehr wissenschaftliche Vorarbeit leisten, als das früher notwendig war. Er muß eine gewisse Methodik bekommen. Wenn das Theater die Wirklichkeit behandeln will, wenn es dem Zeitgenossen ein Ort bleiben soll, an dem wichtige Fragen der eigenen Zeit kunstfähig behandelt werden, muß sich das Theater zu Techniken entschließen, die diese Wirklichkeit wiedergeben können, und zwar mit Einschluß wissenschaftlicher Methodik.

Macht der Dramatiker damit dem Historiker Konkurrenz?

Kipphardt: Keinesfalls. Es ist allerdings nicht die Schuld der Dramatiker, daß die Historiker bestimmte Gebiete der jüngeren Zeitgeschichte sehr zögernd behandeln.

Möglicherweise zögern sie, weil ihnen die Faktenfülle noch nicht durchschaubar genug ist. Hat es der Dramatiker nicht leichter, der nur Material für sein Stück auswählt?

Kipphardt: Die Weltgeschichte ist, wie Sie mir zugeben werden, keine Dramaturgin. Der Dramatiker bewegt sich, in Anerkenntnis, daß er die wesentlichen Tatsachen nicht beugen will, frei im Stoff. Er muß aus der großen Fülle von Material das Wesentliche destillieren. Damit kommen Sie nie zu Rande, wenn Sie etwa mit der Schere Klebearbeiten machen und Sätze oder Tatbestände zusammenkleben. Sie müssen natürlich, wie jeder andere Dramatiker auch, ein in sich zusammenhängendes, folgerichtiges Stück schreiben, das seine eigene Sprache und seine eigene szenische Dialektik hat, die ja bei jedem Schriftsteller verschieden ist.

Kann denn ein solcher Fakten-Digest in jedem Fall noch «dokumentarisch» sein?

Kipphardt: Der Stückeschreiber muß die beste Sorte von Dokumenten herstellen, nämlich eine neue Qualität von Dokumenten, die auf verkürzte Art und Weise Sinn und Zweck der Begebenheit enthält. Es muß dazu noch ein genießbares Produkt sein.

Welche Bedeutung wird denn Ihr nächstes Dokumentarstück, das Eichmann-Drama, für die Gegenwart haben?

Kipphardt: Es behandelt den widerspruchsvollen Satz, daß der Mensch einerseits das Objekt der Fremd- und Individualgeschichte ist, die er andererseits selbst macht. Konkret formuliert: Wäre ich in ähnlicher Lage wie Eichmann unter ähnlichen Umständen aufgewachsen, wäre ich Eichmann geworden? Wenn ja, warum? Wenn nein, warum nicht? So hatte dieses Stück ursprünglich den Arbeitstitel «Bruder Eichmann».

Das Gespräch führte Fritz Rumler, es wurde veröffentlicht in ‹Der Spiegel›, 15. Mai 1967.

Diagnose und Therapeutik in der Literatur heute

Mit Schriftstellern spricht man – wenn sie sich überhaupt sprechen lassen – natürlich nicht übers Wetter. Und doch spricht Kipphardt mit der kühlen Sachlichkeit des Meteorologen, der eine Wetterlage diagnostiziert. Den Wissenschaftler verleugnet Kipphardt auch dort nicht, wo er über Literatur spricht. Das ist der angenehme Vorzug seiner Konversationsweise.

Kipphardt: Als Psychiater richte ich meinen Blick möglichst kaltblütig auf die Krankheitskeime unserer Zeit.

Traube: Führt diese Kaltblütigkeit nicht zur Teilnahmslosigkeit gegenüber dem Patienten?

Kipphardt: Ich glaube nicht, denn kaltblütig sein heißt nicht, blutlos sein ... ich denke aber, daß die Zeit vorbei sein sollte, wo man Dichtung und Wissenschaft glaubte prinzipiell trennen zu müssen. Bei uns in Deutschland ist dieser Aberglaube des 19. Jahrhunderts allerdings noch immer weit verbreitet. Wir Deutsche sind trotz allem Rationalismus immer noch ein Volk von Mystikern. Dagegen sollte man sich wehren.

Traube: Sind Sie aus solchen Überlegungen zum dokumentarischen Stil Ihrer Stücke gekommen? Sie dürfen sich immerhin mit Peter Weiss und Rolf Hochhuth zu den Wegbereitern dieses neuen Bühnenstils zählen.

Kipphardt: Die Tatsache, daß heute dokumentarisch fundierte Stücke geschrieben und aufgeführt werden, schließt keineswegs die Existenzberechtigung und Wertschätzung anders konzipierter Bühnenstücke aus. Nicht jeder Stoff verlangt die dokumentarische Fundierung. Aber ich denke, daß beispielsweise ein Versuch, die Verbrechen von Auschwitz zu dramatisieren, scheitern müßte, wenn er sich nicht auf die nachweisbaren Fakten stützen würde. Das scheint mir auf jede Denunziation gesellschaftlicher Unzulänglichkeiten mehr oder weniger zuzutreffen. Das dokumentarische Bühnenstück unserer Zeit ist das Historiendrama unserer Zeit.

Traube: Aber wo bleibt bei solcher Konzeption die schöpferische Rolle des Schriftstellers? Ist er da noch mehr als nur ein gewissenhafter Chronist?

Kipphardt: Ein Dramatiker ist selbst bei größter Wirklichkeitsnähe kein Historiker. Ihm ist die Wahl des Stoffes, des räumlichen und zeitlichen Ausschnittes, die Raffung und Dehnung der Vorgänge, ihre Ver-Dichtung anheimgegeben. Shakespeare verfuhr ziemlich frei mit den Protagonisten der hundert Jahre vor ihm zu Ende gegangenen Rosenkriege, und doch ist die historische und menschliche Fundgrube seiner Dramen unerschöpflich. Seit Shakespeares Zeiten haben sich jedoch Zahl und Zuverlässigkeit der dem Schriftsteller zur Verfügung stehenden Informationsquellen nicht unwesentlich vermehrt und verbessert. Die Kommunikationswege und -mittel sind für Autor und Publikum überschaubarer, nachprüfbarer geworden. Die Wirklichkeit ist erkennbarer, ihre Reflektierbarkeit in der Literatur objektiver geworden. Immerhin bleibt es dem Schriftsteller auch weiterhin überlassen, das Material der objektiven Wirklichkeit subjektiv zu sichten und zu gestalten.

Wir kamen dann auf das vorerst letzte Stück Heinar Kipphardts zu sprechen, auf seine Komödie ‹Die Nacht, in der der Chef geschlachtet wurde›, die unlängst anläßlich ihrer Stuttgarter Uraufführung eine zwiespältige Aufnahme bei Publikum und Presse fand. Ein Zerrspiegel des Spießbürgers, der im Reich seiner Träume all seine Ängste und Wünsche austobt, deren Ausleben ihm die gesellschaftlichen Konventionen normalerweise verwehren. Dieser Kleinbürger namens Bucksch ist nichts anderes als ein verhinderter Eichmann, den eine leidlich demokratische Umwelt (wieder oder noch) daran hindert, seine obskuren Triebe im Bereich der Wirklichkeit gesellschaftlich «nutzbar» zu machen.

Traube: Sind Sie bei Ihrem letzten Stück nicht von den Spielregeln des Dokumentarstücks abgewichen? Haben Sie sich dabei nicht von der historisch nachprüfbaren Ebene der Geschichte auf das doppelbödige Terrain der psychologischen Spekulation begeben? Müssen wir diesen Stilwandel als die endgültige Aufgabe Ihrer bisherigen Arbeitsweise betrachten, oder aber ist dieses «Nachtstück» für Sie nur quasi eine Fingerübung, eine Etüde zwischen zwei gewichtigeren Werken gewesen?

Kipphardt: Ich hatte mir die Arbeit an dieser Komödie tatsächlich zunächst als eine gewisse Entspannung gedacht, als Erholung nach langen und aufreibenden Materialverarbeitungen. Sie wurde dann aber doch für mich eine sehr ernste Arbeit, die mir mehr Probleme aufgab als meine letzten Stücke. Die von mir hier angewandte Form des Traumspiels bedeutet auch keineswegs einen Verzicht auf die Denunziation des Unbehagens in unserer Zeit. Es kann nicht Sache der Schriftsteller sein, von unserer Zeit viel Rühmens zu machen. Die Fäulnisherde unseres Unbehagens wollen aufgedeckt werden. Sie werden auch wirksam in unseren Träumen. In unseren Träumen ungehemmter als in der Wirklichkeit, weil sie hier die Zensur unserer gesellschaftlichen Konventionen nicht zu passieren haben. Die Sorgen und Ängste eines Schriftstellers sind aber die Sorgen und Ängste seiner Zeit. Die Tage der potentiellen Eichmänner sind noch keineswegs vorbei. Die Degeneration des Bürgertums ist nicht eine Ausnahmeerscheinung in Deutschland. Eichmänner – so fürchte ich – sind auch in Vietnam am Werke. Die Zeitläufte fördern ihre Entwicklung. Von keinem weiß man mit Sicherheit, ob nicht auch er dazu prädestiniert ist, ein kleiner oder großer Eichmann zu werden. Ein Bühnenstück über Eichmann, an dem ich jetzt arbeite, dürfte daher nicht nur historische Bedeutung haben.

Traube: Ist nicht zu befürchten, daß eine Überbetonung der Milieu- und Zeitbedingtheit solch monströser Erscheinungen auf eine Rehabilitierung der faschistischen Mörder hinausläuft?

Kipphardt: Ich glaube nicht, denn ich werde versuchen nachzuweisen, daß die Gesetze der historischen Notwendigkeit die Verantwortung des einzelnen und seine Entscheidung in Freiheit nicht ausschließen.

Traube: Und welches wird die Moral Ihrer Geschichte sein?

Kipphardt: Ich bin kein Moralprediger, denn ich bin schließlich nicht der liebe Gott. Ich muß mich mit der Kritik von Mißständen bescheiden.

Traube: Und glauben Sie, daß literarische Kritik die Welt verändert?

Kipphardt: Als junger Mensch war ich von der unmittelbaren Wirkung der Literatur auf die Gesellschaft überzeugt, heute bin ich bescheidener geworden. Heute weiß ich, daß der Lauf der Welt am wenigsten von Moralitäten, viel mehr von ganz anderen gesellschaftlichen Kausalitäten bestimmt wird, aber ich glaube nach wie vor, daß nichts so aufbauend wirkt wie Kritik.

Traube: Haben Sie die Absicht, mit Ihren Stücken dem Publikum Lehren zu erteilen?

Kipphardt: Das wäre Anmaßung. Der Autor sollte sein Publikum als mündigen Partner betrachten. Gemeinsam mit ihm sollte er sich um Klarheit bemühen. Dieses Bemühen sollte aber nie mit einer Versimpelung der Probleme einhergehen. Bestenfalls können wir Diagnosen stellen. Eine richtige Diagnose war aber noch immer die Voraussetzung zu einer wirksamen Therapie.

Das Gespräch führte Rolf Traube, sein Bericht wurde veröffentlicht in ‹Deutsche Volkszeitung›, 6. Oktober 1967.

Gehört die Eichmann-Haltung zu den erschreckenden Symptomen unserer Zeit?

Vor kurzem hat Wolfgang Heinz an seinem «Deutschen Theater» in Ost-Berlin das Dokumentarstück ‹Der Nürnberger Prozeß› von Rolf Schneider uraufgeführt und darin u. a. Göring, Keitel, Streicher und Schacht auf die Bühne gebracht. Das Stück ist die Nachbildung des Prozesses zum Zweck der Erinnerung.
Wird auch Ihr Eichmann-Drama, Herr Kipphardt, ein «historisches Stück» sein, wird die geschichtliche Figur des Adolf Eichmann im Zentrum Ihres neuen Werkes und schließlich in persona auf der Bühne stehen?

Kipphardt: Ich habe nie ein «Dokumentarstück» geschrieben, wie das eben von Ihnen erwähnte ... Auch im Fall meines szenischen Berichtes ‹In der Sache J. Robert Oppenheimer› handelt es sich um einen literarischen Text, nicht um ein Dokument. Natürlich sah ich mich an die Tatsachen gebunden, die aus den Dokumenten und Berichten zur Sache hervorgehen. Was nun mein Eichmann-Stück betrifft, so wird es ebenfalls kein historisches Personen-Drama.

Der Eichmann-Prozeß wird also nicht auf der Bühne nachvollzogen werden?

Kipphardt: Nein. Eichmann steht nicht im Mittelpunkt des Geschehens. Mich interessiert vielmehr die Eichmann-Haltung als bürgerliche Haltung schlechthin. Insofern untersuche ich diese Eichmann-Haltung, ihre Entwicklung in Vergangenheit und Gegenwart mittels Analogmaterial ...

Was verstehen Sie unter «Eichmann-Haltung als bürgerliche Haltung»?

Kipphardt: Eichmann war ein Mann, der sich am meisten erklärt hat. Seine auf rund 80 Tonbändern festgehaltenen Äußerungen in Israel sowie seine autobiographischen Aufzeichnungen, die er zum Teil schon im südamerikanischen Exil verfaßt hat, weisen ihn als einen Bürger mit konsequenten Eigenschaften aus, als einen Mann der absoluten Pflichterfüllung, einer Pflichterfüllung, die auch im Verbrechen nicht fragt. Diese «gewissenhafte» Pflichterfüllung ohne Abstriche, Eichmanns Haltung nämlich, ist gleichzeitig aber auch die bürgerliche Durchschnittshaltung ... natürlich nicht nur in Deutschland.

Sie sprachen vorhin von analogen Beispielen, die Sie in Ihrem Drama verarbeiten ...

Kipphardt: Zum Beispiel sehe ich eine typische Eichmann-Haltung in der Atomstrategie. Oder in der Kolonialpolitik. Wenn amerikanische Wissenschaftler den Atomkrieg im Sandkastenspiel vorvollziehen, wenn Atomangriff und Gegenangriff für diese Wissenschaftler reale Tatsachen geworden sind, dann nimmt der ständige Umgang mit der furchtbaren Spekulation die Realität des Atomkrieges vorweg. Die Abwehrkräfte kommen nicht mehr zur Geltung. Auch diese Art der militärischen oder wissenschaftlichen Pflichterfüllung ist eine Eichmann-Haltung.

Keineswegs anders sieht es in der modernen Kolonialpolitik aus. Der amerikanische Geschwaderkommandeur über Vietnam fragt ebensowenig nach Recht oder Unrecht, wie es Adolf Eichmann an seinem Schreibtisch tat. Auch er erfüllt eine Pflicht. Das Nachdenken überläßt er anderen – und auch die Verantwortung. Wieder eine Eichmann-Haltung.

Es gibt also keine spezifisch deutsche Eichmann-Haltung. In Ihrem Drama wird die Eichmann-Haltung demnach als ein menschliches Phänomen unserer Zeit abgehandelt. Spielen aber nicht doch gesellschaftliche Probleme bei der Entwicklung der «internationalen» Eichmann-Haltung eine Rolle?

Kipphardt: Selbstverständlich müssen auch die gesellschaftlichen Faktoren berücksichtigt werden. Im Fall von Menschen wie Eichmann heißt das: ihr Elternhaus, ihre berufliche Stellung, die politische Umwelt, in der sie aufwuchsen usw., auch ihre erworbenen Charaktereigenschaften sind von Bedeutung. Trotzdem ist die Eichmann-Haltung in gewisser Beziehung von den genannten Faktoren unabhängig. Denn: den Weg des Adolf Eichmann hätte jeder gehen können, wenn ihn das Schicksal in eine ähnliche Position gehoben hätte. Und viele sind einen ähnlichen Weg gegangen. Auch der Schriftsteller, der Drehbuchautor oder der Universitätsprofessor legen eine Eichmann-Haltung an den Tag, wenn sie nur im Sinne einer höheren politischen Ordnung ihre «Pflicht» erfüllen. Auch sie können mit dieser Pflichterfüllung töten, ohne je einen Menschen persönlich ermordet zu haben.

Herr Kipphardt, sehen Sie persönlich in Deutschland Ansätze zu einer Alternative zwischen der bürgerlichen Eichmann-Haltung und politischem Verantwortungsbewußtsein?

Kipphardt: Doch. Diese Alternative bilden bei uns die Gewerkschaften. Ihre Aktivität, beispielsweise in Sachen Notstandsgesetzgebung, ist eine Gewähr dafür, daß das politische Leben in der Bundesrepublik nicht in einer formalen parlamentarisch-demokratischen Ordnung erstarrt.

Das Gespräch führte Adelbert Reif, es wurde veröffentlicht in Welt der Arbeit, 22. Dezember 1967.

E. Aus Briefen (1978–82)

An Ingrid Karsunke   16. Januar 1978

Liebe Ingrid Karsunke, dummerweise hatte ich keine Zeit, was von mir Ausgehendes für das *Kursbuch* zu machen, bin auch etwas ungeübt mit ganz persönlichem Zeuge. Etwas aus dem Roman zurechtzumachen, das gelang mir nicht, da kam die Romanfigur und ich immer durcheinander. Weil ich nichts Richtiges für Euch hatte, sah ich die Eichmann-Vorarbeiten durch und war von mancherlei angezogen, schicke mal 47 Seiten, die ich nur einmal habe, als Einschreiben und bitte die ebenso zurück. Sehen Sie die doch mal durch, vielleicht gibt es einen Aspekt für das Heft, ich habe sonst nichts, bin natürlich nicht böse, wenn Ihr das nicht brauchen könnt. Drei neuere Gedichte tue ich noch dazu, die aber auch nicht passen.

Rufen Sie mich an, wie Sie verfahren wollen? Bitte lassen Sie das Manuskript fotokopieren, wenn Sie was damit anfangen mögen, und schicken Sie mir das Original zurück.

                                    Ich bin mit guten Wünschen
                                    Heinar Kipphardt

Brief-Durchschlag im Nachlaß Kipphardts, Angelsbruck. – Die Zeitschrift Kursbuch *veröffentlichte im März 1978 in ihrem Band 51 umfangreiche Teile der Eichmann-Vorarbeiten Kipphardts. Mit «dem Roman» ist vermutlich das Projekt «Heinrich Rapp» gemeint, an dem Kipphardt in seinen letzten Lebensjahren arbeitete und das er nicht vollendete.*

Von George Tabori

                                                [ca. Juli 1978]

Dear Dr Kipphardt:
Why on earth, or in hell, did you give up the Eichmann Projekt? From what I read of it, it seems the best antidote to the

New Hitler Wave: it makes fascism normal and present instead of leaving it in the daemonic past.

If you ever reconsider it, I would love to work on it (wherever I may happen to be which is uncertain at the moment).

The only thing I wondered about was the Steinbeck analogy. I knew him, never liked him, a typical case of success spoiling a minor talent, in his late days he was dotty from alcohol and almost as obnoxious as the dying Hemingway. There are far more interesting Eichmann Brothers in the States, even if not as famous.

Best regards
George Tabori

[Lieber Doktor Kipphardt,
warum in Gottes- oder auch in Teufelsnamen haben Sie das Eichmann-Projekt aufgegeben? Nach allem, was ich davon gelesen habe, scheint es das beste Gegenmittel zur Neuen Hitler-Welle zu sein: der Faschismus wird als normal und präsent gezeigt, statt ihn in dämonischer Vergangenheit zu belassen.

Wenn Sie es sich je anders überlegen sollten: ich würde sehr gern daran arbeiten (wo immer ich dann sein mag, was ungewiß ist).

Worüber ich mich jedoch ein wenig wundere, ist die Steinbeck-Analogie: ich kannte ihn und mochte ihn nicht, ein typisches Beispiel dafür, wie der Erfolg ein kleines Talent verdirbt; in seinen letzten Jahren war er blöde vom Alkohol und beinahe so garstig wie der sterbende Hemingway. Es gibt in den Staaten wesentlich interessantere, wenn auch nicht so berühmte, Brüder Eichmann.

Mit besten Grüßen
Ihr
George Tabori]

Brief im Kipphardt-Nachlaß, Angelsbruck.

An George Tabori   1. September 1978

Lieber Herr Tabori,
für Ihre freundlichen Worte zu BRUDER EICHMANN bedanke ich mich. Ich weiß nicht, warum ich das Projekt damals aufgab, vielleicht weil ich zuviel darüber wußte, es jedenfalls für mich nicht genug Fragen gab. Vielleicht reagierte ich auch unbewußt auf die meinungsmachende Kritik, die den Faschismus auf dem Theater allenfalls moralisch, aber nicht exemplarisch behandelt haben wollte. Ich denke auch, das war keine richtige Entscheidung von mir, und ich habe vor, zunächst einen Fernsehfilm aus dem Theaterprojekt zu machen. Vielleicht zeigt sich dabei, daß der Stoff auch für das Theater taugt. Wenn Sie Lust haben, sollten wir uns einmal treffen, um über die Sache zu reden. Ich würde mich freuen, ein Theaterprojekt mit Ihnen zu machen. Es gibt natürlich viel mehr an Szenen, als im *Kursbuch* abgedruckt wurde.

Was Steinbeck betrifft, so reizte mich gerade das Dümmliche in der Analogie, es kann eben fast jedem zustoßen, Eichmann-Haltungen einzunehmen, auch uns natürlich. Was mich an dem Material so reizte, war das ganz Gewöhnliche, bis in die Wortwahl, bis in die Bildwelt hinein. Bizarr, ich stieß auf Verhaltensmuster, die ich von meinem Vater kannte. Der war aber ein KZ-Häftling in Buchenwald, leidenschaftlicher Anti-Nazi, ein sehr mutiger Mann, der sich für einen Marxisten hielt.

Vielleicht rufen Sie mich einmal an, ich bin bis Ende Oktober hier, danach auf einen Monat in Südamerika.

Herzlich
Heinar Kipphardt

Brief-Durchschlag im Nachlaß Kipphardts, Angelsbruck. – Tabori hat sich später kritisch zum fertigen Stück ‹Bruder Eichmann› geäußert; vgl. ‹Theater heute›, Heft 5/1983.

An Gunther Witte, 12. September 1978
Westdeutscher Rundfunk

Hier kommt der BRUDER EICHMANN wie angekündigt, lieber Herr Witte. Ich hoffe, Sie bekommen von den Materialien ein Bild. Das steht jetzt in einer willkürlichen Reihenfolge, und ich habe viel mehr an fertigen Szenen. Bei den Analogien werde ich auch neuere Haltungen berücksichtigen, die es ja leider in Fülle gibt.

Wenn Sie die Zeit gefunden haben, sich das anzusehen, lassen Sie bitte von sich hören. Ich kann das ziemlich schnell machen, weil ich so lange an dem Stückplan gearbeitet habe.

Ich bin mit guten Wünschen
Heinar Kipphardt

Brief-Durchschlag im Nachlaß Kipphardts, Angelsbruck. – Der von Kipphardt vorgeschlagene Fernsehfilm ‹Bruder Eichmann› wurde nicht realisiert.

An Horst Kurnitzky 9. Juli 1980

Lieber Horst Kurnitzky,
schönen Dank für Ihre freundliche Aufforderung. Die Fotobilder von Udo Klückmann reizen mich sehr, und ich schicke Ihnen einen Beitrag von 4½ Seiten, der mir thematisch angemessen scheint. Er stammt aus einem Stück, das ich vor langer Zeit abbrach. Der Arbeitstitel ist BRUDER EICHMANN. Das Stück beschreibt charakteristische Haltungen des ziemlich durchschnittlichen Mannes und stellt analoge Haltungen in unserer Gegenwart dazu. In der letzten Zeit habe ich bisweilen Lust, das Stück doch noch fertig zu machen. KURSBUCH 51 hatte mal andere Teile des Bruchstücks publiziert. Ich lege Ihnen den Bericht eines kanadischen Pfarrers von Eichmanns Tod bei. Dieses Pfarrerehepaar hatte Eichmann während seiner Haft mehrfach zu Bekehrungsgesprächen besucht und die theologischen Gespräche mit ihm auch aufgezeichnet. Das Stück stützt sich auf Dokumente.

Ich hoffe, Sie finden es für Ihre Zwecke geeignet, sonst bitte ich um Ihren Anruf.

Die Irritation, die der Text bei manchem hervorrufen wird, ist schon beabsichtigt.

Gute Wünsche für das Buch. Ich bin mit herzlichen Grüßen
Ihr
Heinar Kipphardt

Brief-Durchschlag im Nachlaß Kipphardts, Angelsbruck. – Kipphardts Text ‹Bruder Eichmann. Bericht des Pfarrers William Hull von Eichmanns Tod› erschien in dem Band: Udo Klückmann, Nachstellungen, hg. von Horst Kurnitzky, Medusa Verlag, Berlin 1981.

An Dieter Giesing				12. September 1982

Lieber Dieter, das ist die Hinrichtungsszene und der Hull-Epilog, ich hoffe, das gefällt Dir, es ist jedenfalls so eine Szene auf der Bühne bisher nie riskiert worden. Es ist vielleicht für Dich auch wichtig, die Szene zu kennen wegen der Gespräche mit Schütz. Ich konnte Dich nicht erreichen.

Herzlich
der Heinar

Brief im Besitz von Dieter Giesing, München. – Giesing war der Regisseur der Uraufführung von ‹Bruder Eichmann›, Johannes Schütz der Bühnenbildner.

An Jürgen Bansemer [Ende Oktober 1982]

Das sind die letzten beiden Szenen, lieber Herr Bansemer. Sobald ich mich entschieden habe, wie ich einige bei mir liegende Analogieszenen montiere, schicke ich auch die. Ich gehe das Manuskript noch mal auf Kürzungen durch und schicke danach das endgültige Skript. Sie können aber wohl mit der jetzigen Fassung dringende Lesewünsche erfüllen.

  Herzlich   Ihr
                                                                         Heinar Kipphardt

Handschriftliche Notiz im Archiv Nyssen & Bansemer, Köln. – Der Theaterverlag Nyssen & Bansemer betreut die Aufführungsrechte von ‹Bruder Eichmann›.

An Ute Nyssen und Jürgen Bansemer 3. November 1982

Liebe Ute Nyssen,
lieber Jürgen Bansemer,
das ist jetzt die Buchfassung für Rowohlt.

Die von Ute übersandten Striche werden mir vielleicht für die Fassung im Residenztheater von Nutzen sein, ich habe das Skript noch nicht durchgesehen.

                                                   Herzlichen Gruß
                                                     der Kipphardt

Handschriftliche Notiz im Archiv Nyssen & Bansemer, Köln.

F. Entwürfe und Arbeitsnotate (1981 – 82)

[Buchmesse 1981]

Beim Druffel-Verlag, Starnberg, Halle 8, gibt es als Neuerscheinung das Buch ‹Ich, Adolf Eichmann›, das Eichmanns Unschuld beweist. Ich höre, die Dokumente stammten von Eichmanns Sohn, es sind aber bearbeitete Teile aus dem Interview in Argentinien und auch aus dem Verhör mit Avner Less für 06 in Israel.

Eine Reihe weiter beim Marva Verlag höre ich, daß Eichmann Jude gewesen sei, der Herr zeigt mir ein Foto Eichmanns aus dem Buch im Marva Verlag. Ob ich mich für Morphologie interessiere, das sei doch wohl ein typisch jüdisches Gesicht, die Eichmanns seien im 18. Jahrhundert als Juden aus Riga gekommen. Meine Einwände die Familie E. in Linz betreffend werden abgewehrt wie lästige Fliegen, der Aufstieg in der SS eine lancierte Sache. Wallstreet habe schon 1928 die SA bezahlt, weil man der Krise wegen einen Krieg brauchte. Warburg, der jüdische Bankier, habe Hitler finanziert, Hitler, der übrigens selbst Vierteljude war wie Heydrich Halbjude usf., das Aktenmaterial über die Finanzierung der Nazis liege vor und sei in diesem Buch veröffentlicht: ‹Hitler der Begründer des Staates Israel›. Er holt es aus dem Regal.

An der Wand beim gleichen Verlag ein Wanderstab, darunter der Wanderer mit dem neuen Buch. Der letzte Heimkehrer aus russischer Gefangenschaft 1957, geflohen durch die S. U., wanderbereit.

Aus Kipphardts Notatheften, Nachlaß in Angelsbruck. Datiert: 16. Oktober 1981 (Frankfurter Buchmesse).

[Wer ist ein Jude?]

Wer ist ein Jude.
Der Abweichende ist ein Jude, der nicht
ins Normenkonzept Passende,
der Türke,
der Kommunist,
der Verrückte,
der Anarchist,
der Gammler,
der Palästinenser.

Notat in Kipphardts Manuskripten, Nachlaß in Angelsbruck.

[Eichmanns Sprache]

Eichmanns gespreizter, komplizierter Stil
im Widerspruch zu den oft banalen und durch-
schnittlichen Ansichten.
Amtsstil.
Vorbild des Juristendeutsch.
Lange Perioden mit vielen Einschüben, Ent-
schuldigungen, Vorerklärungen etc.
Neigung zu Fachausdrücken.
E. las keine Literatur. Beispiel das Buch, das
ihm Hinkel schenkte.
Das beliebte Wort «irgendwie».

Aus Kipphardts Manuskripten, Nachlaß in Angelsbruck.

[Notizen zur Form]

Zwischen den Szenen gelegentlich der immer gleiche
Deportationszug, mal nah, mal ferner. […]
Prügelbock in der Inszenierung anwesend.
Türen, Block, schwarze Wand.

Ein Güterwagen vergittert.
Ein Pfosten mit Stacheldraht.
Dreierbettstellage oder ähnliches.
Mann im Draht.

Aus Kipphardts Notatheften, Nachlaß in Angelsbruck.

Bruder Eichmann

Das Stück beschreibt, wie ein ziemlich durchschnittlicher junger Mann aus Solingen, aufgewachsen in Linz, Vertreter bei Vacuum-Oil, auf sehr gewöhnliche Weise zu der monströsen Figur Adolf Eichmann wird, die administrative Instanz im Genozid an den europäischen Juden, «ein Rädchen im Getriebe», wie er sich nennt, ein Funktionär des «Krieges gegen die Juden», durch Befehl und Eid gewissensgeschützt. Das Stück zeigt auch, wie in der Eichmann-Haltung die Soldatenhaltung und die funktionale Haltung des durchschnittlichen Bürgers überhaupt steckt, die Haltung, Gewissen sei an die Gesetzesgeber und an die Befehlsgeber delegiert. Genauer gesehen zeigt sich, daß die Eichmann-Haltung die gewöhnliche Haltung in unserer heutigen Welt geworden ist, im Alltagsbereich wie im politischen Leben wie in der Wissenschaft, von den makabren Planspielen moderner Kriege, die von vornherein in Genozid-Größen denken, nicht zu reden.

Deshalb heißt das Stück Bruder Eichmann.

Typoskript im Nachlaß Kipphardts, Angelsbruck. Datiert: 31. März 1982. Veröffentlicht als Einleitung zum Vorabdruck einer Szene in ‹Theater heute›, Jahressonderheft 1982.

[Die Überwindung]

Die Überwindung
des Soldatischen,
des Gehorchens,

des Nichtfragens,
des Von-Oben-nach-Unten,
das überall
im Leben nistet
in den Büros
und den Fabriken,
den Familien
den Kirchen
den Gerichten
und sogar in
unserem Gehirn.

Aus Kipphardts Notatheften, Nachlaß in Angelsbruck. Datiert: 16. April 1982.

G. Nicht verwendete Analogie-Entwürfe (1981 – 82)

[Nicht darum kümmern]

Eine Frau erzählt, wie sie als Kind in Berlin in der Krausnickstraße aus dem 1. Stock oft sah, wie Juden aus der Synagoge Oranienburger Straße durch die Krausnickstraße zum Gestapogefängnis in der Großen Hamburger Straße getrieben wurden. Sie konnte von den Erwachsenen nie erfahren, was mit den Leuten los war, die blutig geschlagen die leere Straße entlangliefen und die trugen, die nicht mehr laufen konnten. Die Eltern wollten nicht darauf angesprochen werden, und die Anwohner verschwanden in den Häusern. Der Vater sprach von «Verbrechern, die weg kämen», man kümmere sich besser nicht darum. Sie habe oft an dieser sogenannten Maikäferkaserne gestanden, wo man die Juden durch Luken im Keller stehen sah, so dicht, daß niemand sitzen konnte, das gleiche in den Etagen darüber. Eine jüdische Frau habe ihr später erzählt, sie habe ihren halbwüchsigen Sohn im Keller immer husten gehört.

Die Leute gingen auf dem schmalen Gehsteig vorbei, jeder wußte, was los war, aber das Kind kriegte von niemandem eine richtige Auskunft. «Meine beste Freundin war ein jüdisches Mädchen, die mir aber auch nichts gesagt hat und eines Tages nicht mehr in die Schule kam.»

Typoskript im Nachlaß Kipphardts, Angelsbruck. – Ursprünglich als Szene 11. b im Ersten Teil vorgesehen.

[Zigeuner]

Eine Zigeunerin erzählt, man gebe ihrer Familie keine Aufenthaltserlaubnis für ihre Wagen, es werde gleich in den Stadt-oder Gemeinderäten protestiert, wenn sie über das Wochenende auf irgendeinem Platz stünden. Das werde mit der Kriminalität der Zigeuner begründet, und die Polizei verfolge sie, als wolle man sie wieder in ein neues Birkenau liefern, das Zigeuner-Familienlager, wo alle starben. Sie habe mit ihrer kleinen Tochter überlebt, weil sie im Lagerorchester gespielt habe, das die ankommenden Transporte zu täuschen hatte. Ihre damals vierjährige Tochter habe ihr gesagt, sie wisse, daß die Kinder hier in Birkenau sterben müßten, was sie aber einmal wolle, das sei eine Bratkartoffel. «Ich wäre dafür auch ins Lagerbordell gegangen.» Der Bruder des Bürgermeisters in D., der jeden Zigeuneraufenthalt der Polizei melde, sei der Verbindungsmann Himmlers zu Hitler gewesen und zur deutschen Industrie in Auschwitz, Obergruppenführer W., was könne der Bruder dafür, sie halte nichts von Sippenhaft, es würde sie aber interessieren, ob er das wisse.

Typoskript im Nachlaß Kipphardts, Angelsbruck. – Ursprünglich als Szene 11.c im Ersten Teil vorgesehen.

[Der durchsichtige Bürger]

Eduard Zimmermann, XY-Aktenzeichen ungelöst.

Zwei Familien, die sich dabei immer freitags treffen. «Ich treff mich da mit meinem Sohn + Schwiegertochter...» Fernseher, Zimmermannstimme. *Kursbuch* 66, S. 39 ff.

Der Sohn erzählt von einem Arbeitskameraden im Büro, der ihm die Sache mit den beiden Wiener Bankräubern erzählt hat, die plötzlich weg waren. Und alle jetzt mit den Autos hinterher. *Kursbuch*, S. 43.

Eine kranke Schwiegertochter, die merkwürdige Sachen sagt. «Es weiß ja niemand, wer wir sind, und wir sind durchsichtig wie Glas.»

«Die Polizei ist im Begriff, ihre wahre Vollkommenheit zu erreichen.»

Aus Kipphardts Notatheften, Nachlaß in Angelsbruck. An einer anderen Stelle notierte Kipphardt einen Buchtitel von E. Zimmermann (Das unsichtbare Netz, München 1969) und schrieb darunter: «Spitzel – Gestapo».

[Tausende von Eichmännern]

Amerik. Militär oder Wissenschaftler:
Eichmann, was wollen Sie mit Eichmann? Eichmann ist doch mit seinem Genozid an den Juden eine ganz lächerliche Figur im Vergleich zu unseren Genozidplanungen. Da sitzen in Hunderten von Befehlszentralen Tausende von Eichmännern rund um die Welt, und jeder von ihnen verfügt über Genozidplanungen hundertmillionenweise. Eine ...
Beispiele nach Engelbert Broda.
Wenn die Leute die geistesgestörten Planungen ihrer Politiker auch nur bruchstückweise kennen würden, nähmen sie dicke Knüppel, marschierten in die Hauptstädte und erschlügen die obszönen Massenmörder, die sich Politiker nennen und die doch geschworen haben, dem Wohl des Volkes zu dienen. Sie erschlügen R., der veranlaßt hat, daß ... Sie erschlügen H., der ... Sie erschlügen W. ...
Beliebige Beispiele.
Und ich nehme an, daß das in anderen Ländern nicht viel anders aussehen würde ...

Aus Kipphardts Notatheften, Nachlaß in Angelsbruck. Im Nachlaß befindet sich auch ein vervielfältigtes Skript von Engelbert Broda, Universität Wien, über ‹Technik und Wirkungen des Krieges mit Kernwaffen›, aus dem Kipphardt Beispiele entnehmen wollte.

H. Beitrag zum Haager Treffen (1982)

[Der funktionale Mensch]

Es ist gesagt worden, die Leute in der Welt wollen überleben, eine Selbstverständlichkeit, und ich finde, daß diese Welt gleichzeitig bewohnt ist von Leuten, die funktionieren. Ich will etwas sagen über den funktionalen Menschen, der den Hauptteil der Weltbevölkerung bildet.

So sprach ich kürzlich mit dem General, der früher Haigs Stellvertreter in der NATO war. Er ist jetzt außer Dienst, der General Schmückle, und spricht gern in Gesprächsrunden, Clubs usw. über die Vorzüge der Neutronenbombe zum Beispiel oder über Soldaten als Friedensschöpfer und solche Dinge, was ja Militärs immer gerne tun, nicht? Sie sind ja immer die Friedenserhalter der Welt und waren das alle Zeit, es hat ja auch nie jemand einen Angriffskrieg geführt, sondern es gibt nur Vergeltungskriege oder Zurückschlagen oder so was. In einem Fernsehgespräch stellte ich ihm die Frage, wie er sich persönlich wohl verhalten hätte, wenn aus Washington der Befehl gekommen wäre, einen atomaren Präventivschlag oder einen atomaren Gegenschlag auszulösen. Schmückle, wie viele Generale ein freundlicher und sich charmant gebender Mensch, meinte, er wäre eigentlich ganz froh, daß er diese Bürde los sei, aber sie – das heißt die Verantwortlichen der NATO – hätten damals für diesen Fall immer nur geübt, daß die Befehlswege nach oben und nach unten verläßlich funktioniert hätten, damit nämlich die Führung ihre Option behalte.

Das ist wahrscheinlich die Antwort aller Militärs der Welt. Es ist gleichzeitig die Rechtfertigung, die Adolf Eichmann immer wieder, tief von der Richtigkeit überzeugt, vorbrachte, nämlich: er sei in einem Befehlsvollzug gestanden, er sei an einen Eid gebunden gewesen, er habe pflichtgemäß nach Befehlen gehandelt, als Rädchen im Getriebe, und als Untergebener sei er für die Durchführung von Befehlen nicht verantwortlich. Das Gewissen liege bei der befehlsgebenden Seite, das sei bei ihm nicht anders als bei einem Luftgeschwader-Kommandeur etwa. Noch dazu habe er selbst nie getötet oder Tötungsbefehle gegeben. Er war ein kleiner Oberst, ein Sicherheitsoffizier. In dieser monströs zu Ende gedachten Haltung findet man die soldatische Haltung auf allen Ebenen. Zu ihr war jeder Bürger im Krieg verpflichtet, und er ist es noch.

Der Krieg gilt als ein völkerrechtlich kodifiziertes Mittel, die Politik von Staaten fortzusetzen. Seit die Generalstäbe durch die Waffenentwicklung in Genozidkategorien denken müssen, ist der Krieg aber kein Mittel mehr, irgendeine Politik oder irgendein Geschäftsinteresse wahrzunehmen. Der Krieg muß als Ganzes geächtet werden, als Atomkrieg wie als konventioneller Krieg, und mit ihm die soldatische Haltung, das ist die nur funktionale Haltung, die Reduzierung des Menschen auf den Funktionär, den Beamten, den Angestellten, den Befehlsempfänger, das Rädchen im Getriebe, der die Verantwortung für seine Handlung, der sein Gewissen an die anordnende, befehlsgebende Seite delegiert, die Solidarität gegenüber der eigenen Gattung verletzt und ein mündiger Mensch nicht genannt werden kann.

Der reinen Funktionalität zu entkommen, das betrifft ja nicht nur Soldaten, das betrifft Wissenschaftler, das betrifft Militärs, Rüstungsarbeiter, das betrifft Lehrer, die lehren, was ihnen gesagt wird, das betrifft Schriftsteller, die schreiben, was ihnen befohlen wird, Kirchen, Parlamente, das betrifft die Polizei – also überall finden wir in unserer Welt den funktionalen Menschen, der sich in einem Befehlsstrang sieht, der seine Mündigkeit, sein Schöpfertum, seine offene menschliche Haltung aufgibt.

Wir sehen das in Deutschland ganz gut, welche Entwicklung in ziemlich schneller Zeit vor sich gegangen ist, wir leben in zwei deutschen Staaten, die beide über eine volle Souveränität nicht verfügen. Wir sehen eine dauernde Zunahme der Überwachungstendenzen in diesen beiden Staaten, einen gebremsten Weg in den Polizeistaat, der sich aus der Gefährlichkeit des Atomstaats ergibt. Dieser Entwicklung müssen wir doch begegnen. Ich sehe keinen Weg – und das empfinden viele, die tiefes Mißtrauen haben ihren Regierungen gegenüber und auch gegenüber den Interessen der Supermächte, beider Supermächte – ich sehe keinen anderen Weg für uns Schriftsteller, als die Leute zu ermuntern, Erfindungen zu machen, wie ein wirkungsvoller ziviler Ungehorsam geleistet werden kann. Wir müssen versuchen, sie zu unterstützen, sich dem Militärdienst zu entziehen, den Zivildienst zu verweigern, den Luftschutzdienst. Wir müssen versuchen, die Gewerkschaften davon zu überzeugen, daß die Rüstungsindustrie eben keine Arbeitsplätze schafft. Wir müssen versuchen, Fragen auch in der Arbeiterschaft in Gang zu setzen: gegen diesen wirklichen Unfug der Atomkraft, der Flughäfen, der Betonierung unserer Welt.

Leute, die funktionieren und die sich nicht verweigern, die nicht zu zivilem Ungehorsam gegen Kriegsvorbereitung zu bringen sind, die entschließen sich eigentlich, an ihrem eigenen Tod zu arbeiten, und sie erhoffen doch nur den der anderen. Freud macht eine merkwürdige Bemerkung zum Verhalten der Leute im Ersten Weltkrieg: daß sie eigentlich alle ad hoc dazu zu bringen sind, alle bisherigen Sekundärtugenden über den Haufen zu werfen und mit Gemütlichkeit zu Mördern zu werden. Er führt das darauf zurück, daß eben in unserem Unterbewußtsein die Mörderväter alle wohnen. Ich glaube nicht so recht daran, ich glaube nicht, daß er recht hat. Und zumindest die sehr explosive, furchtbare Lage, in der wir uns befinden, macht einen Hinweis auf die schließliche Solidarität der Gattung, denn die Dimension, in der wir heute Kriege denken müssen, zeigt: der andere, das bin ich selber.

Diskussionsbeitrag Kipphardts beim «Haager Treffen zur Weiterführung der Friedensinitiative europäischer Schriftsteller», 24. – 26. Mai 1982. Abschrift von einem im Besitz von Bernt Engelmann, Rottach-Egern, befindlichen Tonband.

Nachwort

«Ich wurde am 8. März 1922 in einem schlesischen Dorf geboren. Es ist zwischen Breslau und Glatz am Rande des Gebirges gelegen und heißt Heidersdorf. Die Kindheit verlebte ich in einem wenig entfernten Industriedorf namens Gnadenfrei. Mein Vater war dort Zahnarzt, bis er im Jahre 1933 als politischer Gegner des Nationalsozialismus verhaftet und in ein Konzentrationslager gebracht wurde. Er sympathisierte mit sozialistischen Ideen, ohne indes einer Partei anzugehören. Ich erwähne diese familiären Umstände, weil sie für mein Leben wichtig wurden. Sie brachten mich in die ziemlich glückliche Lage, mit elf Jahren die Barbarei erkennen zu können, wo von nationaler Erhebung die Rede war. In einem weißen Matrosenanzug mit der Mutter, unter vielen anderen Frauen und Kindern, am Lagertor des Konzentrationslagers Dürrgoy bei Breslau stehend, eine Besuchserlaubnis vergeblich erhoffend, den Vater kahlgeschoren, zerschlagen, in Sträflingskleidung in einem Zug von Häftlingen bemerkend, war eine bestimmte Phase der Kindheit beendet. Ich mußte mich erbrechen. Ich war später nie in Gefahr, das vergessen zu wollen.»

Diese Sätze stehen am Anfang eines von Heinar Kipphardt zu Beginn der sechziger Jahre verfaßten Lebenslaufs.[1] Sie charakterisieren ihren Verfasser als einen Menschen, der schon in früher Jugend zu einem oppositionellen Außenseiter geprägt wurde. Diese Haltung hat er ein Leben lang bewahrt. Er war unter den deutschen Intellektuellen der Nachkriegsepoche einer der fundamental kritischen, stets unbestechlichen Köpfe.

Den Schriftsteller Kipphardt hat das Thema Faschismus niemals losgelassen. In seinen frühen literarischen Arbeiten hat er zunächst eigene Erfahrungen als Soldat der Nazi-Wehrmacht verarbeitet. Mit den Erzählungen ‹Der Hund des Generals› (1956 geschrieben) und ‹Der Mann des Tages› (1960 geschrieben) gestaltete er eindringliche Bilder vom mörderischen Leben in den Feldlagern und Front-Stellungen des

Zweiten Weltkrieges. Kipphardt fand mit beiden Geschichten zur Darstellung eines Problems, das sein Œuvre durchzieht wie ein roter Faden: das Verhältnis von Befehl und Gehorsam, Ordnung und Unterordnung, Loyalität und Gewissen.

Im Krieg angesiedelt ist auch die Handlung von ‹Joel Brand›, einem 1964/65 entstandenen Theaterstück, worin Kipphardt sich erstmals mit der Person Adolf Eichmanns befaßte. Es handelt von einem Geschäft: 1944 bieten die Nazis den Funktionären der jüdischen Hilfsorganisation in Ungarn an, eine Million Juden überleben zu lassen, wenn ihnen dafür zehntausend Lastwagen geliefert werden. So ungeheuerlich die Geschichte klingt, sie ist nicht erfunden. Kipphardt stützte sich auf historische Dokumente und Darstellungen. Für ihn war dieses Geschäft, auch wenn es am Ende scheiterte, Sinnbild und Inbegriff eines gesellschaftlichen Systems, in dem Menschen als Ware verschachert werden.

Adolf Eichmann, der von seinem Schreibtisch aus den Holocaust organisierte, war an den Verhandlungen mit dem Judenrat in Ungarn maßgeblich beteiligt. Er erscheint im ‹Joel Brand›-Stück auf dem Höhepunkt seiner Macht, als ein kalter, berechnender, auch zynischer Vertreter des Nationalsozialismus. Auf den ersten Blick entspricht das dem Bild, wie es in der Weltöffentlichkeit seit dem Jerusalemer Prozeß 1961 verbreitet wurde: Eichmann war zu einer abschreckenden Symbolfigur des Naziregimes geworden, zu einer Inkarnation des Bösen überhaupt. Vielen galt er als «der Mann, der die Mächte der Dunkelheit personifizierte» – so nannte ihn der israelische Publizist Moshe Pearlman in einem damals vielbeachteten Buch.[2] Genau besehen ist schon Kipphardts ‹Joel Brand› scharf gegen solche Dämonisierungen der Person Eichmann gerichtet. Der Schriftsteller hatte intensive Quellenstudien betrieben; in seinen Exzerptheften sind Überlegungen für einen möglichen Titel des Stückes festgehalten: «Prominente oder Meterware», «Die Geschäfte des Adolf Eichmann», «Bericht eines Geschäfts» wurden erwogen. ‹Joel Brand, *Die Geschichte eines Geschäfts*› ist der Titel, den der Autor schließlich wählte.

Kipphardt ging es um eine Entmystifizierung des Faschismus. Unter die Titelideen für das ‹Joel Brand›-Stück notierte er die ersten Gedanken für eine neue literarische Arbeit: «Bürger Adolf Eichmann», «Nachbar Eichmann» und schließlich – «Bruder Eichmann».

Kipphardt wollte ‹Bruder Eichmann› zuerst als Fernsehspiel realisieren; 1965 verhandelte er mit der Bavaria Atelier Gesellschaft über einen Vertrag. Ihn interessierte es, die «Entwicklung dieses bürgerlichen deutschen Pflichtmenschen» analytisch zu beschreiben (an Siegfried Unseld, 12. September 1965). Nachdem er in ‹Joel Brand› den Zusammenhang von kapitalistischen Geschäften und faschistischen Verbrechen thematisiert hatte, gedachte er, mit ‹Bruder Eichmann› exemplarisch die Genesis einer Haltung darzustellen, die den Faschismus erst ermöglicht hatte.

Seine Intention war dabei, «eine Legende zu zerstören» (Notat vom 11. Februar 1966): die bequeme Legende vom angeblich monströsen Schreibtischmörder Eichmann. Denn wer zum Monster erklärt wird, steht der eigenen Person fremd gegenüber und dient als Objekt, auf das sich Verantwortung und Schuld abladen lassen – zur Selbst-Entlastung. Mit der Formulierung vom «Bruder» Eichmann knüpfte Kipphardt an einen Essay von Thomas Mann an, den dieser 1939, im amerikanischen Exil lebend, veröffentlicht hatte: ‹Bruder Hitler›. In dem Aufsatz heißt es: «Ein etwas unangenehmer und beschämender Bruder; er geht einem auf die Nerven, es ist eine reichlich peinliche Verwandtschaft. Ich will trotzdem die Augen nicht davor verschließen, denn nochmals: besser, aufrichtiger, heiterer und produktiver als der Haß ist das Sich-wieder-Erkennen, die Bereitschaft zur Selbstvereinigung mit dem Hassenswerten, möge sie auch die moralische Gefahr mit sich bringen, das Neinsagen zu verlernen.»[3]

Ein solcher Prozeß des Sich-wieder-Erkennens sollte bei den Zuschauern von ‹Bruder Eichmann› initiiert werden. Schon früh findet sich in Kipphardts Vorarbeiten der konzeptionelle Gedanke, die Eichmann-Handlung durch Szenen anzureichern, mit denen «die Analogie zu gegenwärtigem Verhalten» deutlich würde (Notat vom 11. Februar 1966). In einem seiner ersten Entwürfe läßt er das Schauspiel mit dem Auftritt eines Chors beginnen: «Als Adolf Otto Eichmann [...] zum Galgen ging, / hinterließ er eine Haltung, / die untersuchenswert ist, / da sie die übliche ist, / und nicht bemerkt wird daher.» Dies war und blieb der Kern von Kipphardts Interesse am Eichmann-Stoff: am historischen Fall eine Haltung zu beschreiben, die keinesfalls dämonisch und nicht vergangen, sondern ganz «üblich» und gegenwärtig ist. Adolf Eichmann hatte in dem gegen ihn geführten Prozeß in Jerusalem 1961 stets betont, er trage keine Verantwortung für den Völkermord an den Juden, sondern habe durchweg auf Befehl von oben gehandelt – als ein bloßes Rädchen im Getriebe.

Die Eichmann-Haltung, die er später als die des «funktionalen Menschen» auf den Begriff brachte, entdeckte Kipphardt in vielen Bereichen. Er verstand darunter die Bereitschaft, im Rahmen einer gegebenen Ordnung unter Ausschluß moralischer Erwägungen zu funktionieren – und dabei andere Menschen auszugrenzen, wenn nötig auch gewaltsam. Der Schriftsteller pflegte ein Heft bei sich zu führen, in das er Stoff-Ideen, Beobachtungen, Formulierungen und Reflexionen eintrug; in diesen im Nachlaß erhaltenen Notatheften Kipphardts sind immer wieder Beispiele für Analogien zur Eichmann-Haltung festgehalten. Dabei ist vor einem folgenschweren Mißverständnis zu warnen: Analogie heißt nicht Parallelisierung oder gar Gleichsetzung, sondern meint, daß ein Vorgang der gleichen Logik gemäß abläuft. Der SS-Führer Eichmann, der die Vernichtung von Millionen Menschen organisierte, und ein Conferencier, der Türkenwitze erzählte, werden von Kipphardt nicht auf eine Stufe gestellt; aber im Keim ist beiden Figuren eine Haltung eigen, die in der Konsequenz zur Barbarei führt.

Als wichtigste Quelle für die Lebensgeschichte Eichmanns konnte Kipphardt das Protokoll der Verhöre benutzen, die der israelische Polizeihauptmann Avner Less 1960/61 mit dem inhaftierten Nazi durchgeführt hatte. Eichmann war nach dem Krieg zunächst untergetaucht, hatte seit 1950 unter falschem

Namen in Argentinien gelebt, wo ihn der israelische Geheimdienst entdeckte und 1960 entführte. Bevor Eichmann in Jerusalem der Prozeß gemacht wurde, unterzog er sich der Vernehmung durch Less: in 275 Stunden berichtete er über sein gesamtes Leben und über seine Rolle im Machtapparat des Dritten Reichs. Das vom Tonband abgeschriebene Protokoll der Less-Verhöre umfaßt 3564 Seiten, ist Blatt für Blatt von Eichmann korrigiert und abgezeichnet worden; Kipphardt stand es als Material vollständig zur Verfügung.[4] Auch die Aufzeichnungen des Pfarrers William L. Hull sowie des Psychiaters Istvan S. Kulcsar, die mit Eichmann im Gefängnis Gespräche geführt hatten, wurden von Kipphardt herangezogen.[5] Im Februar 1966 reiste er selbst nach Israel, sprach dort u. a. mit Gideon Hausner, der im Prozeß gegen Eichmann die Anklage vertreten hatte. «Ich bin aus Israel mit großen Stößen neuer Materialien zurück», heißt es in einem Brief an seinen Lektor Karlheinz Braun (17. März 1966).

Aber es gelang Kipphardt vorerst nicht, dem Stoff eine überzeugende Form zu geben. Er zog in Erwägung, ‹Bruder Eichmann› als eine Art Philosophenstreit anzulegen. Auch plante er zeitweilig, eine fiktive Schauspielergruppe auf die Bühne zu bringen, die ein Eichmann-Stück probt und diskutiert. Beide Konzepte – deutlich von den ästhetischen Modellen Bertolt Brechts und Erwin Piscators inspiriert – hätten die Möglichkeit geboten, auf einer Meta-Ebene die Figur Eichmann zu reflektieren; beide Konzepte wurden verworfen. Am 3. November 1967 gestand Kipphardt dem Freund Peter Hacks in einem Brief, daß er für das Eichmann-Stück «keine rechte Fabel zusammenbringe». Wenig später hat er das Projekt offenbar aufgegeben und nur noch gelegentlich Materialfunde festgehalten.

Kipphardt unterbrach die Arbeit am Eichmann-Stoff für fast anderthalb Jahrzehnte. Als er sie zu Beginn der achtziger Jahre wiederaufnahm, traf ein Schauspiel zum Thema Faschismus auf ein stark verändertes Umfeld. Die Fernseh-Ausstrahlung des ‹Holocaust›-Films 1979 hatte in der Bundesrepublik eine breite öffentliche Diskussion über die Jahre der Nazi-Herrschaft angeregt; die so lange tabuisierte, verdrängte NS-Vergangenheit wurde in den Familien besprochen, in den Schulen behandelt, in allen Medien thematisiert. ‹Wie oft wird Hitler noch besiegt?›, lautete der vielsagende Titel eines 1982 veröffentlichten Buches. Aber Vieles, was zu dieser Zeit geredet und geschrieben wurde, blieb an der Oberfläche des historischen Geschehens. Kipphardts Anliegen, mit ‹Bruder Eichmann› den Faschismus tiefer auszuloten und zugleich gegenwärtige Dimensionen des funktionalen Menschen vorzuführen, erwies sich in den achtziger Jahren als unvermindert aktuell.

Doch auch Kipphardt hatte sich verändert. In den sechziger Jahren war sein Interesse an Eichmann ein eher distanziert – soziologisches gewesen: der bürgerliche Pflichtmensch blieb ihm Gegenstand einer kalten Analyse. In den achtziger Jahren fiel die mit dem Bruder-Titel provozierte Selbstbefragung offener, aufrichtiger aus. «Es kann eben fast jedem zustoßen, Eichmann-Haltungen einzunehmen, auch uns natürlich», schrieb er dem Regisseur George Tabori (1.September 1978). In seinen späten Notaten für Analogie-Szenen findet sich eine Aufzeichnung: «Analogie – der einfache Soldat. Z. B. Kipphardt». Das sind Eingeständnisse von frappierender Ehrlichkeit, und zugleich weisen sie den Weg, wie der Schriftsteller sich einen Prozeß der Selbstbehauptung des Humanen gegen die Eichmann-Haltung vorstellte. In ‹Bruder Eichmann› sei von Widerstand scheinbar nicht die Rede, schrieb Kipphardts Freund Gerd Fuchs über das fertige Schauspiel, und fuhr fort: «Doch ist das Stück selbst ein Akt des Widerstands. Widerstand durch Verstehen.»[6] Damit ist nicht an eine pauschale Einebnung von historischer Schuld gedacht, sondern an eine Bereitschaft, Spuren des Ungeheuerlichen, das bei Eichmann untersucht wird, in dem Untersucher selbst zu entdecken. Mit solchem Wissen um die eigenen Abgründe ausgestattet, werden Bewußtsein und verantwortliches Handeln, wird Widerstand möglich.

Kipphardt hat für sein Stück eine Figur erfunden, die diesen argen Weg der Erkenntnis verkörpert: den israelischen Verhör-Offizier. Während er die Eichmann-Figur bis in die Wortwahl hinein genau nach den Quellen modellierte, wich er bei der Gestaltung des Hauptmanns vom Protokoll-Material ab. Er läßt den Verhörenden Emotionen zeigen, gestattet ihm Ausbrüche von Zorn und Schmerz und anklägerischem Pathos; in der 13. Szene schließlich reflektiert der Hauptmann über das Monster Eichmann, das sich entpuppt als «der gewöhnliche funktionale Mensch, der jede Maschine ölt und stark im Zunehmen begriffen ist» – der Monolog endet mit dem Satz: «In diesen Monaten, schrecklicherweise, kommen wir uns näher.» (Der reale Avner Less übrigens hat sich in dieser Figur Kipphardts nicht wiedererkannt und heftig gegen das Schauspiel protestiert.[7] Als eine Folge trägt in dieser und allen künftigen Ausgaben der Hauptmann nicht mehr – wie in der Erstausgabe – den Namen Avner Less, sondern heißt Leo Chass.)

Das Stück ‹Bruder Eichmann› handelt vom Näherkommen Eichmanns. Das Bild des Administrators der Judenvernichtung, das Kipphardt aus Tausenden von Seiten dokumentarischen Materials kondensierte, ist von beunruhigenden Widersprüchen bestimmt. Auf der einen Seite werden die Umrisse eines Verbrechens sichtbar, dem sechs Millionen Menschen aus ganz Europa zum Opfer fielen. Auf der anderen Seite wird Eichmann gezeigt als eine Person, die ihre in der Konsequenz mörderische Arbeit mit dem Selbstverständnis eines Büroangestellten verrichtete und pedantisch darauf bedacht war, vor allem «korrekt» vorzugehen. Noch in der Lage eines Gefangenen, der in Israel mit der Todesstrafe rechnen muß, bemüht er sich um ein norm- und formgerechtes Verhalten. Und Adolf Eichmann erweist sich als ein liebevoll besorgter Familienvater; er, der ungezählte jüdische Kinder ins Gas deportieren ließ, mahnt seinen Sohn, «schnellstmöglich» ein Bronzegitter um den Brunnen beim argentinischen Häuschen zu bauen – «es könnte sonst ein spielendes Kind dort einbrechen, und das belastet mich».

Solche schwer auszuhaltenden Paradoxien hat Kipphardt aus den historischen Quellen herausgeschält. Sein Schauspiel handelt sowohl von dem Täter Eichmann als auch von der privaten Lebensgeschichte dieses Mannes: von Herkunft und Werdegang; vom engen Bezug zur eigenen Familie; vom Natur- und Gottesverständnis, wie es der schon zum Tode Verurteilte als Antwort auf die Bekehrungsversuche des Pfarrerehepaares formuliert. Eichmann kommt den Zuschauern näher – aber er wird niemals sympathisch. Der Mann bleibt der Mann: verstrickt in unerhörte Greueltaten, verworren in einer Mischung von Bekennertum und Rechtfertigungslügen, verbohrt in seine Vorstellung, er allein habe in Israel die «letzte Schlacht des Zweiten Weltkrieges» auszufechten.

Diese Schlacht hat er bekanntlich verloren, in der Realität wie auf der Bühne. Kipphardt zeigt auch die Hinrichtung Eichmanns, wohlwissend, daß «so eine Szene auf der Bühne bisher nie riskiert worden» sei (an Dieter Giesing, 12. September 1982). In den Epilog des Pfarrers, der über die Einäscherung des Leichnams berichtet, hat der Autor einen provozierenden Gedanken eingebaut: Hull erinnert sich, wo er eine Apparatur wie die benutzte zuvor gesehen hatte, nämlich «auf Fotos der Nazi-Krematorien in den Vernichtungslagern». Kipphardt erkannte auch in diesem israelischen Akt des Tötens und Verbrennens, der doch im Namen der Gerechtigkeit vollzogen wurde, ein Stück der Eichmann-Haltung wieder.

Im Grunde, hat Kipphardt während der Niederschrift seines Schauspiels betont, wolle er gar kein Eichmann-Stück schreiben – das könne sich doch jede Dramaturgie aus den Less-Protokollen selbst zusammenstellen.[8] In ‹Bruder Eichmann› sind daher drei Zeitebenen miteinander verknüpft. Die erste Ebene bilden die auf der Bühne gezeigten Verhöre und Gespräche Eichmanns in Israel von Ende Mai 1960 bis zur Hinrichtung in der Nacht auf den 1. Juni 1962. Eine zweite Ebene sind die Biographie Eichmanns und der von ihm mit organisierte Völkermord an den Juden: um eine Rekonstruktion dieser Vergangenheit geht es in den Dialogen der Eichmann-Szenen. Die dritte Zeitebene wird mit den einmontierten Analogie-Szenen zur Diskussion gestellt. Darin geht es um Beispiele der Eichmann-Haltung aus der unmittelbaren Gegenwart.

Kipphardt hat lange um eine angemessene Form für diese Analogiekomplexe gerungen. In seinen Manuskripten findet sich ein Notat: «Szenen kompakt oder wie Schnitte oder bewußte Auszüge mit Dunkel dazwischen?» Er entschied sich, fünf Komplexe mit jeweils mehreren kurzen Szenen zu verwenden. Sie sind in die Eichmann-Handlung hineingeschnitten; in einer Regieanweisung heißt es, es sollen sich «schattenlos Kammern erhellen, in denen auf Ähnlichkeiten verwiesen wird». Die bühnentechnischen Begriffe können auch in einem übertragenen Sinn gelten: für die Zuschauer sind diese Analogie-Szenen «Schnitte» durchaus schmerzender Art, und sie «erhellen» blitzartig eine unvermutete Aktualität des Falles Eichmann. Kipphardt hat in seinen späten Werken gern – und kunstvoll, etwa im Roman ‹März› – mit der literarischen Montage-Form gearbeitet. In einem Interview 1977 äußerte er seine Verehrung für die Fotomontagen John Heartfields: «Er wollte sagen, nur indem ich Zusammenhänge herstelle auf Montageweise, komme ich der Wahrheit näher. Montieren heißt, die Sachen in die richtigen Zusammenhänge bringen, die Tatsachen zu ihrer Bedeutung bringen. Ich würde schon sagen, daß das bei meiner Arbeit eine große Rolle spielt: der Leser, der Zuschauer soll an der Herstellung von Zusammenhängen in einem freien Zustande mitarbeiten.»[9]

Die Zusammenhänge, die in ‹Bruder Eichmann› hergestellt werden, sind provozierend und brisant. Bei Atomkriegs-Vorbereitern, bei israelischen Terrorakten gegen Palästinenser, bei der Anarchistenfahndung, auch beim launigen Erzählen von Türkenwitzen werden Momente der Eichmann-Haltung deutlich. Die Ähnlichkeiten erschließen sich oft erst beim genauen Hinschauen, auf die Sprache etwa. Der US-Pilot, der in Vietnam Bombeneinsätze fliegt, denkt nicht darüber nach, ob er auch zivile Ziele trifft, «es ist nicht meine Sache», «es ist viel Routine», «wir sind, ich glaube, eine ziemlich gute Crew». Das ist die Diktion des funktionalen Menschen, der – wie Eichmann – Mörderisches vollbringt mit dem guten Gewissen eines Sachbearbeiters. Eine verräterische Sprache ist auch beim israelischen General Scharon auszumachen: von einer «endgültigen Lösung» des Palästinenserproblems redet er. Eine «Endlösung», wie sie brutaler in der Geschichte nicht vorgekommen ist, wurde bekanntlich Scharons Volk vom deutschen Faschismus angetan.

Wer gegen einige Analogie-Szenen einwendet, sie würden Nicht-Vergleichbares in eine Nähe zur Nazizeit rücken, die Türkenwitze seien doch schließlich «nur» Witze, und der perfektionierte Polizeiapparat richte sich ja «nur» gegen Terroristen – der bestätigt Kipphardt ungewollt. In seinem Schauspiel wird die Eichmann-Haltung auch an scheinbar unverfänglichen Beispielen vorgeführt, deren inhumanes Potential wir nicht wahrhaben wollen; obgleich doch gerade solche Strukturen latenter Gewalt unter anderen Bedingungen erneut zur Barbarei führen können. Wohl kein anderes Werk der deutschen Nachkriegsliteratur hat den vielzitierten Satz «Wehret den Anfängen!» so sinnfällig gemacht wie Kipphardts ‹*Bruder Eichmann*›.

Heinar Kipphardt hat die Reaktionen der Öffentlichkeit auf sein Stück nicht mehr selbst erlebt. Im Herbst 1981 hatte er die intensive Arbeit am Eichmann-Stoff wiederaufgenommen; am 23./24. Oktober 1982 notierte er in seinem Kalender: «Bruder Eichmann beendet». Wenige Wochen später, am 18. November 1982, starb er an den Folgen einer zerebralen Blutung. Sein Plan, ‹Bruder Eichmann› durch die gesonderte Publikation eines umfangreichen Materialienbandes (Arbeitstitel: «Adolf Otto Eichmann. Der funktionale Mensch») zu ergänzen, blieb unausgeführt.

Die Uraufführung fand am 21. Januar 1983 im Münchener Residenztheater statt. Regie führte Dieter Giesing, das Bühnenbild hatte Johannes Schütz entworfen. In den Hauptrollen spielten Hans-Michael Rehberg (Eichmann), Horst Sachtleben (Less), Klaus Guth (Ofer), Ruth Drexel (Frau Eichmann), Charles Brauer (Hull) und Gundi Ellert (Frau Hull). Es war ein Theaterereignis von internationaler Bedeutung, der Brisanz des Themas und dem Renommee des Autors zufolge.

Die Urteile der Kritiker fielen sehr geteilt aus. Kipphardt wäre darüber kaum erstaunt gewesen. Die affektive Abwehr, ja Verstörung, die sein Drama bei manchen Kritikern und Theaterbesuchern hervorruft, deutet darauf hin, wie präzise er Verdrängtes und Verleugnetes zur Sprache bringt. Auch verwundert es nicht, daß Kipphardts radikal skeptische Zeitdiagnose, die Eichmann-Haltung sei «die gewöhnliche Haltung in unserer heutigen Welt geworden», und zwar in allen wesentlichen Bereichen, keine einhellige Zustimmung findet.

Streit entbrannte vor allem um die Analogiekomplexe. Das Kölner Schauspiel etwa wollte ‹Bruder Eichmann› nur spielen unter der Bedingung, daß es alle Szenen mit Bezügen zu anderen zeitlichen und politischen Ebenen als den Verbrechen des deutschen Faschismus weglassen dürfe. Man wolle die Untersuchung des Täters Eichmann, «der Psychologie und der Soziologie seiner Untaten, die Kipphardts Stück so genau und schockierend führt», nicht relativieren durch Analogie-Szenen, bei denen der Eindruck entstehen könne, der Völkermord an den Juden würde gegen Unrecht und Terror anderer «aufgerechnet».[10] Heinar Kipphardts Witwe Pia und der Verlag Nyssen & Bansemer, der die Theaterrechte an ‹Bruder Eichmann› vertritt, haben eine derart beschnittene Aufführung des Schauspiels nicht zugelassen. Sie machten zur Auflage, daß bei jeder Inszenierung ein wesentlicher Teil der Analogie-Szenen zu zeigen ist. Die geplante Kölner Aufführung platzte. Wer die Entstehungsgeschichte des Werkes verfolgt und die in diesem Band dokumentierten Vorarbeiten und Autoren-Kommentare liest, muß Pia Kipphardt und dem Theaterverlag zustimmen: jede Reduktion des Stoffes auf den historischen Einzelfall Eichmann und die Zeit des Faschismus liefe den Absichten des Schriftstellers völlig zuwider.

Viele Bühnen in den deutschsprachigen Ländern haben ‹Bruder Eichmann› seither gespielt. Auch in der DDR wurde die Herausforderung des Stückes angenommen, mit einer ganzen Reihe von Einstudierungen – u. a. am Deutschen Theater in Berlin, wo Kipphardt von 1950 bis 1959 als Dramaturg arbeitete. Die mit ‹Bruder Eichmann› gestellte Frage nach der Verantwortung jedes einzelnen für sein Handeln erweist sich als eine produktive Beunruhigung auch unter anderen gesellschaftlichen Bedingungen. Dabei haben die Bühnen der DDR besonders den Zusammenhang der Eichmann-Haltung mit der heutigen Bedrohung des Weltfriedens und der Gefahr eines atomaren Holocausts herausgestellt.

Die Regiekonzepte, nach denen ‹*Bruder Eichmann*› realisiert wurde, zeigen ein weites Spektrum. Unterschiede ergeben sich schon dadurch, daß Kipphardts Textbuch zu lang ist, um an einem Abend gespielt zu werden: folglich sind für jede Inszenierung erhebliche Striche und damit Akzentsetzungen notwendig. Einige Theater haben zugleich szenisches und dokumentarisches Material hinzugefügt; im Schauspiel Frankfurt etwa begann die Vorstellung mit einer in der Bühnenmitte heruntergelassenen Leinwand, auf der etliche Angeklagte vor dem Internationalen Militärtribunal in Nürnberg ihre Rolle im Dritten Reich beurteilen mit: «Im Sinne der Anklage nicht schuldig!» Kipphardt, der als Theaterpraktiker an prozessuales Arbeiten gewöhnt war, hat in seinen Notatheften selbst Überlegungen für eine Bühnenrealisierung festgehalten: «Zwischen den Szenen gelegentlich der immer gleiche Deportationszug, mal nah, mal ferner.» An anderer Stelle notierte er mögliche Verweise auf faschistische Greuel, die das Bühnenbild geben könnte: «Prügelbock in der Inszenierung anwesend. Türen, Block, schwarze Wand. Ein Güterwagen vergittert. Ein Pfosten mit Stacheldraht. Dreierbettstellage oder ähnliches. Mann im Draht.»

Auf verschiedene Weise versuchen die Theater, Kipphardts Überzeugung von der zunehmenden Gegenwart des funktionalen Menschen, vom Näherkommen Eichmanns szenisch plausibel zu machen. In der Dresdner Inszenierung (Regie Horst Schönemann) gewährleistete dies schon der Hauptdarsteller: Peter Hölzel verkörperte einen jovialen, ordnungsliebenden Nachbarn, wie er an jedem Stammtisch vorstellbar ist, und lieferte eine beklemmende Studie bürgerlicher Normalität. In Darmstadt (Regie Jens Pesel) ließ sich das detailgenaue Bühnenbild zugleich symbolisch deuten: für den ersten Teil war ein verwinkelter Hochsicherheitstrakt gebaut worden, der zweite Teil dann begann in einer eng an die Zuschauer herangerückten Todeszelle. Weitreichender noch war das Konzept des Spielensembles in Weimar: alle Darsteller des Abends nahmen in Bankreihen auf der Vorbühne Platz; in neun Verhörsituationen (auf die der Eichmann-Komplex konzentriert wurde) traten neun verschiedene Schauspieler an die Stelle Eichmanns, der jeweils letzte übernahm in der nächsten Szene die Rolle des Hauptmanns Chass. Der funktionale Mensch erweist sich als austauschbar. Vom selben Gedanken ausgehend, aber um vieles provozierender inszenierte Thomas Schulte-Michels im Stuttgarter Kammertheater: der Schauplatz war dort als Leichenfeier mit Kerzen und Tafelsilber arrangiert, unter eine kleine, verschworene Gemeinschaft von Alt- und Neunazis wurden die Dialogpartien Eichmanns verteilt, man trank und kaute und jammerte, ja sang sogar zu den Aussagen des SS-Führers. Kritiker bemerkten, dies sei nun kaum noch Kipphardts Stück – aber sie konzedierten eine beachtliche Wirkung des Erschreckens.

«Indem sich ein Schriftsteller für das Theater zu schreiben entscheidet, entscheidet er sich, andere, Theaterleute sehr eigener und keinesfalls leicht berechenbarer Art, zu Mitarbeitern seiner Gedanken, seiner Liebe, seines Hasses, seiner Beweisführungen zu machen», schrieb Kipphardt als junger Autor.[11] Sein letztes Stück ‹Bruder Eichmann›, von manchen als Ärgernis empfunden und vorschnell als oberflächlich, zumindest mißverständlich abgetan, erweist sich als ein Vermächtnis, das komplexe, tiefgreifende Fragen aufwirft. An der Beantwortung wird noch lange zu arbeiten sein.

Dieser Ausgabe des Schauspiels liegt die von Heinar Kipphardt selbst durchgesehene maschinenschriftliche Fassung zugrunde. Darin enthaltene Flüchtigkeitsfehler wurden – nach Vergleich mit handschriftlichen Textteilen – korrigiert. Auch die Schreibweise einiger durch Dokumente beglaubigter Namen wurde verbessert. Geändert wurde, aus schon erwähnten Gründen, der Name des israelischen Hauptmanns, der Eichmann verhört. Wieder eingefügt ist eine Manuskriptseite, die in der Erstausgabe des Stücks durch ein technisches Versehen nicht abgedruckt war (Schluß der 2. Szene im Zweiten Teil).

Für Auskünfte und Materialien, die der Vorbereitung des Bandes nützten, bin ich Bernt Engelmann (Rottach-Egern),

Dieter Giesing (München), Peter Hacks (Berlin, DDR), Walter Karbach (Lüdenscheid), Heinrich Peters (Hamburg), Michael Töteberg (Frankfurt) und dem Theaterverlag Nyssen & Bansemer (Köln) dankbar verbunden. Dank gilt ebenso denen, die durch freundliche Genehmigung zum Abdruck von Briefen bzw. Interviews das Erscheinen des Bandes mit ermöglicht haben.

Hamburg, im Mai 1986   Uwe Naumann

Anmerkungen

1 Typoskript im Nachlaß des Schriftstellers, Angelsbruck bei München. Zitate im Nachwort, wenn nicht anders nachgewiesen oder aus dem Text des Schauspiels, stammen aus diesem Nachlaß.
2 Moshe Pearlman: Die Festnahme des Adolf Eichmann. Frankfurt/M. 1961, S. 171f.
3 Thomas Mann: Bruder Hitler. In: ders., Politische Reden und Schriften, Dritter Band, Frankfurt/M. 1968, S. 56.
4 Die sechs Protokollbände befinden sich als Kopie im Nachlaß des Schriftstellers. Als Kipphardt sein Schauspiel bereits fertiggestellt hatte, wurde eine Auswahl der Less-Verhöre in Buchform veröffentlicht: Jochen von Lang, Das Eichmann-Protokoll, Berlin [West] 1982.
5 William L. Hull: Kampf um eine Seele. Gespräche mit Eichmann in der Todeszelle. Wuppertal 1964. – Istvan S. Kulcsar, Shoshanna Kulcsar und Lipot Szondi: Adolf Eichmann and the Third Reich. In: Crime, Law and Corrections. Springfield/Illinois 1966.
6 Gerd Fuchs: Gedenken an Heinar Kipphardt. Nachruf. Gedruckt in: Wespennest, 1983, Heft 50, S. 2–4.
7 Vgl. Theater heute, Heft 4/1983, S. 67f.
8 Mitgeteilt von Jürgen Bansemer, Köln.
9 Gespräch mit Armin Halstenberg. Gedruckt im Anhang von: Heinar Kipphardt, In der Sache J. Robert Oppenheimer, Theaterstücke, Reinbek 1982 (rororo Bd. 5043), hier S. 383f.
10 Zitate nach Rainer Hartmann: Furcht vor dem Mißverständnis. In: Kölner Stadtanzeiger, 17. Februar 1983.
11 Heinar Kipphardt: Theaterstück und Theateraufführung. In: Deutsches Theater. Bericht über zehn Jahre. Berlin [DDR] 1957, S. 170.

Auswahlbibliographie

1. Von Kipphardt benutzte Literatur

Arendt, Hannah: Eichmann in Jerusalem. Ein Bericht von der Banalität des Bösen. Piper Verlag, München 1964. [Auch: Rowohlt Taschenbuch Verlag, Reinbek 1978 (rororo Bd. 7117).]

Aschenauer, Rudolf (Hg.): Ich, Adolf Eichmann. Ein historischer Zeugenbericht. Druffel-Verlag, Leoni am Starnberger See 1980.

Borkin, Joseph: Die unheilige Allianz der I. G. Farben. Eine Interessengemeinschaft im Dritten Reich. Campus Verlag, Frankfurt/New York 1981.

Bränd, Joel: Adolf Eichmann. Fakten gegen Fabeln. Ner-Tamid-Verlag: München/Frankfurt 1961.

Gilbert, G. M.: Nürnberger Tagebuch. Fischer Verlag, Frankfurt 1962 (Fischer Bücherei Bd. 447/8).

Hull, William L.: Kampf um eine Seele. Gespräche mit Eichmann in der Todeszelle. Verlag Sonne und Schild, Wuppertal 1964.

Joffroy, Pierre, und *Karin Königseder* (Red.): Eichmann par Eichmann. Editions Bernard Grasset, Paris 1970.

Kempner, Robert M. W.: Eichmann und Komplizen. Europa Verlag, Zürich/Stuttgart/Wien 1961.

Kessel, Joseph: Glühendes Land – Land der Verheißung. Israel 1924 / 1948 / 1963. Verlag Kurt Desch, München 1966.

Kulcsar, Istvan S., Shoshanna Kulcsar und *Lipot Szondi*: Adolf Eichmann and the Third Reich. In: Crime, Law and Corrections. C. C. Thomas Publisher, Springfield/Illinois 1966.

Landau, Ernest (Red.): Der Kastner-Bericht über Eichmanns Menschenhandel in Ungarn. Kindler Verlag, München 1961.

Levai, Jenö: Eichmann in Hungary. Documents. Pannonia Press, Budapest 1961.

Pearlman, Moshe: Die Festnahme des Adolf Eichmann. S. Fischer Verlag, Frankfurt 1961.

Reitlinger, Gerald: Die Endlösung. Ausrottung der Juden Europas 1935 – 1945. Kindler Verlag, München 1964 (Kindler Taschenbuch Bd. 57/58/59).

Reynolds, Quentin u. a.: Adolf Eichmann. Diana Verlag, Konstanz/Stuttgart 1961.

Strecker, Reinhard-M. (Hg.): Dr. Hans Globke. Aktenauszüge, Dokumente. Rütten & Loening Verlag, Hamburg 1961.
Szondi, Lipot: Kain. Gestalten des Bösen. Verlag Hans Huber, Bern / Stuttgart / Wien ²1978.
Weissberg, Alex: Die Geschichte von Joel Brand. Kiepenheuer & Witsch, Köln / Berlin 1956.

2. Weitere Literatur über Eichmann

Anders, Günther: Wir Eichmannsöhne. Offener Brief an Klaus Eichmann. Beck-Verlag, München 1964.
Krummacher, F. A. (Red.): Die Kontroverse. Hannah Arendt, Eichmann und die Juden. Nymphenburger Verlagshandlung, München 1964.
Lang, Jochen von: Das Eichmann-Protokoll. Tonbandaufzeichnungen der israelischen Verhöre. Severin und Siedler, Berlin 1982.
Less, Avner W. (Hg.): Schuldig. Das Urteil gegen Adolf Eichmann. Athenäum Verlag, Frankfurt 1987.
Milgram, Stanley: Das Milgram-Experiment. Zur Gehorsamsbereitschaft gegenüber Autorität. Rowohlt Taschenbuch Verlag, Reinbek 1982 (rororo Bd. 7479).
Mulisch, Harry: Strafsache 40/61. Eine Reportage. Verlag DuMont Schauberg, Köln 1963.
Servatius, Robert: Verteidigung Adolf Eichmann. Plädoyer. Verlag Ferd. Harrach, Bad Kreuznach 1961.

3. Über «Bruder Eichmann»

Barton, Brian: Das Dokumentartheater. J. B. Metzlersche Verlagsbuchhandlung, Stuttgart 1987 (Sammlung Metzler Bd. 232).
Dubios, brisant und spielbar – oder was? Der Streit um Kipphardts «Bruder Eichmann». Stellungnahme von Avner Less, Thomas Strittmatter u. a. In: Theater heute, Heft 4/1983, S. 67–70.
Feil, Anja u. a.: Mörder aus Ordnungssinn. Eine Textcollage zu Heinar Kipphardts «Bruder Eichmann», anläßlich der Inszenierung am Staatstheater Darmstadt. Eduard Roether Verlag, Darmstadt 1983.
Feinberg, Anat: The Appeal of the Executive: Adolf Eichmann on the Stage. In: Monatshefte, Vol. 78, No. 2, 1986, S. 203–214.
Fuchs, Gerd: Gedenken an Heinar Kipphardt. In: Wespennest, 1983, Heft 50, S. 2–4.
Geissler, Erhard: Bruder Frankenstein oder – Pflegefälle aus der Re-

torte? In: Sinn und Form, Heft 6/1984, S. 1289–1319.

Glossner, Herbert: Eichmann, Hitler und die Popularität des Bösen. In: Deutsches Allgemeines Sonntagsblatt, 8.5.1983.

Höfer, Adolf: Heinar Kipphardts «Bruder Eichmann». Ein Lehrstück vom Funktionieren des Menschen. In: literatur für leser, Heft 3/1985, S. 171–181.

Karbach, Walter: Mit Vernunft zu rasen: Heinar Kipphardt. Studien zu seiner Ästhetik und zu seinem veröffentlichten und nachgelassenen Werk. Verlag Loreley-Galerie, Oberwesel 1989.

Kipphardt, Heinar: Bruder Eichmann. Mit einem Nachwort von Martin Linzer [und Texten und Fotos zu DDR-Inszenierungen]. Henschelverlag, Berlin 1984.

Laube, Horst, und *Barbara Suthoff* (Red.): Heinar Kipphardt. Bruder Eichmann. Ein Bilderbuch in Sachen Ordnung, Sauberkeit, Organisation. Schauspiel Frankfurt, Programmbuch 10, 1982/83.

Peters, Heinrich, und *Michael Töteberg:* Heinar Kipphardt. In: Kritisches Lexikon zur deutschsprachigen Gegenwartsliteratur, edition text + kritik, München, Nachlieferung 1983.

Pingler, Inge: Solange es Menschen gibt. Tagebuch. Selbstverlag, Hannover 1984.

Pikulik, Lothar: Heinar Kipphardt: «Bruder Eichmann» und Thomas Bernhard: «Vor dem Ruhestand». Die «Banalität des Bösen» auf der (Welt-) Bühne. In: Lothar Pikulik u. a. (Hg.), Deutsche Gegenwartsdramatik Band 1, Vandenhoeck & Ruprecht, Göttingen 1987 (Kleine Vandenhoeck-Reihe 1520), S. 141–203.

Stock, Adolf: Heinar Kipphardt. Rowohlt Taschenbuch Verlag, Reinbek 1987, (rowohlts monographien Bd. 364).

4. Über einzelne Aufführungen (chronologisch)

Hensel, Georg: Kein Mensch wie jeder andere. Uraufführung im Münchner Residenztheater. In: Frankfurter Allgemeine Zeitung, 24.1.1983.

Köpke, Horst: Wir alle sind Eichmann? Heinar Kipphardts letztes Stück uraufgeführt. In: Frankfurter Rundschau, 24.1.1983.

Hochhuth, Rolf: Er hätte nie Arzt werden können... Uraufführung von Kipphardts letztem Stück in München. In: Weltwoche, Zürich, 26.1.1983.

Hatry, Michael: Charakterbild eines Mörders. Zur Uraufführung von

Heinar Kipphardts «Bruder Eichmann». In: Deutsche Volkszeitung, 27.1.1983.
Schödel, Helmut: Bruder Eichmann, Bruder Sharon. Heinar Kipphardts letztes Stück wurde am Münchner Residenztheater uraufgeführt. In: Die Zeit, 28.1.1983.
Skasa, Michael: Eichmann. Bruder oder Wachsfigur. Neues Stück von Heinar Kipphardt im Residenztheater. In: Münchner Buch-Magazin, Nr. 19, Februar 1983.
Henrichs, Benjamin: Bruder Eichmann – Vater Eichmann? Streit um Heinar Kipphardts letztes Stück. In: Die Zeit, 25.2.1983.
Köpke, Horst: Eichmann zum zweiten. Jens Pesels geglückte Inszenierung eines problematischen Stücks. In: Frankfurter Rundschau, 28.2.1983.
Becker, Peter von: Kein Bruder Eichmann! Heinar Kipphardts letztes Stück: ein fataler Text. Die Münchner Uraufführung von «Bruder Eichmann» ein Theaterunglück. In: Theater heute, Heft 3/1983, S. 1–3.
Köpke, Horst: Eichmann – fast ohne Analogien. Peter Löscher inszenierte Kipphardt [in Frankfurt]. In: Frankfurter Rundschau, 2.5.1983.
Leiser, Erwin: Adolf Eichmann Superstar? In: Berner Zeitung, 10.9.1983.
Kerndl, Rainer: Anatomie eines Schreibtischmörders. Heinar Kipphardts «Bruder Eichmann» in Dresden inszeniert. In: Neues Deutschland, 27.9.1983.
Seyfarth, Ingrid: Kein Sonderfall eines Monsters. Zu Inszenierungen von Heinar Kipphardts Schauspiel «Bruder Eichmann» in Dresden, Leipzig und Schwerin. In: Sonntag, Nr. 41/1983.
Skasa, Michael: Requiem für einen Scheintoten. Heinar Kipphardts «Bruder Eichmann» in Stuttgart aufgeführt. In: Süddeutsche Zeitung, 25.10.1983.
Schuhmacher, Ernst: Aktionsarmut mit starker Wirkung. Kipphardts «Bruder Eichmann» im Deutschen Theater. In: Berliner Zeitung, 24.4.1984.
Rossmann, Andreas: Genosse Eichmann? Kipphardts letztes Stück in der DDR. In: Frankfurter Rundschau, 27.8.1984.
Kraft, Peter: Im Todfeind der Bruder Mensch. Heinar Kipphardts Stück «Bruder Eichmann» ist nun auch in Linz zu sehen. In: Salzburger Nachrichten, 2.10.1984.
Björksten, Ingmar: En œrhörd rollprestation. Sven Lindberg som

Adolf Eichmann på Dramaten. In: Svenska Dagbladet (Stockholm), 4.5.1985.
Linder, Lars: Sven Lindberg – kvällens stora behållning. In: Dagens Nyheter (Stockholm), 4.5.1985.

«Eine Büchersammlung ...

... ist der Gegenwert eines großen Kapitals, das geräuschlos unberechenbar Zinsen spendet.»

Dieses Goethe-Wort könnte beinahe auch für Pfandbriefe gelten, allein: dafür bedarf es keines *großen* Kapitals, und die Zinsen sind berechenbar.

Pfandbrief und Kommunalobligation

Meistgekaufte deutsche Wertpapiere - hoher Zinsertrag - bei allen Banken und Sparkassen

Verbriefte Sicherheit

Albert Camus

Das Gesamtwerk im
Rowohlt Verlag
Rowohlt Taschenbuch Verlag

Eine Auswahl aus dem literarischen Werk:

Der glückliche Tod
Roman. Cahiers Albert Camus I
Nachwort und Anmerkungen von Jean Sarocchi
Deutsch von Eva Rechel-Mertens
Sonderausgabe. 192 Seiten. Gebunden
und als rororo 5152

Der Fall
Roman. Deutsch von Guido G. Meister
128 Seiten. Gebunden und als rororo 1044

Die Pest
Roman. Deutsch von Guido G. Meister
rororo 15

Der Fremde
Erzählung. Deutsch von Georg Goyert
und Hans Brenner. rororo 432

Kleine Prosa
Deutsch von Guido G. Meister. rororo 441

Rowohlt

Rolf Hochhuth

Juristen
Drei Akte für sieben Spieler.
210 Seiten. Broschiert und als
rororo 5192

Tod eines Jägers
das neue buch Band 68

Eine Liebe in Deutschland
Sonderausgabe.
320 Seiten. Gebunden und als
rororo 5090

Die Hebamme
Komödie. Erzählungen. Gedichte. Essays.
Sonderausgabe.
496 Seiten. Gebunden und als
rororo 1670

Guerillas
Tragödie in 5 Akten.
224 Seiten. Broschiert und als
rororo 1588

Der Stellvertreter
Ein christliches Trauerspiel. Mit Essays von
Sabine Lietzmann, Karl Jaspers, Walter
Muschg, Erwin Piscator und Golo Mann.
Erweiterte Taschenbuchausgabe mit einer
Variante zum 5. Akt. rororo 887

Rolf Hochhuth

Ärztinnen
Fünf Akte.
200 Seiten. Broschiert und als
rororo 5703

Schwarze Segel
Essays und Gedichte
Mit einem Vorwort von Karl Krolow.
rororo 5776

Judith
Trauerspiel
272 Seiten. Broschiert und als
rororo 5866

Alan Turing
Erzählung
192 Seiten. Gebunden

Spitze des Eisbergs
Ein Reader.
Herausgegeben von Dietrich Simon
336 Seiten. Broschiert

Tell 38
Dankrede für den Basler Kunstpreis 1976
Anmerkungen und Dokumente
160 Seiten. Broschiert

Atlantik-Novelle
Erzählungen
256 Seiten. Gebunden

C 967/11 a

Rolf Hochhuth

Räuberrede
Drei deutsche Vorwürfe
Schiller/Lessing/Geschwister Scholl
224 Seiten. Broschiert

Sommer 14
Ein Totentanz
336 Seiten. Broschiert

Unbefleckte Empfängnis
Ein Kreidekreis
216 Seiten. Broschiert

**Rolf Hochhuth –
Eingriffe in die Zeitgeschichte**
Essays zum Werk
Herausgegeben von Walter Hinck
288 Seiten. Kartoniert

**Donata Höffer liest
Rolf Hochhuth
Die Berliner Antigone.
Gröninger Novelle**
1 Tonbandcassette im Schuber mit 90
Minuten Spieldauer (66017)

C 967/11 b

Heinar Kipphardt
Werkausgabe
Herausgegeben von Uwe Naumann

Die gesammelten Werke Heinar Kipphardts erscheinen, kommentiert und um Nachlaßmaterial ergänzt, in Einzelausgaben als rororo-Taschenbücher

Bruder Eichmann
Schauspiel und Materialien
(5716)

Traumprotokolle
(5818)

März
Roman und Materialien
(5877)

**In der Sache
J. Robert Oppenheimer**
Ein Stück und seine
Geschichte (12111)

Shakespeare dringend gesucht
und andere Theaterstücke
(12193)

Joel Brand
und andere Theaterstücke
(12194)

Schreibt die Wahrheit
Essays, Briefe, Entwürfe
Band 1
1949–1964 (12571)

Ruckediguh, Blut ist im Schuh
Essays, Briefe, Entwürfe
Band 2
1964–1982 (12572)

Die Tugend der Kannibalen
Gesammelte Prosa
(12702)

Umgang mit Paradiesen
Gesammelte Gedichte
(12805 / Oktober 1990)

Außerdem lieferbar:

Angelsbrucker Notizen
Gedichte (5605)

Heinar Kipphardt
mit Selbstzeugnissen und
Bilddokumenten
dargestellt von Adolf Stock
(rowohlts monographien 364)